DIE NEUE BREHM-BÜCHEREI

642

Der Beutelwolf

Thylacinus cynocephalus

Heinz F. Moeller

Die Neue Brehm-Bücherei Bd. 642
Westarp Wissenschaften · Magdeburg · 1997

Mit 127 Abbildungen, 11 Tabellen und 1 Farbtafel

Die Deutsche Bibliothek — CIP-Einheitsaufnahme

Moeller, Heinz:
Der Beutelwolf / Heinz Moeller. –
Magdeburg: Westarp-Wiss., 1997
  (Die Neue Brehm-Bücherei; Bd. 642)
  ISBN 3-89432-869-X
NE: GT

Titelbild: Beutelwolfpräparat aus dem Staatl. Museum für Naturkunde, Stuttgart, im Farnhaus des Zoolog.-Botan. Gartens WILHELMA, Stuttgart. Foto: ROTRAUD HARLING, Staatl. Mus. f. Naturkunde, Stuttgart.

Alle Rechte vorbehalten, insbesondere die der fotomechanischen Vervielfältigung oder Übernahme in elektronische Medien, auch auszugsweise.

© 1997 Westarp Wissenschaften,
Wolf Graf von Westarp, Magdeburg

Satz und Layout: Heinz-Jürgen Kullmann
Druck und Bindung: Hartmann, Ahaus

Vorwort: Das Evolutionsplateau der Beuteltiere

Beuteltiere oder Marsupialia sind eine Schwestergruppe der Plazentatiere; sie erhielten ihren Namen von einer mütterlichen Bruttasche, dem Marsupium. Hier durchlaufen die Jungen nach der Geburt in einer Art »zweiter Tragzeit« ihre weitere Entwicklung; der durch Muskelzug verschließbare Beutel umgibt das Zitzenfeld. Die weiblichen Fortpflanzungsorgane der Marsupialia sind ursprünglicher organisiert als bei plazentalen Säugern, haben sich doch die Müllerschen Gänge, bestehend aus Eileiter, Uterus und Vagina, nicht zu einer einheitlichen Scheide vereinigt. Aufgrund dieser anatomischen Besonderheit schuf man für die amerikanischen Opossums den Gattungsnamen *Didelphis* (Doppelscheidentier) und gab später der ganzen Verwandtschaftsgruppe den Namen Didelphia. Junge Beuteltiere kommen nach auffallend kurzer Tragzeit — gewissermaßen als »obligatorische Frühgeburten« — zur Welt; auch diese Eigenart wird oft als ein Indiz für ihre Ursprünglichkeit und sogar für eine biologische Unterlegenheit gegenüber Plazentatieren angeführt. Die Fragwürdigkeit dieses Arguments macht ein Vergleich zwischen Lagerjungen und Laufjungen innerhalb der Placentalia deutlich: Eine 150 kg schwere Löwin, deren Jungtiere nach ca. 106tägiger Tragzeit etwa 1 300 g schwer, blind und spärlich behaart — also extrem unselbständig — geboren werden, gilt keinesfalls als »ursprünglicher« als ihr Hauptbeutetier, das ca. 300 kg schwere Steppenzebra, dessen Fohlen nach einer Tragzeit von ca. 365 Tagen mit einer Masse von 30 kg hochentwickelt und — nach wenigen Stunden — lauffähig geboren wird. Obwohl Lauf- wie auch Lagerjunge bei plazentalen Gattungen und Arten höheren und auch niederen Entwicklungsniveaus vorkommen, verwendet man bei Beuteltieren zur Bemessung der Evolutionshöhe neben der Größe der Neuhirnrinde regelmäßig die Kriterien kürzere Tragzeit, eine niedrige Geburtsmasse und — dadurch bedingt — die geringe Entwicklungshöhe der Neugeborenen. Z. B. wiegt ein neugeborener Kurznasenbeutler *Isoodon obesulus* nach einer Tragzeit von 15 Tagen nur 0,35 g — bei einer Erwachsenenmasse von ca. 1 kg sind das 0,03 % —, dennoch ist dies allein kein hinreichender Grund, die Art als primitiv und Beuteltiere pauschal als »second class mammals« (STORR 1958) zu kennzeichnen. Trotz ihres embryonenhaften Zustands sind die Beuteljungen nämlich in der Lage — ihrem Geruchsinn wie auch dem Schweresinn folgend —, selbständig eine Zitze aufzusuchen und an ihr zu saugen (durch das knopfartig anschwellende Zitzenende und den zuwuchernden Mundspalt erfolgt eine Fixierung des Jungen). Weiterhin wird vielfach außer acht gelassen, daß sich an die eigentliche (»intrauterine«) Tragzeit noch eine z. T. recht lange währende Beutelzeit (»extrauterine Tragzeit«) anschließt, während der das Junge ebenfalls im engen mütterlichen Körperkontakt steht. Das Verhältnis zwischen diesen »beiden Tragzeiten« beträgt bei den Großopossums 13 Tage/2 Monate, beim Koala 35 Tage/7 Monate und beim Roten Riesenkänguruh 33 Tage/8 Monate, so daß Gesamtzeiten wie bei Plazentatieren vergleichbarer Größe resultieren. Größere Beachtung verdient jedoch, daß es sich hier um eine sehr effektive Überlebensstrategie der Beuteltiere handelt, wie HEDIGER bereits 1958 betont: »Verschiedene Autoren ... haben festgestellt, daß auf der Flucht hart bedrängte Mütter von *Macropus* und anderen Gattungen ihre Beuteljungen preisgeben. So schreibt z. B. SEMON: »Wenn scharf verfolgt, begeht übrigens das Känguruh dieselbe unmütterliche Handlung wie die Känguruhratte (= Rattenkänguruh). Sie streift das Junge aus dem Beutel und opfert es, um selbst besser ihren Verfolgern zu entgehen. Man sieht, daß die auf die Brutpflege hinzielenden Instinkte bei diesen niederen Säugetieren noch lange nicht so hoch entwickelt sind wie bei den höheren Säugern und den Vögeln, bei denen umgekehrt die Mutter ohne Zögern bereit ist, ihr eigenes Leben für ihre Nachkommen preiszugeben.« Eine derartige Beurteilung ist völlig unbiologisch, anthropomorphistisch. Zunächst ist das Leben einer Mutter für die Arterhaltung wichtiger als das eines Säuglings oder doch eines unselbständigen Jungtieres. Ferner ist zu bedenken, daß z. B. jede Rehgeiß beim Herannahen eines Menschen ihr Kitz oder ihre Zwillinge regelmäßig »im Stich läßt«. Niemand schließt aus diesem Verhalten auf eine Minderwertigkeit der placentaren Organisation.« In seiner kritischen Studie kommt HUNGER (1983) zu ähnlichen Schlußfolgerungen.

Die verbreitete Meinung einer Verhaltensunterlegenheit der Beutler gegenüber plazentalen Säugetieren als Ausdruck allgemeiner Urtümlichkeit beruht ausschließlich auf älteren Beobachtungen an Beuteltieren im Zoo (z. B. HECK 1912, COLBERT 1965, RENSCH 1972). Hier ist anzumerken, daß viele nachtaktive Säuger am Tage — also während ihrer Ruhephase — »mürrisch«, »träge« oder »stumpfsinnig« wirken, gleichgültig, ob es sich um einen Plumplori (Plazentatier) oder einen Kuskus (Beuteltier) handelt. Da ein großer Teil der Beutler dämmerungs- oder nachtaktiv ist und sich deshalb für den Zoo nicht sonderlich eignet (MANN 1910), festigte sich dieser ungünstige Eindruck zu dem Gesamturteil »Beuteltierstumpfsinn« (ANTONIUS 1933). Spätere Beobachter verschiedener Marsupialia kommen jedoch eher zu einer gegenteiligen Ansicht, wie HEDIGER (1958) am Südopossum, GEWALT (1964) am Tüpfelkuskus, WÜNSCHMANN (1966, 1970) am Breitstirnwombat, SCHÜRER (1973) am Bennettwallaby und MOELLER (1973a, 1973b) am Beutelteufel verdeutlichen konnten. In Heidelberg erzielte die Arbeitsgruppe um den Verfasser Untersuchungsergebnisse, die das z. T. sehr komplexe Verhalten mehrerer Marsupialia-Arten dokumentieren (z. B. KÄSTNER 1978, GANSLOßER 1979, 1982, ISLINGER 1981, KERSCH 1982, L. MUSCHKETAT 1985, R. MUSCHKETAT 1985, LOOS 1987, MICHAEL 1987); auch das Lernverhalten betreffend zeigen Beuteltiere weitreichende Übereinstimmungen mit Plazentatieren (MOELLER 1988a und in Vorber.).

Inhalt

	Vorwort: Das Evolutionsplateau der Beuteltiere	5
1	Einleitung: Ursachen der Popularität	9
2	Entdeckungsgeschichte, Namengebung, Legende	11
3	Stellung im System, Abstammung und Fossilformen	17
4	**Gestalt und Anatomie**	**21**
4.1	Äußere Erscheinung, Maß- und Masseangaben	21
4.1.1	Körperhaltungen, Pfotenbau und Trittsiegel	24
4.2	Körperdecke	28
4.2.1	Fell und Tasthaare	28
4.2.2	Zeichnungsmuster	31
4.2.3	Beutel und Scrotumtasche	35
4.3	Skelettsystem	38
4.3.1	Skelett und Beutelknochen	38
4.3.2	Schädelgestalt und Konvergenzen	40
4.3.3	Gebiß und Altersbestimmung	49
4.3.4	Körperproportionen	54
4.3.5	Altersbedingter Proportionswandel	61
4.4	Gehirn, Evolutionsniveau	63
4.5	Brust- und Bauchorgane	66
4.6	Fortpflanzungsorgane	68
4.7	Gestalt der Beuteljungen	69
5	**Biologie und Verhalten**	**74**
5.1	Ausdrucksverhalten, Lautäußerungen, Gefährlichkeit	74
5.2	Jagdweise und Beutespektrum	80
5.3	Fortpflanzung, Mutter-Kind-Verhalten	90
5.4	Aktivitätsmuster und Bewegungsweisen	95
6	**Lebensraum und Verbreitung**	**104**

7	**Feinde und Krankheiten**	**107**
7.1	Verdrängung durch den Dingo	109
7.2	Ausrottung	114
8	**Fußspuren, Sichtungen und Expeditionen**	**123**
9	**Beutelwölfe in Menschenhand**	**131**
9.1	Was kostete ein Beutelwolf?	135
9.2	Beutelwölfe in Zoologischen Gärten	138
9.2.1	Schauwert	162
9.3	Beutelwölfe in Museen	169
10	**Vermarktung einer Legende**	**176**
11	**Summary**	**180**
12	**Literaturverzeichnis**	**183**
13	**Register**	**193**

»Der Busch wurde dem Stadtmenschen zur geistigen Kathedrale, und eines ihrer Heiligenbilder ist der Beutelwolf: Sagenumwoben und geheimnisvoll.«

Georg Richardson, in Morgan (1992)

1 Einleitung: Ursachen der Popularität

Am 13. Mai 1930 wurde der letzte freilebende Beutelwolf auf einer Farm nahe der Ortschaft Mawbanna (NW-Tasmanien) abgeschossen, und am 7. September 1936 starb das letzte bekannte Exemplar im Zoo von Hobart/Tasmanien. Da später keine eindeutigen Beweise für die Existenz der Art mehr vorgelegt wurden, gilt sie als ausgestorben.

Es scheint zu den rational kaum faßbaren Eigenschaften des westlichen Menschen zu gehören, daß er Verlorenes höher bewertet als noch Bestehendes, anders ist die merkwürdige Faszination nicht zu erklären, die seither vom Beutelwolf ausgeht. Mit dem Jahr 1937 begann eine Zeit, in der Naturforscher und Hobby-Zoologen mit großem ideellen und finanziellen Aufwand Suchexpeditionen bis in die entlegensten Landstriche Tasmaniens durchführten, um überlebende Beutelwölfe aufzuspüren. Nicht nur in Australien hoffen viele Naturfreunde noch immer auf die Entdeckung einiger Exemplare des seit mehr als 60 Jahren verschwundenen Raubbeutlers, und mit großem Ernst versicherten die tasmanischen Zoologen Eric Guiler und Bob Green dem Verfasser noch 1988, daß allein die Häufigkeit angezeigter Hinweise für den Wahrheitsgehalt wenigstens einiger Berichte sprechen würden. 1950 bot eine New Yorker Zeitung $ 5 000 für die authentische Fotografie eines freilebenden Beutelwolfs, und 1983 setzte der amerikanische Milliardär Ted Turner für den Nachweis eines lebenden »Tasmanischen Tigers« sogar eine Belohnung von $ 100 000 aus (Dargaville 1983) — bisher erfolglos.

Heute würde jeder Zoodirektor eine solche Rarität durch entsprechende Beschilderung hervorheben und publikumswirksam ausstellen. Er würde alles daran setzen, die Haltung durch Schaffen geeigneter Gehege und abwechslungsreiche Nahrung zu optimieren und Beutelwölfe durch Partnertausch mit anderen Tiergärten zur Fortpflanzung zu bringen, wie es bei bedrohten Arten, beispielsweise dem Großen Panda, versucht wird. In den 86 Jahren, in denen Beutelwölfe auch in den Zoos unserer Großstädte lebten, führten sie dagegen ein ausgesprochenes Schattendasein, allenfalls beachtet von einigen Wissenschaftlern. Doch auch diese waren eher an der Anatomie als an biologischen Daten einer Art interessiert, deren letzte Bestände im fernen Tasmanien dahinschwanden. Lediglich die Leiter naturkundlicher Museen erwarben Felle und Skelette zur Vervollständigung ihrer Sammlungen.

Heute steht der Beutelwolf auf Anhang 1 des Washingtoner Artenschutzübereinkommens, das ist im Rahmen dieses internationalen Abkommens der höchste Schutzstatus, der für eine Art vergeben wird (Kap. 7.2).

Vergleicht man einmal die Popularität ausgestorbener Säugetierarten miteinander, so übertrifft der Bekanntheitsgrad des Beutelwolfs den von Quagga und Stellerscher Seekuh deutlich. (În jüngster Zeit nahm sich sogar der Komikautor WASTERLAIN (1994) des großen Raubbeutlers an). Als Ursache dafür lassen sich vor allem die vermeintlichen Sichtungen anführen, von denen bis in jüngste Zeit die Medien berichten, und die in mehrfacher Hinsicht den »Beobachtungen« eines Plesiosauriers im Loch Ness entsprechen. Eine weitere Ursache für das ungebrochene Interesse am Beutelwolf post mortem ist, daß er nicht nur der größte Fleischfresser innerhalb der Marsupialia ist, sondern eines der größten Beuteltiere der Gegenwart überhaupt; kapitale Männchen mit 30–35 kg Körpermasse wurden nur von einigen Großkänguruhs und besonders schweren Wombats übertroffen. Gleichermaßen fremdartig wie auch vertraut empfand der Betrachter seine äußere Gestalt; fremdartig waren das eigenwillige, »zu weit nach hinten abgerutschte« Streifenmuster auf Rücken und Schwanzbasis sowie der lange, »rübenhaft starr« pendelnde Schwanz, wie es WILHELM BÖLSCHE 1923 formulierte; auch erschienen seine dunklen Nachtaugen »im Blick gar nicht recht zu fassen«. Vertraut wirkte dagegen der klobige Hundekopf und die an eine kurzbeinige Dogge erinnernde Gestalt. Tatsächlich handelt es sich beim Beutelwolf um das bekannteste und wohl auch eindrucksvollste Beispiel für Konvergenz zwischen Beutel- und Plazentatieren; d. h. gleichartige oder ähnliche Erfordernisse der Umwelt führten — bei diesen beiden deutlich voneinander getrennten Verwandtschaftsgruppen — zu einer gleichgerichteten Selektion und dadurch zu ähnlichen, gelegentlich sogar zu identischen Ergebnissen: Der an merkwürdigen Tiergestalten so reiche australische Kontinent brachte mit Beutelmull, Haarnasenwombat und Beutelgleithörnchen, mit Beutelmaus, Beutelmarder und Beutelwolf Formen hervor, die mit Goldmull, Murmeltier und Gleithörnchen, mit Spitzmaus, Zibetkatze und einem Hund — also plazentalen Säugern anderer Erdteile — einige verblüffende Übereinstimmungen aufweisen; sogar der Angelfinger des Streifenbeutlers findet beim madegassischen Fingertier sein »plazentales Gegenstück« (MOELLER 1974, 1988a, b). In der verständlichen jedoch irrigen Annahme, diese Ähnlichkeiten würden eine enge Verwandtschaft bezeugen, folgerte der amerikanische Zoologe und Wirbeltierpaläontologe EDWARD DRINKER COPE 1892, daß in Australien die Vorfahren mehrerer Plazentatiere unverändert überlebt hätten, noch im Besitz des »Primitivmerkmals Beutel«.

Nicht zuletzt verbindet man mit dem Namen Beutelwolf, wie mit Dronte und Ur, Wandertaube und Blaubock, das Phänomen der Ausrottung und versteht ihn als eine Mahnung, dem Artenschutz die gebührende Dringlichkeit beizumessen.

2 Entdeckungsgeschichte, Namengebung, Legende

In den »Transactions of the Linnean Society of London« erschien 1808 ein Bericht über zwei bisher unbekannte raubtierähnliche Beuteltiere aus Vandiemensland (die Insel Tasmanien wurde zunächst nach dem Generalgouverneur von Niederländisch-Indien VAN DIEMEN benannt; zu Ehren ihres Entdeckers TASMAN änderte man später den Namen). Zugrunde lag das Schreiben eines Landmessers, des Ehrenwerten (Esquire) GEORGE PRIDEAUX HARRIS vom April 1807, der hiermit Beutelwolf und Beutelteufel der wissenschaftlichen Welt bekannt machte. Die den Beutelwolf betreffende und von Sir JOSEPH BANKS überarbeitete Artbeschreibung lautet: »Didelphis cynocephala. Didelphis fusco-flavescens supra postice nigro-fasciata, cauda compressa subtus lateribusque nuda« (»Hundsköpfiges Opossum. Braungelbes Opossum, oben-hinten schwarz gebändert, Schwanz zusammengedrückt, unten und seitlich unbehaart«). Es folgen eine ausführliche Beschreibung sowie Angaben zu Biologie und Verbreitung. Die mitgelieferte Zeichnung stellt ein kräftiges Männchen dar, das — von der Falle stark verletzt — bald starb und nach London gesandt wurde (Abb. 1). Dieses sogenannte Typusexemplar ist jedoch laut RENSHAW (1938) und DE BEAUFORT (1966) verschollen. Mit dem Gattungsnamen *Didelphis* und der Artbezeichnung *cynocephala* (hundsköpfig) erhielt der Beutelwolf sein erstes wissenschaftliches Etikett, und HARRIS fügt seinem Bericht hinzu: »... er wird für gewöhnlich »Zebraopossum«, »Zebrawolf« usw. genannt«.

Abb. 1: »Hundsköpfiges Opossum«, Abbildung zur wissenschaftlichen Erstbeschreibung des Beutelwolfs. Aus HARRIS (1808).

Die Ehre der — wenn auch nur populären — Erstbeschreibung des Beutelwolfs gebührt jedoch einem anderen Manne: Zwei Jahre zuvor, am 21. April 1805, druckt die Zeitung »Sydney Gazette and New South Wales Advertiser« einen Bericht des Gouverneurs (Lieutenant Governor) WILLIAM PATERSON, in dem er »... ein Tier von wahrhaft einmaliger und neuer Art« vorstellt, das am 30. März nahe der (Deportierten-)Siedlung Yorkton Port Dalrymple in Nordtasmanien von Hunden getötet wurde. PATERSON macht genaue Angaben über seine äußere Gestalt, Körpermaße und Masse (Kap. 4.1) Erstmals stellt er auch einen Vergleich mit plazentalen Raubtieren an: »Die Gestalt ist die einer Hyäne, gleichzeitig wird der Betrachter stark an die Erscheinung eines niedrigen Wolfs-Hundes erinnert«.

Drei Monate später, am 18. Juni 1805, trägt der Feldprediger Ehrwürden (Reverend) ROBERT KNOPWOOD, zu dessen Aufgaben die Befragung entflohener Gefangener gehörte, folgende Notiz in sein Tagebuch: »... fünf Sträflinge, die in den Busch gegangen waren, erzählten mir, daß sie am 2. Mai im Wald einen großen »Tiger« gesehen hätten; als der mitgeführte Hund diesem zu nahe rückte und das Tier die rund 30 Meter entfernten Menschen bemerkte, machte es sich davon.« (BERESFORD & BAILEY 1981).

Die ersten Hinweise auf die Existenz des Beutelwolfs auf Tasmanien sind jedoch erheblich älter: Ein Erkundungstrupp des holländischen Seglers »Zeehaen« unter Führung des Ersten Steuermanns (Pilot Major) FRANCOIJS JACOBSZOON, stieß nahe der Küste auf Fußspuren, die »... nicht schlecht Tigerklauen ähneln«, wie es Kapitän ABEL JANSZOON TASMAN am 2. Dezember 1642 ins Logbuch eintrug. TASMAN war im Auftrage der Niederländisch-Ostindischen Gesellschaft auf Entdeckungsfahrt, um den sagenhaften Südkontinent, die »terra australis«, zu finden (SHARP 1968).

In der Folgezeit gerieten sowohl der Beutelwolf wie auch die Insel Vandiemensland in Vergessenheit, nur gelegentlich mag der »Van Diemen's Land Tyger« in den Schiffstagebüchern der Ostindischen Kompanie erschienen sein (WENDT 1956), bis die britische Krone Australien und seine Inseln in Besitz nahm. Als Ersatz für die 1776 selbständig gewordene Kolonie in Nordamerika, welche zuvor englische Gefängnisse und Gefängnisschiffe entlastet hatte, benötigte man Land für neue Sträflingssiedlungen. 1793 wurde die erste Niederlassung auf dem Festland nahe dem heutigen Sydney (Port Jackson) und zehn Jahre später die erste auf Tasmanien (Port Arthur) unweit der heutigen Stadt Hobart gegründet (HUGHES 1987).

Die frühesten Zeugnisse vom Beutelwolf — durch Menschen überliefert — sind wenigstens 2 000 Jahre alt (Abb. 2). Felszeichnungen der australischen Ureinwohner (Aborigines) bestätigen seine Verbreitung im Norden (Padypadiy) und Westen (Murrey Cave, Pilbara und Central Kimberley) des Kontinents (WRIGHT 1972). Darstellungen eines Tiers mit langgestrecktem Körper und Hundekopf, Stehohren, langem dünnen Schwanz, vor allem mit der typischen Querbänderung, lassen am

Abb. 2: Eingeborenenzeichnung (Felsmalerei) vom Beutelwolf in Nordaustralien. Aus GUILER (1985).

Nebeneinander von Beutelwolf und australischem Ureinwohner keinen Zweifel. GUILER (1985) berichtet von einem Lied der Aborigines Westaustraliens über den Dingo; der darin enthaltene Passus »... der Anführer war der mit den Streifen ...« läßt an *Thylacinus* denken. Möglicherweise gehörten neben Waranen, Emus und Känguruhs auch Beutelwölfe zur Jagdbeute der Eingeborenen. Einem alten Bericht zufolge (ROBINSON 1831) wurden die großen Raubbeutler von der Tasmanischen Urbevölkerung gegessen (Kap. 7.2).

Seinen ältesten populären Namen »Tiger« behielt der Beutelwolf bis zum heutigen Tage; STEVEN SMITH (1981), QUENTIN BERESFORD und GARRY BAILEY (1981) sowie ERIC GUILER (1985), um nur die wichtigsten Autoren der achtziger Jahre zu nennen, gebrauchen diese spektakuläre, jedoch letztlich unzutreffende Bezeichnung. Verantwortlich dafür ist der von den holländischen Seefahrern entdeckte und fehlgedeutete Abdruck der breiten Vorderpfoten, welcher sie wohl an das Trittsiegel einer Großkatze erinnert hatte (Kap. 4.1.1), denn zu jener Zeit war die tatsächlich bemerkenswerte Ähnlichkeit der Rückenzeichnung eines Beutelwolfs mit dem Streifenmuster des Tigers (Kap. 4.2.2) noch unbekannt. Im Gegensatz zu MICHAEL SHARLAND (1963), DESMOND MORRIS (1965) und ELLIS TROUGHTON (1965), die den ältesten — von Europäern verliehenen — Namen mit dieser Ähnlichkeit begründen, vermutet der Verfasser, daß es vielmehr der Symbolwert der Bezeichnung »Tiger« war, gleichbedeutend mit groß, wild, gefährlich, der alle übrigen Namen dominierte. Gestützt wird die Annahme dadurch, daß der populäre Name für den hell gefleckten Riesenbeutelmarder *Dasyurus maculatus* »Tiger cat« lautet und für den ebenfalls ungestreiften Hai *Carcharias taurus* (Sand-)»Tiger«-Hai. Ähnliches mag auch für die gleichfalls sehr alte Bezeichnung »Hyäne« zutreffen; auch hier war es wohl eher der Symbolwert des »feigen, nächtlichen Räubers bzw. Aasfressers« (SMITH 1909), der zu diesem Namen führte und nicht das Zeichnungsmuster einer Streifenhyäne, wie es GUILER (1958) noch annimmt, oder die entfernte habituelle Ähnlichkeit, die nach BÖLSCHE (1923) in der »... lahmen Haltung des Kreuzes ... mit einer ständigen leichten Hockneigung im Hinterstück« begründet sein mochte (Abb. 3).

Der erste wissenschaftliche Gattungsname *Didelphis* war infolge zunehmender Kenntnisse über die australische Beuteltierfauna von kurzer Dauer. Bereits zwei

Abb. 3: Beutelwolf in geduckter Haltung. Zeichnung: NEUMANN, in Brockhaus Konversationslexikon (1884)

Jahre nach HARRIS' Erstbeschreibung benennt der Pariser Zoologe M. GEOFFROY SAINT-HILAIRE (1810) den Beutelwolf neu: Der Gattungsname *Dasyurus* (= dicht behaarter Schwanz), 1796 für die an einige Schleichkatzen erinnernden Beutelmarder geschaffen, gilt nun ebenfalls — wenn auch nur 14 Jahre — für den größten Raubbeutler. COENRAD JACOB TEMMINCK, Gründer des berühmten Leidener Museums für Naturgeschichte, findet die Hundeähnlichkeit des Beutelwolfs ungenügend berücksichtigt und belegt ihn 1824 mit dem neuen Gattungsnamen »*Thylacinus*« (= Beutelhund). Zu Ehren des Erstbeschreibers HARRIS ersetzt er jedoch auch »*cynocephala*« (nach der Prioritätsregel für wissenschaftliche Artnamen unberechtigtermaßen sowie grammatikalisch falsch) und legt die wissenschaftliche Bezeichnung auf »*Thylacinus Harrisii*« fest. Dessenungeachtet führt CUVIER noch 1827 in seinem Werk den Namen *Dasyurus cynocephalus*. 1829 erkennt FISCHER TEMMINCKS Fehler und berichtigt ihn, so daß der heute gültige Name für den Beutelwolf *Thylacinus cynocephalus* (HARRIS, 1808) lautet.

Weitere Gattungssynonyme wie *Peracyon* (= Beutelhund) (GRAY 1825), *Paracyon* (= Nebenhund) (GRIFFITH 1827), *Lycaon* (= Wolfhund) (WAGLER 1830) und *Peralopex* (= Beutelfuchs) (GLOGER 1841) haben ebensowenig Gültigkeit wie die Artbezeichnungen *Dasyurus lucocephalus* (= wolfsköpfig) (GRANT 1831), *Thylacinus striatus* (= gestreift) (WARLOW 1833) oder *Thylacinus communis* (= gewöhnlich) (ANONYMUS 1859). Unter dem Eindruck einiger besonders breiter Schädel beschreibt KREFFT (1868) eine neue Art *Thylacinus breviceps* (= kurzköpfig), die jedoch ebenfalls nicht valide ist (Kap. 4.3.2). Schließlich belegt man die zahlreichen Fossilien des Beutelwolfs aus dem Pleistozän ebenfalls mit neuen Namen: Vom Festland *Thylacinus spelaeus* (= Höhlenbeutelwolf) (OWEN 1845) sowie *Thylacinus major* (= größer) (OWEN 1877) und von Queensland *Thylacinus rostralis* (= spitzschnäuzig) (DE VIS 1893); aufgrund völliger Übereinstimmung mit der rezenten Art wurden diese jedoch wieder eingezogen (Kap. 3).

Schließlich seien die häufigeren Populärnamen in chronologischer Reihenfolge aufgeführt: »tiger« (Strafgefangene, fide KNOOPWOOD 1805 in BERESFORD & BAILEY 1981), »zebra opossum« und »zebra wolf« (HARRIS 1808), »hyena« (JEFFREYS 1820), »opossum hyena« (EVANS 1822), »hyena opossum«, »dog-faced dasyurus« und »zeberine« (MUDIE 1829), »native hyena« (ROSS 1830), »Van Diemen's Land tiger« und »Van Diemen's Land hyena« (GRANT 1831), »native tiger« (BRETON 1834), »Tasmanian tiger« (BACKHOUSE 1843), »dog-headed opossum«, »tiger wolf« und »zebra wolf« (OWEN 1843), »thylacine«, »greyhound- und bulldog-tiger« (KREFFT 1868), »dog-headed thylacine« (KREFFT 1871), »striped wolf« (JEMRACK = JAMRACH 1875), »Tasmanian dingo« (LYNE 1886), »Tasmanian thylacine« (LYDEKKER 1896), »Tasmanian wolf« (ANDERSON 1905), »marsupial wolf« (LUCAS & LE SOUEF 1909), »pouched wolf« (SHARLAND 1939), »bull tiger« (GUILER 1985).

Diese Namensvielfalt gab zu der Vermutung Anlaß, daß möglicherweise mehrere Beutelwolfarten auf Tasmanien lebten; dem gibt der verunsicherte J. GRANT bereits 1831 in einem Schreiben Ausdruck: »Er wird von den Siedlern Van Diemen's Land Tiger genannt ... ob es synonym ist mit dem Geschöpf, das man Van Diemen's Land Hyäne nennt oder nicht, kann ich nicht ... sagen.« In der Ballade vom »Wilddieb« (The poacher) betont O'LOCHLAINN (s. Kap. 7.2) »... Wölfe u n d Tiger, die Vandiemensland heimsuchen ...«. Offensichtlich ging man auch hier von zwei

Arten des Beutelwolfs aus, was wohl auf die ausgeprägten Unterschiede zwischen den Geschlechtern zurückzuführen ist (Kap. 4.3.1, 4.3.2).

Vom wissenschaftlichen Gattungsnamen leiten sich sowohl die spanische Form »thylacine«, die italienische »tylacino« als auch die französische »Thylacine« ab, weitere, auf Übersetzungen beruhende Namen sind »Loup marsupial« (BOURLIÈRE 1955) und »Loup de Tasmanie« (BERTIN 1950) ebenso wie das spanische »lobo marsupial de Tasmania« (SARICH et al 1982). Im deutschen Sprachgebrauch hat sich Beutelwolf gegenüber dem spektakulären »Tasmanischer Tiger« durchgesetzt; im Gegensatz zu SHARLAND (1963): »... »tiger« is no better than »wolf« or »hyaena« ...«, hält der Verfasser den Namen Beutelwolf aufgrund der habituellen Ähnlichkeit mit einem Caniden für den am besten geeigneten (Kap. 4.3.2). Der Kuriosität halber sei die von SCHILLING (1837) verwandte Bezeichnung »Hundskopf-Schweifbeutler« erwähnt, die den — gegenüber Opossums — behaarten Schwanz betont.

ROTH (1899) listet mehrere Namen der Eingeborenen für den großen Raubbeutler auf; Verwendung fanden »Lagunta« und »Corinna« an der Ostküste, »Crimererrar« bei Port Sorrell/Nordküste, »Loarina« in Nordwest-Tasmanien, sowie »Laoonana« und »Ka-nunnah« an der Südküste und auf der Bruni-Insel. Diese erfuhren jedoch bei den Europäern so gut wie keine Verbreitung und gerieten mit den Tasmaniern in Vergessenheit (ERLE WILSON nennt 1950 seine Romanhelden »Coorinna« und »Lagunta«).

Über das Verhältnis der Tasmanischen Ureinwohner zum Beutelwolf ist nur wenig überliefert, so gilt ein Bericht des Missionars JOSEPH COTTON, der in den zwanziger Jahren des 19. Jh. mit den Eingeborenen arbeitete, als Glücksfall. Gegenüber den Felsbildern auf dem Festland, die z. T. mehrere tausend Jahre alt sind, erfahren wir durch ihn von der mythologischen Bedeutung des Beutelwolfs: MANNALARGENNA, der große weise Häuptling der nordöstlichen Stämme, erzählte COTTON die Schöpfungsgeschichte des Beutelwolfs, die auf folgender Legende beruht: PALANA, der kleine Stern, Sohn des MOINEE, liebte sein unbeschwertes abenteuerliches Dasein im Busch, bis er eines Tages von TARNER, dem starken Känguruhmann, angegriffen wurde. Das Echo von PALANAs Schreien hallte von Baum zu Baum und von Fels zu Fels, da stürzte aus dem Dickicht ein namenloses »Jungtier aus dem Busch« (bush pup) zur Hilfe. Verächtlich stieß TARNER diesen unbedeutenden Wicht beiseite, und PALANA spürte unter dem Stampfen der kräftigen Hinterbeine sein Leben dahinschwinden. Das Kleine jedoch sprang beherzt das riesige Känguruh an, zerrte und riß an ihm und schlug seine Fänge tief in TARNERs Kehle. Der große Känguruhmann hielt PALANA mit einer Vorderpfote fest und versuchte verzweifelt, sich des Todesgriffs an seiner Kehle zu erwehren. Mit geschlossenen Augen und ganzer Anspannung nahm das Kleine all' seine Kräfte zusammen, bis es endlich spürte, wie Muskeln und Sehnen unter dem Druck seines Zugriffs schlaff wurden. Laut schlugen seine Zähne aufeinander. Am ganzen Leib zitternd taumelte der große Känguruhmann tot zu Boden, PALANA und das Kleine mit sich ziehend. Kurz darauf hoben Eingeborene die zwei bewußtlosen Überlebenden auf und trugen sie in ihr Lager. Zuerst kam das Kleine zu sich. Als PALANA sich rührte, sah er MOINEE, den Gott, seinen Vater. Stolz sprach MOINEE: »Gut gemacht, mein Sohn. Du hast deine Feuerprobe tapfer bestanden. Von heute an kannst du selbst entscheiden und eigene Auszeichnungen verleihen.« PALANAs Blick ruhte voller Bewunderung auf dem

Kleinen. Er legte seine Arme um den blutenden Hals, blickte in die noch trüben Augen und sprach: »Wahrhaftig, unter den Tapferen bist du der Tapferste. Heute hast du nicht wie ein Jungtier gekämpft, sondern wie WURRAWANA CORINNA, der große Tigergeist.« PALANA griff nach unten auf die Stelle, wo das Blut in der Asche versickert war. Er mischte Blut und Asche zu einem dicken Brei, mit dem er dunkle Streifen zeichnete über die Schultern des Kleinen und weiter bis zur Wurzel seines starren Schwanzes; dazu sprach er: »Vom heutigen Tage an werden dich alle nur noch unter dem Namen CORINNA, der Tiger, kennen.« (MORGAN 1992).

Für das hohe Ansehen des Beutelwolfs bei der Urbevölkerung spricht auch folgende Begebenheit: »Als GEORGE AUGUSTUS ROBINSON um 1830 die letzten Stammesangehörigen im tasmanischen Busch fangen sollte, stieß der Räumungstrupp auf ein frischtotes Wallaby, das unmittelbar zuvor Opfer eines Beutelwolfs geworden war. Trotz ROBINSONs Protesten verweilten die ihn begleitenden Eingeborenen, um es (das Känguruh) zu essen. Offenbar wollte man am Geist und an der Tapferkeit des großen Raubtiers teilhaben, indem man dessen Beute aß. Bei anderer Gelegenheit, als der Trupp mit einem Beutelwolfkadaver nicht in der traditionellen Weise verfuhr (indem man die sterblichen Überreste abdeckte), machten die gleichen Eingeborenen ihren weißen Anführer für einen heftigen Sturm verantwortlich, der bald darauf losbrach.« (MORGAN 1992).

3 Stellung im System, Abstammung und Fossilformen

Beuteltiere und Plazentatiere lassen sich von kreidezeitlichen Säugetieren (ähnlich *Deltatherium* und *Kielantherium* aus der Mongolei) ableiten (Abb. 4).

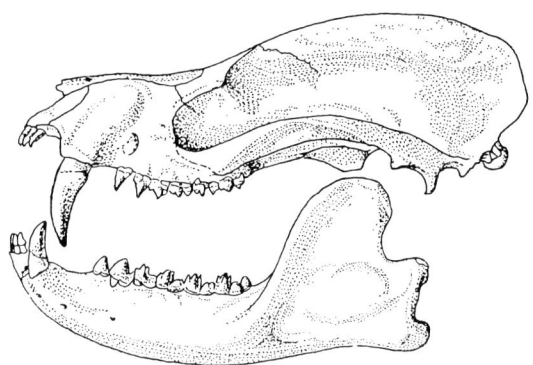

Abb. 4: Schädel von *Deltatherium* (Rekonstruktion), ein möglicher Vorfahre von Beutel- und Plazentatieren. Aus A. H. MÜLLER (1970).

Die Marsupialia bilden eine geschlossene systematische Einheit und werden von mehreren Wissenschaftlern als selbständige Unterklasse der Säugetiere mit fünf Ordnungen betrachtet (z. B. HALTENORTH 1969, RIDE 1970, ZISWILER 1976, STRAHAN 1995). Eine Anzahl anatomischer Besonderheiten — vor allem die spezielle Ausbildung der Fortpflanzungsorgane — und ihre »doppelte Tragzeit« (s. Vorwort) stellen tiefgreifende Unterschiede zu den Verhältnissen bei »höheren« Säugern dar.

Heute bewohnen Beuteltiere mit fünf Ordnungen und rund 260 Arten Tropisch–Amerika und die Australische Faunenregion oder Notogaea. Während der Tertiärzeit (Mio- und Pliozän) lebten einige Gattungen der Opossums auch in Europa und Nordafrika sowie in Zentralasien. Durch den Fund des Beutlers *Antarctodolops* auf der antarktischen Ellismere-Insel (WOODBURNE & ZINSMEISTER 1984) ist der Weg, den die Vorfahren der australischen Beuteltiere genommen haben, vorgegeben, nämlich von der Südspitze Südamerikas über die Antarktis zum — noch in der oberen Kreidezeit landfest verbundenen — australischen Kontinent (Abb. 5).

Tropisch–Amerika ist die Heimat zweier Ordnungen, es sind die Opossums (i. w. S.) oder Rattenbeutler inklusive Zwergopossums (Didelphida) und die artenarmen Mausopossums (Caenolestia) mit zwei bzw. einer Familie boden- oder baumbewohnender Arten. In Australien dagegen entwickelten die Beuteltiere einen bemerkenswerten Formenreichtum: Drei rezente Ordnungen mit rund 16 Familien, 70 Gattungen und 180 Arten verteilen sich auf das Festland, Neuguinea und Tasmanien; sie dringen im Westen bis nach Sulawesi (Celebes) und im Osten bis zu den Salomonen vor. Hier besiedeln sie nahezu alle terrestrischen Lebensräume und

Abb. 5: Lage der Südkontinente gegen Ende der Kreidezeit. Aus DIETERLEN (1978).

zeigen eine Anzahl ähnlicher Lebensformtypen wie die plazentalen Säuger. So vertreten die Marderbeutler (Dasyuria) Ameisen- bzw. Termitenfresser sowie »Raubtiere«; von den rund 50 Arten der Raubbeutler (Dasyuridae) ernähren sich die etwa 30 Arten zwergmaus- bis rattengroßer »Beutelmäuse« (drei Unterfamilien) von Insekten und kleinen Wirbeltieren. Maus- bis Dachsgröße erreichen die etwa 14 Arten Beutelmarder (Dasyurinae) inklusive dem Beutelteufel; ihr Beutespektrum entspricht dem einiger plazentaler Marder. Der Beutelwolf schließlich repräsentiert den Typus eines größeren Carnivoren; aufgrund der Vielzahl körperbaulicher Besonderheiten erhob ihn BENSLEY (1903) in den Rang einer eigenen Unterfamilie (Thylacininae) und RIDE (1970) in den einer Familie (Thylacinidae) (s. auch KIRSCH & CALABY in STONEHOUSE & GILMORE 1977 sowie STRAHAN 1995 bzw. ROUNSEVELL & MOONEY 1995).

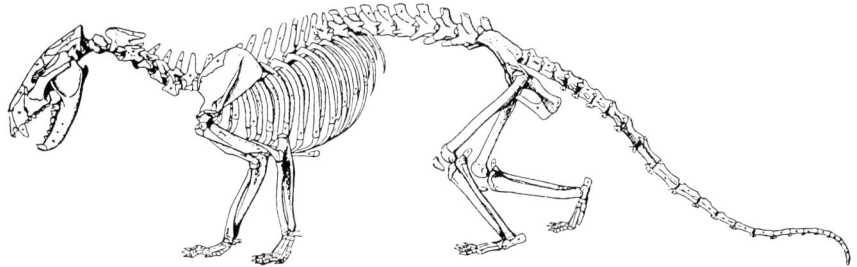

Abb. 6: *Prothylacinus*, ein Borhyaenide aus Südamerika. Rekonstruktion von SINCLAIR (1906).

Wie bereits im vorigen Kapitel dargelegt, unterlag die wissenschaftliche Namengebung des Beutelwolfs einer Evolution; das gilt auch für seine systematische Zuordnung: Einige Fossilfunde aus dem unteren Miozän Patagoniens beschreibt der argentinische Zoologe AMEGHINO 1891 als neue Gattung innerhalb der erloschenen Beuteltierfamilie Borhyaenidae, die im Tertiär marder-, hunde- und bärenartige Formen entwickelt hat, und nennt sie wegen ihrer Ähnlichkeit mit dem Beutelwolf *Prothylacinus* (Abb. 6). Unter dem Eindruck der Wegnerschen Theorie über die Kontinentaldrift, wonach drei der Südkontinente (Südamerika, Antarktis, Australien) bis zur Kreidezeit miteinander verbunden waren, suggeriert AMEGHINOS Namengebung, daß die Vorfahren des Beutelwolfs unter den Borhyaeniden zu suchen seien (was noch durch die rückgebiildeten Beutelknochen unterstrichen wird). Diese Ansicht wird von BENSLEY (1903) und SINCLAIR (1906) aufgegriffen und von anderen Autoren (z. B. HARMAN 1949) tradiert. Erst SIMPSON (1939, 1941) verwirft diese Meinung und sieht in *Thylacinus* einen spezialisierten Dasyuriden, so daß *Prothylacinus* lediglich als ein weiteres Beispiel für das parallele Auftreten eines Säugers mit hundeähnlicher Schädel- und Körpergestalt angeführt werden kann. Der Amerikaner TATE (1947), zu dessen wissenschaftlichen Verdiensten die Auswertung des auf der Archbold-Expedition gesammelten Materials gehört, kommt aufgrund übereinstimmender Gebißmerkmale zu dem Schluß, daß die Beutelmäuse *Phascolosorex* und *Murexia* in engerem verwandtschaftlichen Zusammenhang mit *Thylacinus* stünden, und er ordnete den Beutelwolf der Unterfamilie Phascogalinae zu. ARCHER (1976a, b), der bekannte australische Paläontologe, folgt zunächst TATE, betont jedoch später die Sonderstellung des Beutelwolfs.

Mit der Verbreitung biochemisch-molekularbiologischer Methoden lebte die Frage nach der verwandtschaftlichen Stellung des Beutelwolfs wieder auf. SARICH et al. (1982) stellten auf der Basis ungegerbter Hautstücke von *Thylacinus* immunologische Abstände zu lebenden Marsupialia fest. Sie bestätigten im wesentlichen die aufgrund anatomisch-morphologischer Daten erzielten Ergebnisse, wonach der Beutelwolf engere Beziehungen zu Beutelmardern aufweist als zum Ameisenbeutler *Myrmecobius*, zu Nasenbeutlern Peramelia und den mit Borhyaeniden verwandten Opossums. LOWENSTEIN et al. (1981) schlußfolgern, daß »... die Ähnlichkeit zwischen *Thylacinus* und den Borhyaeniden in der parallelen oder konvergenten Evolution begründet« sei. Weiterhin sei »... der Tasmanische Wolf das Glied einer sehr rezenten Aufspaltung der (Stammes-)Linien, die zu *Dasyurus/Sarcophilus* und *Dasyuroides* führen« — im späten Miozän 6-10 Mio. Jahre vor heute. Dieser Vorstellung widerspricht der altoligozäne (bis mittelmiozäne) Fund von *Nimbacinus dicksoni*, den MUIRHEAD & ARCHER 1990 neu beschrieben. Damit läßt sich die Familie der Beutelwölfe bis auf eine Zeit vor ca. 25 Mio. Jahren nachweisen. Der miozäne Fund von *Thylacinus potens* (WOODBURNE 1967) auf dem Festland (Alcoota Fauna, Zentralaustralien) deutet — ebenso wie die Entdeckung von *Thylacinus macknessi*, eine spezialisierte Form aus den Riversleigh-Ablagerungen im Nordwesten Queenslands (MUIRHEAD 1992) — auf ein hohes stammesgeschichtliches Alter der Gattung. Nach ARCHER (1982) war *Thylacinus potens* aus dem späten Miozän größer und besaß massigere Zähne, ein möglicher Hinweis auf größere Beutetiere (Kap. 5.2) und eine adaptive Annäherung an Hyänen (Knochenbrechertyp). Pleistozäne Funde von Neuguinea (VAN DEUSEN 1963, PLANE 1976) mit einem Alter von 9 920 (± 200) Jahren (BULMER 1964) und auch von mehreren Orten auf dem Festland (*Thylacinus spelaeus, Thylacinus major*) sind von *Thylacinus cynocephalus* nicht zu unterscheiden (STEPHENSON 1963) (Kap. 2). Die zunehmende Zahl subfossiler, wenige tausend Jahre alter Funde vom Beutelwolf in tasmanischen und australischen Höhlenablagerungen, z. T. mit hervorragend erhaltenen mumifizierten Weichteilen, gab Anlaß zum erneuten Aufleben mutmaßlicher Sichtungen (Kap. 8).

BENSLEY (1903) und SINCLAIR (1906) äußerten Vorstellungen über die Herkunft des Beutelwolfs von Borhyaeniden, damit sein hohes erdgeschichtliches Alter betonend, diese wurden häufiger wiederholt und als Erklärung für seinen vom Wolf abweichenden Körperbau gewertet (z. B. BÖLSCHE 1923, SHARLAND 1950, 1963, WILSON 1953). In einer Beilage der Zeitung »The Mercury« von 1923, worin für den Hobart-Zoo geworben wird (»Preserving our Native Animals and Birds ...«), wird unter der Spaltenüberschrift »Living Fossils« ausgeführt, daß dieses, von Biologen stammende Attribut vom Besucher an den lebenden Beutelwölfen nachvollzogen werden kann; genannt werden u. a. die kurzen Beine, der gestreckte Körper, der schmale Kopf und die geringere Gehirngröße, »... in der Tat ein unproportioniertes Experiment der Natur, sehr ungeeignet, seinen Platz zu behaupten in Konkurrenz mit den höher entwickelten Tierformen ...«; eine Argumentation, die an Naivität kaum zu überbieten ist (Verfasser) (s. auch Kap. 9.2.1).

»Im ersten Moment ist etwas vom Schakal in dem Tier, aber rasch spürt man das absolut Fremde.«

Bölsche (1923)

4 Gestalt und Anatomie

4.1 Äußere Erscheinung, Maß- und Masseangaben

Der Rumpf des Beutelwolfs wirkt walzenförmig und erscheint im Brustbereich nur leicht verschmälert; anders als bei guten Läufern lädt der Rippenbogen weit aus. Hinter der Brustregion wird der Körper deutlich schmaler; der schlanke Beckenbereich geht allmählich, ohne erkennbaren Absatz, in den Schwanz über. Beim normal ernährten Tier im kurzen Sommerfell zeichnet sich der obere Rand der Schulterblätter ab. Betrachtet man einen Beutelwolf von der Seite, so senkt sich seine Profillinie vom mäßig hoch getragenen Kopf über den Nacken zur Schulter ab, bleibt über den Brustbereich hinweg nahezu waagerecht und steigt zur Lendenregion leicht an; sie erreicht im vorderen Beckenbereich ihre größte Höhe, bildet einen leichten Winkel

Abb. 7: Beutelwolfpaar. Das kleinere Weibchen im Vordergrund zeigt eine entspannte Schwanzhaltung. Foto: Anonymus (Beaumaris Zoo, Hobart), Tasmanian Museum and Art Gallery, in Moeller (1994).

und senkt sich von der Schwanzwurzel allmählich ab. Die Bauchlinie weist ihren niedrigsten Wert etwa zwischen den Vorderbeinen auf — die Brust liegt also tief — und steigt bis zum Ende des Brustkorbs allmählich, dann im Bauchbereich bis zu den Weichen rasch an. Eine kräftige Spannhaut, die vom mittleren Bauchbereich in einer weichen Rundung zum Knie zieht, fängt die Linie ab. Insgesamt wirkt der Körper von *Thylacinus* etwas überbaut und brustlastig (MOELLER 1968a). Die verhältnismäßig kurzen und kräftigen Gliedmaßen stehen — als Folge der breiten Brust — weit auseinander (Abb. 7); dadurch erscheinen starke (= männliche) Exemplare vom Beutelwolf untersetzt und erinnern entfernt an eine Bulldogge, so daß der Name »bulldog-tiger« (KREFFT 1868) auch hierin seine Erklärung finden könnte (Kap. 4.3.2).

Die langgestreckte Halsregion ist im Nacken auffallend stark bemuskelt. Die Kopfform des Beutelwolfs wird geprägt vom gestreckten Schnauzenteil, der sich deutlich von der leicht gewölbten Stirn und der kräftigen Wangenregion absetzt. Sein tiefer Mundspalt reicht bis unter die dreieckig geschnittenen und wenig hervortretenden Augen. Die mittelgroßen, stets aufrecht getragenen Ohren haben eine sehr breite Basis und sind mehr oder weniger abgerundet. POCOCK (1926) und BOARDMAN (1945) liefern eine detaillierte Beschreibung der Ohrmuschel mit ihrem ausgeprägten, klappenartigen Supratragus und drei Graten (a, b, c). Der untere Teil der Ohrhöhle bildet eine lange tiefe Spalte, die sich zu einem schmalen Schlitz verschließen konnte. Wesentliche Unterschiede zum Ohr anderer Raubbeutler bestehen nicht. Vom behaarten Schnauzenbereich setzt sich die verhältnismäßig breite Nase deutlich ab. Diese ist unbehaart und ledrig, ihr Oberrand ragt über den Oberlippenrand hinaus. Die Nasenlöcher öffnen sich schräg nach außen; die Nasenrinne (Philtrum) besteht aus mehreren senkrechten Furchen (POCOCK 1926) (Abb. 8).

Der lange, fast stets abwärts gerichtete Schwanz läuft, sich allmählich verjüngend, am Ende stumpf aus. Er wird entweder starr und leicht bogenförmig gekrümmt

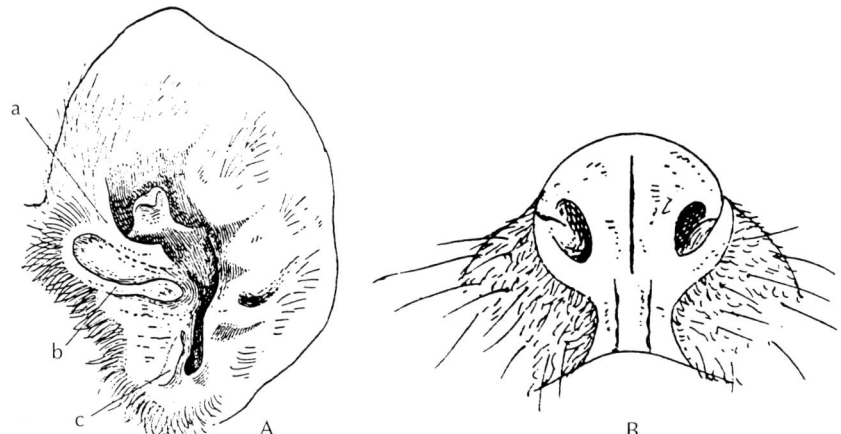

Abb. 8: Ohrmuschel (A) und Nasenregion (B) von *Thylacinus*; Erläuterungen im Text. Aus POCOCK (1926).

Gestalt und Anatomie 23

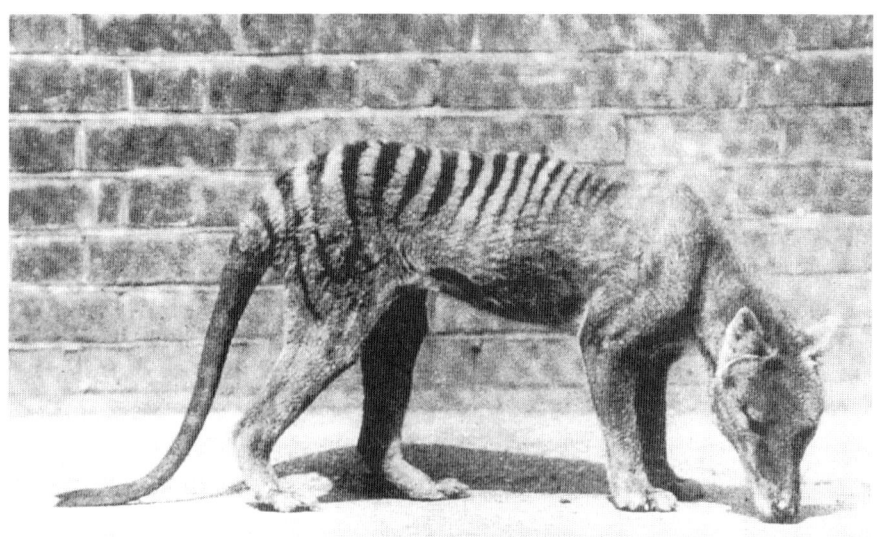

Abb. 9: Beutelwolf im Londoner Zoo; der niedrig gestellte linke Hinterfuß und der S-förmig geschwungene Schwanz signalisieren ein Konfliktsituation (Übersprung-Schnüffeln?). Foto: BERRIDGE, ca. 1909.

getragen, wobei die Schwanzspitze zum Boden deutet und diesen gelegentlich berührt, oder er bildet eine geschmeidig wirkende schwache S-Form. Dabei weist das Schwanzende nach hinten oder liegt bei niedrig gestelltem Hinterfuß dem Boden auf (Abb. 9). Fotos aus dem Londoner Zoo (s. Abb. 118) sowie das sich anschleichende Tier im Film (s. Abb. 67) zeigen eine Haltung, bei der der Schwanz in Rückenhöhe mehr oder weniger gerade nach hinten ragt und mit der Spitze leicht nach oben weist (Kap. 5.1). Bei mehreren Fotografien fällt auf, daß der Oberschenkel-/Afterbereich allmählich, d. h. ohne deutlichen Absatz, in den Schwanz übergeht und diesem ein rübenhaftes Aussehen verleiht (BÖLSCHE 1923). Ursache ist das Vorhandensein einer unteren Verdickung der Schwanzwurzel (s. Abb. 85). In mehreren Museen weisen Felle einiger Tiere, offensichtlich wegen unzureichender Entfettung, am Schwanzansatz Zerstörungen durch Fettsäuren auf, so daß das Schwanzfell (-haut) gelegentlich abgerissen ist. Möglicherweise handelt es sich hier um Hinweise auf ein Fettdepot, wie es auch bei weiteren Raubbeutlern, z. B. der Kammschwanz-Beutelmaus, *Dasycercus*, beobachtet wird. Mehrere Autoren beschreiben den Schwanz des Beutelwolfs als starr pendelnd (z. B. BÖLSCHE 1923), dem die Beweglichkeit eines Wolf- oder Hundeschweifs fehlt, »... so daß er stets halb aufrecht getragen wird«. *Thylacinus* kann angeblich sogar »... am Schwanz festgehalten werden, wobei er unfähig ist, sich nach seinem Peiniger umzudrehen« (SHARLAND 1963). Die Ausführungen in Kapitel 5.1 sowie das Foto Abb. 9 lassen diese Angaben zweifelhaft erscheinen. Auch der Känguruhschwanz mußte gelegentlich als Vergleich herhalten, z. B. bei DARIUS (1984) und PARK (1986). Hier kann eingewandt werden, daß vom »Rattenschwänzchen« eines Potoruhs *Potorous* über den massig wirkenden Henkelschwanz eines Buschkänguruhs *Dorcopsis* bis zum

Tab. 1: Einige morphometrische Daten und Masseangaben zu Beutelwölfen nach verschiedenen Autoren. BRETON gibt den Körperumfang mit nur 45,72 cm (18 ins) an, und PARKER (1935) macht Angaben über einen Beutelwolf, der von der Schnauze bis zur Schwanzspitze 236,22 cm (7 ft 9 ins) maß. Der Verfasser hält diesen Meßwert für übertrieben hoch, möglicherweise stammt er von einem extrem gestreckten Präparat.

Quelle	Sex	Körper-masse/kg	Kopf-Rumpf-länge/cm	Schwanz-länge/cm	Gesamt-länge/cm	Schulter-höhe/cm
ANONYMUS 1847	♂	–	118	51	169	56,5
BRETON 1833		–	114	51	165	–
CRISP 1855	♂	15	85	38	123	–
CUNNINGHAM 1882	♂	–	99	52	151	–
	♀		79	41	120	
GUILER 1985		25	85–118	33–61	max. 213	56
HARRIS 1808	♂	–	ca. 117	ca. 61	178	56
HUBBARD 1962		27	–	–	–	45
MOELLER 1988c		15–35	85–130	36–65	120–195	35–65
PATERSON 1805		20,4	ca. 130	51	ca. 181	56
ROUNSEVELL & MOONEY 1995		15–35	100–130	50–65	150–195	–

schlaffen Balancierorgan einiger Baumkänguruhs *Dendrolagus* — abgesehen von z. T. erheblichen Längenunterschieden — eine große Formenvielfalt besteht. Gemeint ist wohl eher der muskulöse Stütz- und Pendelschwanz eines Riesenkänguruhs oder größeren Wallabies *Macropus*; doch auch dieser Vergleich bezeugt nur eine mangelnde Kenntnis der Känguruhmorphologie.

4.1.1 Körperhaltungen, Pfotenbau und Trittsiegel

Bei einem ruhig stehenden Beutelwolf sind die Unterarme mit den breiten Pfoten nahezu senkrecht gestellt und bilden mit dem Oberarm einen großen Winkel. Schulter- und Oberarmbereich sind kräftig bemuskelt. Vorder- und Hinterpfoten weisen schräg nach außen. Diese Haltung und der weite Vorderbeinabstand garantieren die Standsicherheit des langgestreckten Körpers (Kap. 5.4). Die körperfernen Anteile der Hinterbeine (Knie- und Fersengelenk) sind enger angewinkelt. In der Winkelgröße des Fersengelenks treten besonders auffällige Unterschiede auf, die als Gradmesser psychischer Belastung verstanden werden (Kap. 5.1). Beim Sitzen nimmt der Beutelwolf eine steile Position ein, d. h. Vorder- und Hinterpfoten fußen eng beieinander (Abb. 10). Die gestreckten Vordergliedmaßen stehen ebenfalls dicht zusammen, ca. eine Pfotenbreite voneinander entfernt. Mit leicht seitwärts gerichteten Knien ruht der Körper vor allem auf den Sohlen der Hinterbeine und auf den Oberschenkeln. Der Schwanz liegt leicht seitlich gekrümmt dem Boden auf. Der Kopf ist meist schwach nach vorn geneigt. Liegt ein Tier mehr oder weniger ge-

Gestalt und Anatomie

Abb. 10: In Sitzhaltung ähnelt der Beutelwolf einem großen Hund. Filmbild (Hobart Zoo) in MOELLER (1981b).

Abb. 11 (unten): GUSTAV MÜTZEL zeichnete dieses männliche Tier, das zwischen 1871 und 1873 in Berlin lebte, in zwei Haltungen. Aus BREHM (1877).

streckt auf einer Körperseite, so sind die Gliedmaßen weit abgespreizt. Der Schwanz ruht auf dem Boden. Der leicht angehobene Kopf wird nach einer Seite gewendet (s. Abb. 111). Eine weitere Position entsteht, wenn der Vorderkörper mit parallel nach vorn gerichteten Vordergliedmaßen etwas aufgerichtet wird (Sphinxhaltung), während der Hinterkörper mit leicht angewinkelten Hintergliedmaßen auf der Seite ruht. Der leicht gehobene Kopf signalisiert Aufmerksamkeit. Der Tiermaler GUSTAV MÜTZEL zeichnete den zweiten Berliner Beutelwolf in zwei Positionen (Abb. 11): In liegender Haltung ruht der Körper — nahezu halbkreisförmig gebogen — auf einer Seite, die Vorderbeine weisen parallel nach vorn (wie oben), der ruhende Kopf nach innen, die Kinnspitze berührt den Boden, offensichtlich eine entspannte Ruheposition oder eine Schlafstellung (s. a. Abb. 24).

Freies Aufrichten des Vorderkörpers wurde, wohl wegen der »Brustlastigkeit« des Beutelwolfs, nur selten beobachtet. Diese »Känguruh-Position« scheint zum Erkundungsverhalten gehört zu haben, z. B. Wittern von Gefahr (MARTHICK in SMITH 1981) oder Beute und wohl auch bei Neugier, wie eine Szene aus dem Filmstreifen (MOELLER 1981b) wahrscheinlich macht: Gereizt von einer Person jenseits des Gehegezauns ruht das Tier auf den Sohlen der Hinterfüße, möglicherweise gestützt vom dem Boden aufliegenden Schwanz (s. Abb. 70). Das Aufrichten des Körpers unter Abstützen der Vorderfüße hat wohl die gleiche Ursache; dabei ruht der Körper lediglich auf den Zehenpolstern, und die langen Plantarpolster werden sichtbar (s. Abb. 115).

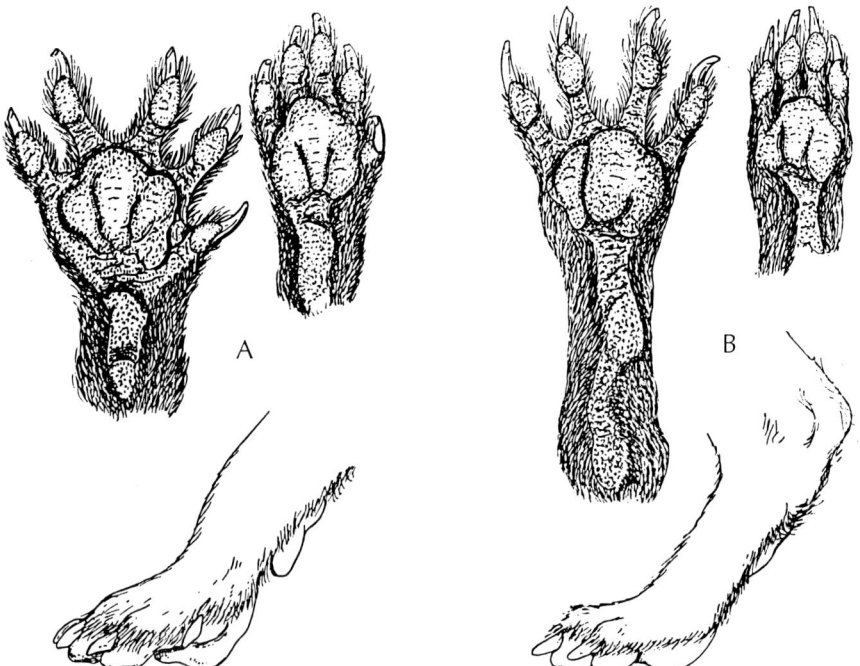

Abb. 12: Vorder- (A) und Hinterfuß (B) des Beutelwolfs. Aus POCOCK (1926).

Gestalt und Anatomie

Abb. 13: Trittsiegel von Beutelwolf (A), Hund (B) und Katze, großes Exemplar (C); LV = linker Vorderfuß, LH = linker Hinterfuß. Aus MOONEY (1988).

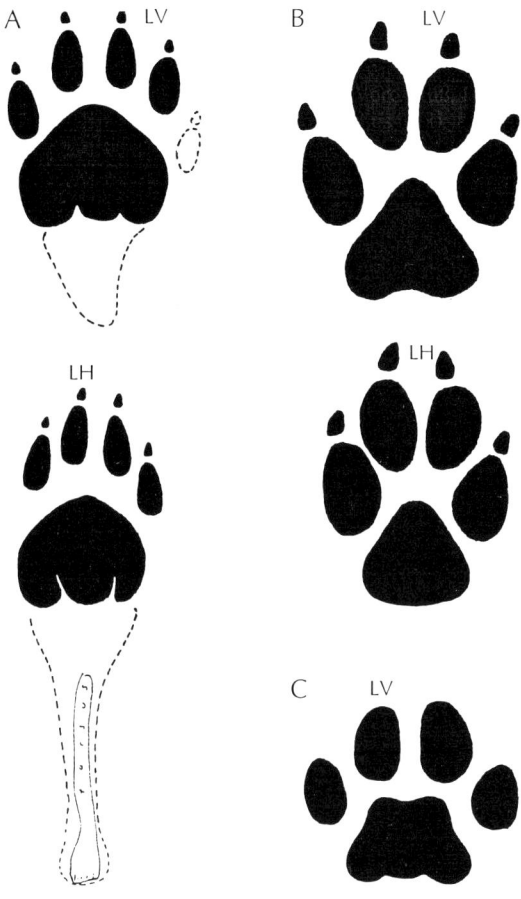

Der britische Anatom POCOCK (1926) beobachtete lebende Beutelwölfe im Londoner Zoo; er beschreibt den Zehengang bzw. Zehenstand als die normale Stellung von Hand und Fuß, dabei setzen nur die Zehen auf, während Mittelhand und -fuß vom Boden abgehoben sind. Sohlenstand bzw. Sohlengang stellen somit eine Ausnahmesituation dar (Kap. 5.4). Bemerkenswert und deutlich sichtbar ist jedoch auf den Zeichnungen von POCOCK die Ausbildung von Sohlenpolstern im Handwurzel- sowie auch im Fußwurzel-/Mittelfußbereich, letzteres — entsprechend der Streckung des Mittelfußes — ist besonders langgezogen (Abb. 12). Diese Polster weisen eindeutig auf Sohlengang bzw. -stand, wobei Mittelhand- und Handwurzel- sowie Mittelfuß- und Fußwurzelregion den Boden berühren. Die Seltenheit der letztgenannten Fußhaltung wird auch bei allen Darstellungen von Fußspuren (Trittsiegeln) deutlich: Stets ist nur der Abdruck der Zehen- und der vorderen (distalen) Plantarpolster erkennbar. Zwei radial aus dem inneren Bereich (Zwischenzehen- oder Plantarpolster) nach außen verlaufende Furchen teilen dieses Polster in drei ungleich große Kissen: Im Handbereich hat das daumenwärts gerichtete die größte

Ausdehnung, während im Fußbereich das mittlere und das nach innen gerichtete Kissen etwa gleich groß sind; das an der Fußaußenseite gelegene bleibt etwas kleiner. Vergleicht man des Beutelwolfs Fußabdrücke mit denen von Wolf und Katze, so ähneln die der breiteren Vorderfüße — abgesehen von den »Hundekrallen« — eher denen einer Katze, die des Hinterfußes eher einem Trittsiegel von Hund oder Wolf (Abb. 13). Dies läßt Verständnis aufkommen einerseits für die Fehlbestimmung durch holländische Seeleute (Kap. 2), andererseits für die zahlreichen Mißdeutungen hoffnungsvoller Fährtensucher auf Tasmanien (Kap. 8). Wegen des langen Hinterfußes hatten die beim Sohlengang entstandenen Fußspuren eine unverkennbare Ähnlichkeit mit denen von Känguruhs, so daß hier eine plausible Erklärung zum beschriebenen »bipeden Känguruhhüpfen« des Beutelwolfs (Kap. 5.4) liegen könnte.

Die von LYNE (1959 in SMITH 1982) beobachtete weitreichende Reduktion von Tasthaaren an den Gliedmaßen stützt POCOCKs (1926) Angabe, wonach *Thylacinus* ein Zehengänger ist (s. auch folgendes Kapitel).

4.2 Körperdecke

4.2.1 Fell und Tasthaare

Das Fell des Beutelwolfs besteht aus kurzen, dicht stehenden und straff anliegenden oder lockeren, jedoch deutlich längeren und vor allem im Nacken- und Rückenbereich wollig erscheinenden Haaren. Da sich die Mehrzahl der Felle, Bälge oder Dermoplastiken einer dieser beiden Felltypen zuordnen läßt, liegt es nahe, ein Sommer- und ein Winterfell anzunehmen. Das ist um so wahrscheinlicher, als auf Tasmanien zwischen Mai und August — also im Winter der gemäßigten südlichen Breiten — die Temperaturen bis unter den Gefrierpunkt absinken und mancherorts Schnee fällt. Auch sind die Felle von einem der in Washington aufgewachsenen Beutelwölfe und dessen Mutter sowohl was die Beschaffenheit anbelangt als auch aufgrund der Todesdaten Winterfelle (4. November 1904, 10. Januar 1905); das gilt ebenso für ein am 23. Dezember 1905 gestorbenes Weibchen aus dem Berliner Zoo wie auch für das Männchen des Pariser Paares (gest. März 1891). Das Sommerfell zeigt lediglich an der Unterseite des Schwanzendes verlängerte Haare. Beutelwölfe im Winterfell haben zusätzlich Haarpinsel an den Zehen ausgebildet, die die Krallen deutlich überragen können, wie z. B. bei dem halbwüchsigen Heidelberger Exemplar. Auch erscheint das Winterfell insgesamt dunkelbraun, gelegentlich mit rostbraunen Tönen vor allem auf der Körperoberseite; die Streifen sind meist schwarz (s. Farbtafel unten). Das Sommerfell dagegen hat eine sandfarbene oder hellgraue Grundfarbe, und die Streifen erscheinen eher dunkel-schokoladenbraun (Titelbild). Deutlich heller als der übrige Körper sind Brust und Bauch sowie die Innenseite der Schenkel; unregelmäßig geformte helle Flecken treten am Kopf häufiger über und unter den Augen sowie gelegentlich unterhalb des Ohransatzes auf. Bei sechs von ca. 60 Präparaten oder Fellen sind deutliche, unregelmäßig geformte weiße oder cremefarbene Kehl- und Brustflecke erkennbar (Abb. 14), die entfernt an entsprechende Muster bei einigen Marderartigen (Zobel, Baummarder), nicht jedoch an die des Beutelteufels oder eines anderen Verwandten erinnern.

Gestalt und Anatomie 29

Abb. 14: Zeichnungsmuster auf Kehle und Brust von *Thylacinus*. Aus MOELLER (1968a).

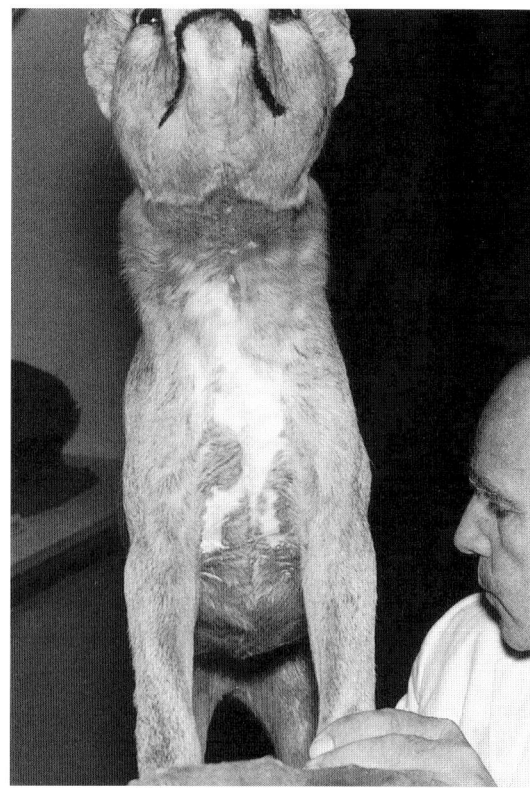

Abb. 15 (unten): Verlauf des Haarstrichs am Unterbauch beim Weibchen und Männchen. Aus BOARDMAN (1945).

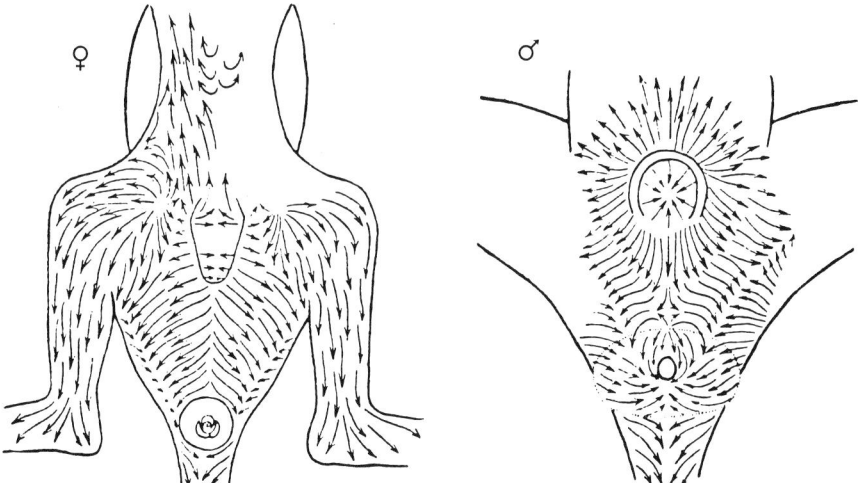

Präparate, die längere Zeit dem Tageslicht ausgesetzt waren, wie z. B. im Naturhistorischen Museum Brüssel, weisen stark verfälschte Farben auf (fahl rostbraun).

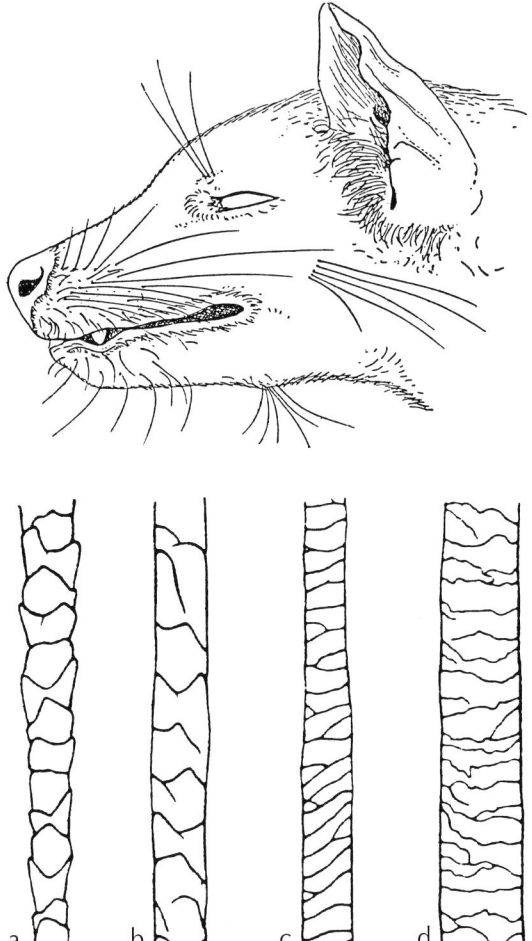

Abb. 16: Kopf vom Beutelwolf, Verteilung und Länge der Tasthaare (Vibrissen). Aus Pocock (1926).

Abb. 17: Haarstrukturen von *Thylacinus*: a, b, c = gewelltes Haar, d = gerades Haar. Aus Lyne & Macmahon (1951).

Boardman (1945) untersuchte den Verlauf des Haarstriches von Unterbauch und Leistengegend (Kap. 4.7): Während bei dem Männchen der Haarstrich von der Skrotumtasche radiär verlief und zur Afteröffnung hin konzentrisch, war das Muster des beuteljungen weiblichen Tieres komplizierter, wie Abbildung 15 zeigt.

Tasthaare oder Vibrissen sind Elemente des Nahtastsystems, dienen also der Nahorientierung; zur Veranschaulichung ihrer Länge und Verteilung bildete Pocock (1926) neben weiteren Raubbeutlern und einigen Opossums den Kopf eines Beutelwolfs ab (Abb. 16). Hier stehen Vibrissen in größerer Zahl im vorderen Schnauzenbereich (Ober- und Unterlippe); über und unter den Augen und am Kinn, an Wangen und im vorderen Kehlbereich bilden sie regelrechte Büschel unterschiedlicher Länge. Boardman (1945) stellte innerhalb seiner fünf untersuchten Exemplare eine hohe Konstanz in der Anzahl verschiedener Vibrissen-Inseln fest.

In Anbetracht der beim Beutelwolf gegenüber anderen Raubbeutlern verhältnismäßig kurzen Tasthaare, kommt POCOCK zur Überzeugung, daß diese an Länge abgenommen hätten als Folge der besseren Anpassung an rascheres Laufen mit hochgestelltem Kopf und Körper. Bei dieser Bewegungsweise oder Körperhaltung spiele der taktile Sinn keine so große Rolle mehr wie beim Schleichen im Dickicht (Kap. 5.4).

LYNE & MCMAHON publizierten 1951 ihre Ergebnisse über die Haarstruktur einiger Beutler und Kloakentiere; danach ist das einzelne Haar von *Thylacinus* kürzer und der Durchmesser deutlich geringer als z. B. bei *Sarcophilus*. Gewellte Haare (wavy hairs) und gerade Haare (straigth hairs) zeigen in ihrer spezifischen Kutikularstruktur z. T. bemerkenswerte Unterschiede (Abb. 17).

4.2.2 Zeichnungsmuster

Neben der habituellen Ähnlichkeit mit einem Hund oder Wolf ist die als Tarnzeichnung zu betrachtende dunkle Rückenbänderung das auffälligste Merkmal des Beutelwolfs und gab Anlaß zu den Namen Zebraopossum, Zebrawolf und Streifenwolf (Kap. 2). 15–19 dunkelbraune bis schwarze Querbänder — wobei laut BRETON (1846) die der Männchen (angeblich) dunkler sein sollen — beginnen fünf bis 15 Zentimeter hinter der Schulter: Zunächst verwaschen und kaum erkennbar zeichnen sie sich nach hinten zunehmend deutlicher ab, nehmen bis zur Beckenregion an Breite und Länge zu und verkürzen sich schließlich wieder, bis sie auf dem Schwanzansatz enden. An rund 60 Fellen sowie Bälgen und Präparaten konnte der Verfasser (1968a) eine recht hohe Variabilität in Form und Ausdehnung der Bänder feststellen. Dennoch sind einige Regelhaftigkeiten erkennbar. So weist z. B. der über die hintere Beckenregion laufende Schenkelstreifen (s) stets die größte Länge auf und erstreckt sich — mit den Spitzen nach vorne weisend — mehr oder weniger weit über den Oberschenkel; gelegentlich wird er auf dem Oberschenkel von ein bis zwei Satellitenstreifen (sa) begleitet (Abb. 18). Nach hinten schließt sich, das konisch zulaufende Rumpfende umgreifend, ein deutlich kürzerer Streifen an, gefolgt von einem oder mehreren Caudalstreifen (c), d. h. unregelmäßig geformten Bändern oder Flecken auf der Schwanzbasis, diese gelegentlich umfassend und oft miteinander verschmelzend. Bei den meisten Bändern tritt eine nach außen und zur Mittellinie des Rumpfes hin geschwungene Form auf; sie erinnert an ein flaches W, das in der Mitte vielfach vorspringt. Rund 70 % der untersuchten Präparate und Felle haben schmale Kontaktstreifen (k); diese weisen in fast allen Fällen von rechts vorne nach links hinten, so daß kein Zickzackmuster entsteht (s. Abb. 92). Ausnahmen zeigen nur wenige Präparate, z. B. in Wien (s. Abb. 119) und London. Auch die Aufspaltung oder nicht vollendete Verschmelzung eines oder mehrerer Bänder, sog. Spaltenstreifen (sp) bildend, ist zu beobachten. Sehr selten erscheinen einzelne Bänder einseitig lateral abgestutzt, wie je ein Präparat aus den Museen Berlin und Münster zeigt.

Anhand der untersuchten Beuteljungen (Embryonen und Feten) war die Entstehung und Entwicklung des Streifenmusters nicht zu ermitteln. Entweder zeigten die jungen Beutelwölfe überhaupt noch keine Hautpigmentierung, oder die Bänder waren, wie bei einem fortgeschrittenen Stadium im Museum von Sydney, schon in

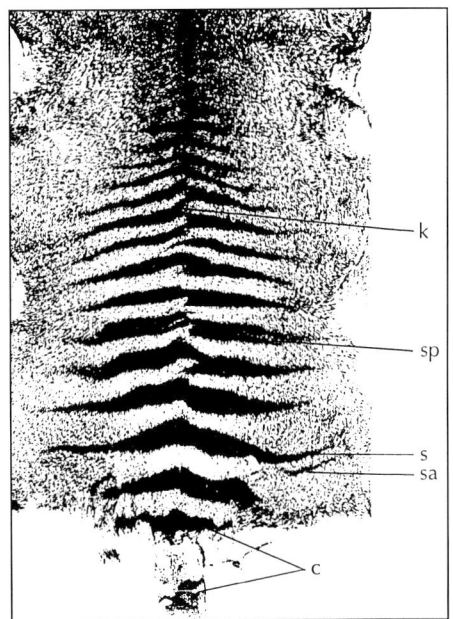 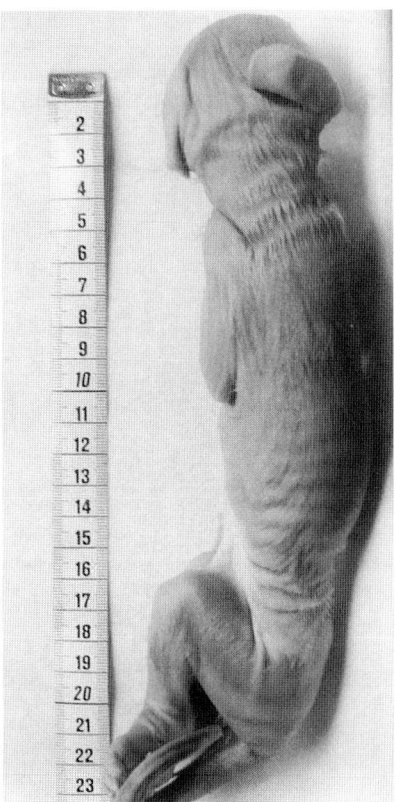

Abb. 18: Fell eines Berliner Beutelwolfmännchens zur Demonstration der Rückenzeichnung. Erklärung der Abkürzungen im Text. MOELLER, Orig. Zoologisches Museum der Humboldt-Universität, Berlin.

Abb. 19: Beuteljunges von *Thylacinus*. Die typische Zeichnung ist bereits erkennbar; geschätztes Alter: 4–5 Monate. Foto: MOELLER (Original: Australian Museum, Sydney).

ihrer typischen Ausprägung vorhanden (Abb. 19). Auffallend waren goldgelbe Töne zwischen den Streifen bei einem beuteljungen Fell (Balg) in London. Aus dem Auftreten sogenannter Spalten- sowie Kontaktstreifen schließt der Verfasser, daß mit Ausnahme der hinteren Schwanzstreifen und -flecken jedes Band ursprünglich aus 4 paarigen lateralen Elementen entstand. Diese vereinigten sich zunächst paarweise miteinander und dann auf der Rückenmitte. Nach dieser Hypothese wären die Streifen auf beiden Körperseiten unabhängig aus vier Elementen entstanden, bevor sie sich median zu einem einheitlichen Band vereinigten; sie wird gestützt durch die Tatsache, daß rund 70 % aller Beutelwolffelle das vermutliche Endstadium, also geschlossene Bänder zeigen. Einzelne Felle enthalten unvollständige Muster, gewissermaßen »altertümliche Entwicklungsstadien«, sogenannte Atavismen.

Der von PORTMANN (1959) aufgestellten These, wonach es sich bei der Bänderung des Beutelwolfs um ein für Marsupialia — und andere »niedere Tiere« — typisches

Merkmal handelt, das er als »Primitivmerkmal« deutet, stehen folgende Sachverhalte entgegen: Zunächst treten lediglich bei fünf der rund 260 Beuteltierarten Querstreifenmuster oder ähnliche Zeichnungen auf. Innerhalb der engeren Verwandtschaft von *Thylacinus* sind die Raubbeutler auf der Körperoberseite entweder einfarbig rotbraun, braun, sandfarben, gelblich oder grau. Das gilt für alle Beutelmäuse mit Ausnahme der Gattung *Phascolosorex*, die auf graubraunem Grund einen dunklen Mittelstreif (Aalstrich) trägt. Die Beutelmarder zeigen dagegen recht bunte Fellmuster: Beim Streifenbeutelmarder *Myoictis melas* ziehen drei dunkle Längsstreifen über das rotbraune Fell und bei den eigentlichen Beutelmardern *Satanellus*, *Dasyurus* und der Untergattung *Dasyurops* verteilen sich helle Flecken in regelmäßiger (*Satanellus*) oder unregelmäßiger (*Dasyurus*) Anordnung über die Körperoberseite und auch über den Schwanz (*Dasyurops*); der Beutelteufel *Sarcophilus* hat entweder ein rein schwarzes Fell oder trägt auf Brust oder Kehle und vor der Schwanzwurzel — selten auf den Flanken — je einen halbmondförmigen bis rundlichen weißen Fleck.

Der Ameisenbeutler *Myrmecobius fasciatus* hat den Rang einer eigenen Familie, ist also nur entfernt mit Beutelwolf und Beutelmardern verwandt. Bei ihm setzen sich von der graubraunen bis schwarzbraunen Rückenfärbung 6–13 weiße Querstreifen deutlich ab (Abb. 20). Auf den ersten Blick ist man versucht, die deutlich dunkleren Zwischenfelder als die eigentliche Bänderung zu betrachten, wofür auch das Auftreten von Kontakt- und Spaltenstreifen (siehe Beutelwolf) angeführt werden könnte. Jedoch definiert die dunkle Grundfarbe auf Schulter und Schwanzwurzel-

Abb. 20: Bälge vom Ameisenbeutler *Myrmecobius* zur Demonstration der Rückenzeichnung. Foto: MOELLER (Original: Museum Nat. History, London).

region eindeutig eine helle Streifung, die durch das Fehlen von Pigmenteinlagerungen hervorgerufen wird. Die Einzelelemente »entstehen« offensichtlich lateral und verschmelzen auf oder nahe der Mittellinie; gelegentlich »verfehlen« die Streifen einander oder haben kein Gegenstück auf der anderen Seite. Insgesamt ist eine Ähnlichkeit mit dem Streifenmuster des Beutelwolfs vorhanden. Eine dunkle Bänderung auf grauem Grund tritt dann wieder bei den Springbeutlerfamilien Potoroidae und Macropodidae auf: Das Bänder-Hasenkänguruh *Lagostrophus fasciatus* zeigt, wenn auch nicht bei allen Exemplaren, wiederum im hinteren Rückenbereich 10–13 undeutliche dunkle Streifen. Gelegentlich verschmelzen die Bänder mit einem ebenfalls dunklen Aalstrich. Entfernte Ähnlichkeit mit einem Streifenmuster treffen wir noch beim Tasmanien-Langnasenbeutler *Perameles gunni* an, hier stoßen im hinteren Rückenbereich — von lateral kommend — zwei helle Streifen aufeinander, treten jedoch nur selten in Kontakt; weiter schwanzwärts entsteht ein sternartiges Muster heller Dreiecke und unregelmäßiger Vielecke, so daß man kaum von einer Bänderung sprechen kann. Abschließend sei das südamerikanische Wasseropossum *Chironectes minimus* genannt, dessen graubraunes Fell auf Schulter und Rücken vier sehr breite dunkle »Bänder« aufweist, die mit einem dunklen Aalstrich verschmelzen. Einige weitere Beuteltierarten zeigen ebenfalls helle oder dunkle Querstreifen, die jedoch nicht bei allen Individuen auftreten. Beim Irma-Wallaby *Protemnodon irma* oder dem Nasenbeutler *Peroryctes* sind sie oft nur undeutlich erkennbar.

Innerhalb plazentaler Säugetiere ist ein dunkles Querstreifenmuster auf dem Rücken nicht selten. Es wird beobachtet bei Rüsselspringern *Elephantulus*, einigen Nagern *Macrogeomys, Crateromys*, bei Raubtieren, hier vor allem und sehr deutlich bei mehreren Schleichkatzen (*Mungo, Herpestes, Suricata, Hemigale, Chrotogale* u. a.) sowie bei Hyänenartigen (*Hyaena, Proteles*) und setzt sich innerhalb der Katzenartigen beim Tiger *Panthera tigris* fort.

Das Streifenmuster des Tigers zeigt bei einer hohen Variabilität mehrere Besonderheiten, die in hervorragender Weise geeignet sind, die Hypothese über das Entstehen der Beutelwolfzeichnung zu stützen (Abb. 21). Neben lateralen und zum größten Teil unsymmetrischen Flankenstreifen laufen kopfwärts kürzere, schwanzwärts meist längere Streifen in der Rückenmitte zusammen und bilden vielfach deutliche Querbänder. Hier sind alle Über-

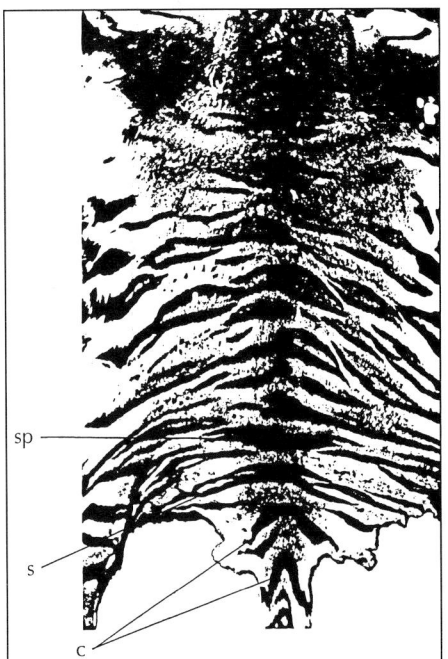

Abb. 21: Ein Fell vom Tiger *Panthera tigris* zeigt weitreichende Übereinstimmungen mit dem des Beutelwolfs. Erklärung der Abkürzungen im Text. MOELLER, Original.

gangsformen (»Entwicklungsstadien«) einer Rückenbänderung modellhaft erkennbar: Vom schmalen, sich aufeinander zu bewegenden zum breiteren, einander verfehlenden »Halbband« und vom Spaltenstreifen (sp), der seine Herkunft aus zwei verschmelzenden Streifenpaaren dokumentiert, bis zum typischen, auf der Rückenmitte spitz nach vorn weisenden Band. Sogar der weit nach lateral ausgezogene Schenkelstreifen (s) und die — Körperende und Schwanzwurzel u- bis ringförmig umfassenden — Caudalstreifen (c) des Beutelwolfmusters sind vorhanden. Offenbar handelt es sich bei der Tigerzeichnung nicht um ein abgeleitetes, sondern eher um ein »frühes Stadium«; dafür spricht das »phylogenetisch sehr junge« Stromungsmuster mehrerer Haushunderassen, das häufiger bei der Deutschen Dogge, Greyhound und Boxer auftritt. Eindeutig haben wir es hier mit einem neu auftretenden Zeichnungsmerkmal zu tun, da es der wilden Stammform fehlt und auch bei Verwandten des Wolfs nicht vorkommt. Aus diesem vor allem im Kruppenbereich sehr deutlichen Streifenmuster wäre über ein »Tigerstadium« die Entstehung einer echten Bänderung denkbar. Ein solches »Endstadium« zeigt auch das Fellmuster des Zebraduckers *Cephalophus zebra*; hier ist in der spezifischen Gestalt sowie im Auftreten von Kontakt- und Spaltenstreifen eine hochgradige Ähnlichkeit mit der beim Beutelwolf vorherrschenden Zeichnung vorhanden (KUHN 1966, MOELLER 1968a).

Nach den angeführten Beispielen läßt sich — entgegen der Annahme von PORTMANN (1959) — kein deutlicher Zusammenhang zwischen einer kontrastreichen Querbänderung und der Entwicklungshöhe ihrer Träger, deren Lebensweise oder Lebensraum noch ihrer verwandtschaftlichen Stellung herstellen. Vielmehr bildeten sich diese Zeichnungsmuster offensichtlich mit einer gewissen »Eigengesetzlichkeit« heraus (HAECKER 1925).

4.2.3 Beutel und Skrotumtasche

An Hautstrukturen sind vor allem der Brutbeutel (Marsupium) und eine Skrotumtasche von Interesse. Das Marsupium bildet sich — POCOCK (1926) folgend — im Laufe seiner individuellen (ontogenetischen) Entwicklung aus zwei lateralen Hautfalten beiderseits des Milchdrüsenfeldes. Diese formen sich zu einer die vier Zitzen überwallenden Hautkrempe, die hinten offen bleibt. Die vier Zitzen sind paarweise symmetrisch angeordnet, die Paare der rechten und linken Seite weit voneinander entfernt. Die Haare des Abdomens, die den Beutel bzw. die Skrotumtasche umgeben, weisen nach innen. Zwischen Beutel und »Kloakenöffnung« stehen die Haarspitzen ebenfalls nach innen, der Mittellinie zugerichtet und lassen einen schmalen Streifen nackter Haut zwischen dieser Öffnung und dem Zitzenbezirk frei. Der nicht gravide Beutel, d. h. ohne an den Zitzen befindliche Embryonen respektive Feten (Kap. 4.8), ist oval geformt und flach, seine Länge beträgt bei einem der untersuchten Tiere 5 cm, in der lateralen Ausdehnung 3,8 cm.

Vorn und hinten verstreicht der Beutel mit der umgebenden Bauchhaut, wird also nur seitlich von zwei Hautfalten begrenzt (Muskulatur s. Abb. 47); GREEN (1974) schreibt: »... der Beutel ist nicht so tief wie bei Wombats, Känguruhs und Nasenbeutlern, sondern ähnelt einer kreisförmigen Hautfalte ...« (Abb. 22), dagegen berichtet OWEN (in BOARDMAN 1945) über einen mit drei Jungen »bewohnten« Beutel, der rund 20 cm in der Tiefe maß. Mehrere vom Verfasser an Fellen und

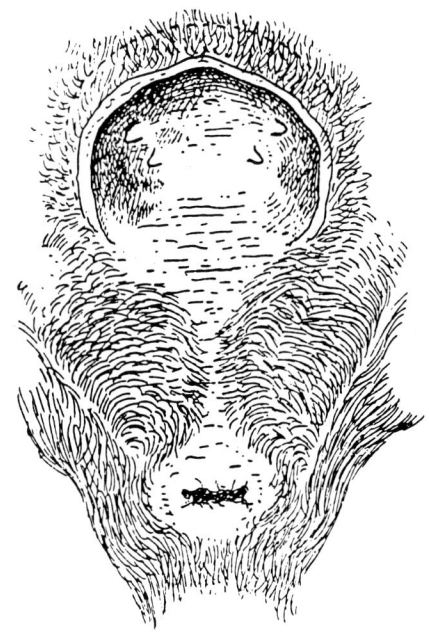

Abb. 22: Bruttasche (Marsupium) eines Beutelwolfs. Aus POCOCK (1926).

Präparaten untersuchte Beutel zeigen von der beschriebenen Krempenform bis zur »typischen« Taschenform alle Übergänge. So hat z. B. der Beutel des am 23. 12. 1905 gestorbenen Weibchens, das drei Jahre im Berliner Zoo lebte, — wie Skelett und Gebiß auswiesen — erwachsen war und keine Beuteljungen trug, dennoch eine tiefe sackartige Form; lange rotbraune Haare kleiden den inneren Beutelrand aus und ragen mehrere Zentimeter in das Lumen. Eine im New Yorker Museum befindliche Dermoplastik zeigt dagegen nur eine U-förmige und nach hinten geöffnete Krempe um das Zitzenfeld. Nach seiner Größe (Schädel und Skelett waren nicht vorhanden) zu urteilen, war es wohl erwachsen. Das Marsupium beutelträchtiger Weibchen wird von GUNN (1863) als »einer Mißbildung ähnlich« beschrieben; drei Junge, die den Beutel bereits zeitweise verließen, dehnten diesen extrem aus. Das Washingtoner Muttertier mit einem Jungen im Beutel wurde von GLEESON abgebildet (s. Farbtafel, oben). Die Zitzen stellten sich bei dem Weibchen, das POCOCK vorlag, als »... kleine konische Erhebungen dar, die von häutigen Hüllen umgeben sind«. Ein im Zoologischen Museum der Universität Cambridge (England) befindliches Flüssigkeitspräparat eines offensichtlich »bewohnten« Beutels ist aufgetrennt und zeigt vier Zitzen, von denen drei stark verlängert sind (3–4 cm); es ist nicht dem im Mai 1863 nach London gelangten Tier zuzuordnen, da dieses zu einem späteren Zeitpunkt starb (Kap. 9.2).

Eine Besonderheit männlicher Beutelwölfe war das Vorhandensein einer taschenartigen Hautvertiefung, die den Hodensack (Skrotum) nahezu vollständig aufnehmen kann (BEDDARD 1891). Diese Bildung fiel bereits dem wissenschaftlichen Erstbeschreiber auf: G. P. HARRIS (1808) nannte sie »... eine kleine Vertiefung oder Beutel (small cavitiy or pouch) ...«, in der das Skrotum teilweise verborgen war. Sie gab Anlaß zu der Vermutung, daß es sich um das Rudiment eines männlichen »Beutels« handelt, wie er beim Beutelmull *Notoryctes typhlops* von STIRLING (1891) beobachtet wurde. POCOCK (1926) gibt eine ausführliche Beschreibung dieser Hautbildung, wobei er sich auf ein junges und ein adultes Beutelwolfmännchen bezieht, die im Londoner Zoo gestorben waren: »Der häutige Bezirk, von dem das Skrotum herabhängt, war kahl und eingesunken, er bildete eine ziemlich tiefe, tassenförmige Einsenkung, die vorn und seitlich von einer Hautkrempe, die vorn höher ist als an den Seiten und allmählich nach hinten, der Mittellinie zu, verschwindet, so daß der Beutel hinten unvollständig und als sich nach unten und rückwärts öffnend beschrieben werden könnte (Abb. 23). Die Haarspitzen um den

Beutel herum waren nach innen gerichtet (s. dagegen Abb. 15).« POCOCK beobachtete zwar auch bei anderen australischen Polyprotodonta (= Raubbeutler und Nasenbeutler) einen nahezu kahlen Hautbezirk um den Ansatz des Skrotumstiels, jedoch in keinem Falle eine Einsenkung wie beim Beutelwolf, und er deutet diese Besonderheit »... um das lebhafte Schwingen des Skrotums zu verhindern, was stattfinden würde, wenn es keine Hinderung dieser Bewegung gäbe, wenn *Thylacinus* in schneller Verfolgung seiner Beute ist. Daß Verletzungen der Hoden aus diesem Schwingen entstehen können, liegt nahe durch die Länge und Schlankheit dieses stielähnlichen körpernahen Teils des Skrotums, von dem der kugelige, testikuläre Teil vom Abdomen herabhängt.«

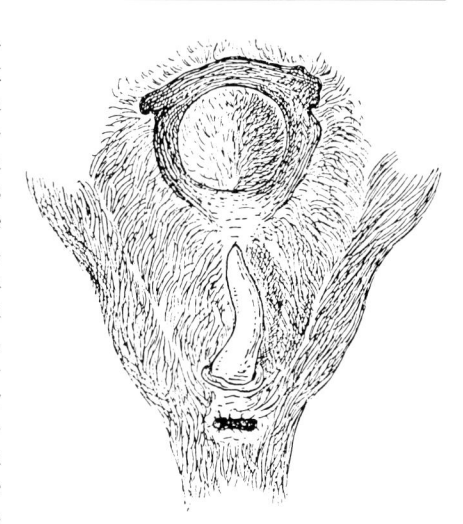

Abb. 23: »Beutel« (Skrotumtasche) eines männlichen Beutelwolfs, die Penisspitze (Eichel) ist gegabelt. Aus POCOCK (1926).

Das Foto eines Männchens aus dem Berliner Zoo zeigt ein herabhängendes Skrotum (s. Abb. 102); auch die Abbildung eines schlafenden Beutelwolfs aus dem Hobart-Zoo, dokumentiert die körperferne Lage des Skrotums deutlich (Abb. 24).

In der Stuttgarter Wilhelma beobachtete der Verfasser auch beim Beutelteufel ein langgestieltes Skrotum; die im Unterrichtsfilm C 1105 des »Institut für den Wissenschaftlichen Film« (IWF), Göttingen, dokumentierte Bewegung läßt eine entspannte Phase des Tieres, wobei das Skrotum weit herabhängt, und eine angespannte Phase unterscheiden, während der die Hoden — und damit das Skrotum — vom Musculus cremaster eng an den Körper herangezogen werden. Die gleiche Situation beschrieb der Verfasser beim Roten Riesenkänguruh (MOELLER 1968a).

Abb. 24: Beutelwolfmännchen mit körperfernem Skrotum, am rechten Bildrand der Schwanz eines zweiten Tieres. Foto: ANONYMUS, (Beaumaris Zoo, Hobert), Queen Victoria Museum and Art Gallery, Launceston, aus DIXON (1991).

4.3 Skelettsystem

4.3.1 Skelett und Beutelknochen

Das Skelett des Beutelwolfs wirkt filigran. Mit Ausnahme des bei großen Individuen massigen Schädels sind alle Elemente eher zierlich gebaut; das gilt insbesondere für die Gliedmaßenknochen (Abb. 25).

Die Wirbelsäule besteht aus maximal 53 Wirbeln, die sich auf die fünf Regionen wie folgt verteilen: Hals- 7, Brust- 13, Lenden- 6, Kreuzbein- 2 und Schwanzregion 21–24 Wirbel. Der bei mehreren Beutlern unten offene Atlas ist bei *Thylacinus* durch »eine selbständige Ossifikation« (das Hypozentrum) geschlossen (HILZHEIMER 1913). An der Unterseite vieler Schwanzwirbel sind sogenannte Sparrknochen (Chevrone) ausgebildet, die als stammesgeschichtlich alte Elemente (Reste des Interventrale) gedeutet werden (STARCK 1979). Ohne Berücksichtigung der Schädellänge betragen die Prozentanteile des Achsenskeletts (Extremwerte in Klammern) für den Halsteil 13 % (12,9 %–13,9 %), für die Brustregion 23,2 % (22,4 %–24,0 %), für den Lendenbereich 16,3 % (15,2 %–17,7 %) und für die Kreuzbeinregion 3,7 % (3,2 %–4,1 %). Auf den Schwanzteil entfallen 43,8 % (42,2 %–45,8 %). Alle Maßangaben verstehen sich ohne Berücksichtigung der Zwischenwirbelscheiben, da diese entweder fehlten (im Falle gut mazerierter Skelette) oder bei Bänderskeletten unterschiedlich starke Schrumpfung erfahren hatten (Kap. 4.3.4). Der Brustkorb wird von 13 Rippenpaaren, das Brustbein von (vier bis) sechs Elementen gebildet.

Das Schulterblatt ist verhältnismäßig schmal, die Schultergräte weit vorspringend, so daß auf eine ausgeprägte Muskulatur geschlossen werden kann. Die Schlüsselbeine sind wie auch bei Caniden und Feliden weitgehend — bis auf 5 cm Länge —

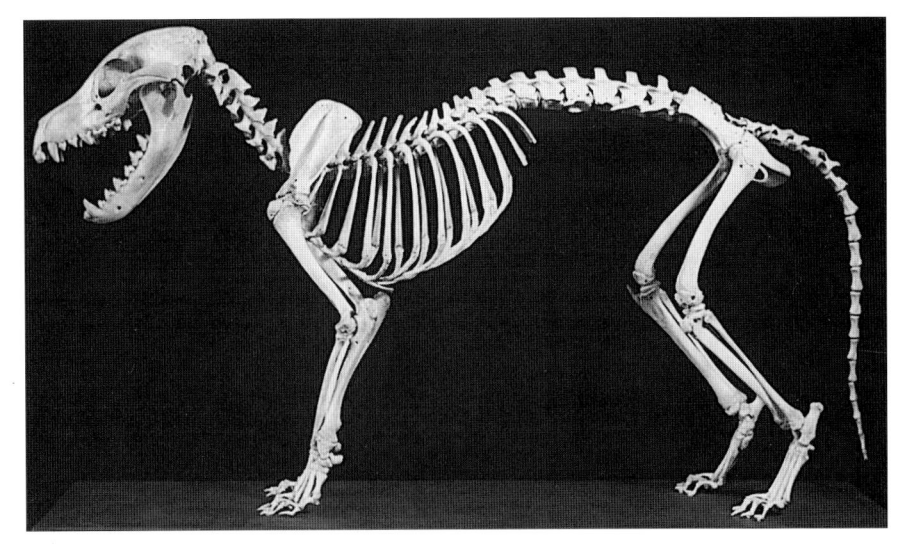

Abb. 25: Skelett eines erwachsenen Beutelwolfs; die Einzelelemente wirken schlank. Foto: MOELLER.

rückgebildet (CUNNINGHAM 1882), was allgemein als Anpassung an rasche Fortbewegung auf dem Boden gedeutet wird (BÖKER 1935). Während der embryonalen Entwicklung bildet sich bei allen Beuteltieren ein ungewöhnlich massiver Schultergürtel–Sternum–Apparat. Er dient als Stütze für die überproportional großen kräftigen Vordergliedmaßen, mit denen die Neugeborenen den Weg von der Geburtsöffnung zu den Zitzen der Mutter selbständig bewältigen. Unmittelbar nach der Geburt wird dieser Bogen aufgelöst und der Schultergürtel nimmt die übliche lockere Verbindung zum Brustbein an, wie bei den ausgewachsenen Beuteltieren und bei den Plazentatieren; ein eindrucksvolles Beispiel für die funktionelle Nutzung von rudimentären Elementen während der frühen Ontogenese (KLIMA 1987).

Am Beckenvorderrand sitzen sogenannten Beutelknochen (Ossa marsupialia, besser Ossa epipubica), für die ganze Unterklasse der Beuteltiere und innerhalb der Monotremata für die Schnabeligel Tachyglossidae typische Bildungen. Die kopfwärts weisenden, häufig leicht nach unten gewinkelten Knochenstäbe stehen in keinem funktionellen Zusammenhang mit dem Brutbeutel, sondern werden — wie die Gastralrippen bei vielen Reptilien — als Schutz oder Stütze für die Baucheingeweide gedeutet (LÖRCHER 1981). Beim Beutelwolf sind diese Strukturen zu 10–12 mm langen und bei Skeletten durch Trocknung verformten Knorpelspangen rückgebildet, in denen Knochen»krümel« (»bone salt« OWEN 1843) enthalten sein können. Während seiner Recherchen vermaß der Verfasser im National Museum Melbourne das einzige bekannte Skelett (Katalognummer C 5751) mit gut ausgebildeten Beutelknochen. Diese ähneln in der Form denen des Beutelteufels und haben eine größte Länge von 44,4 und 44,5 mm (Abb. 26).

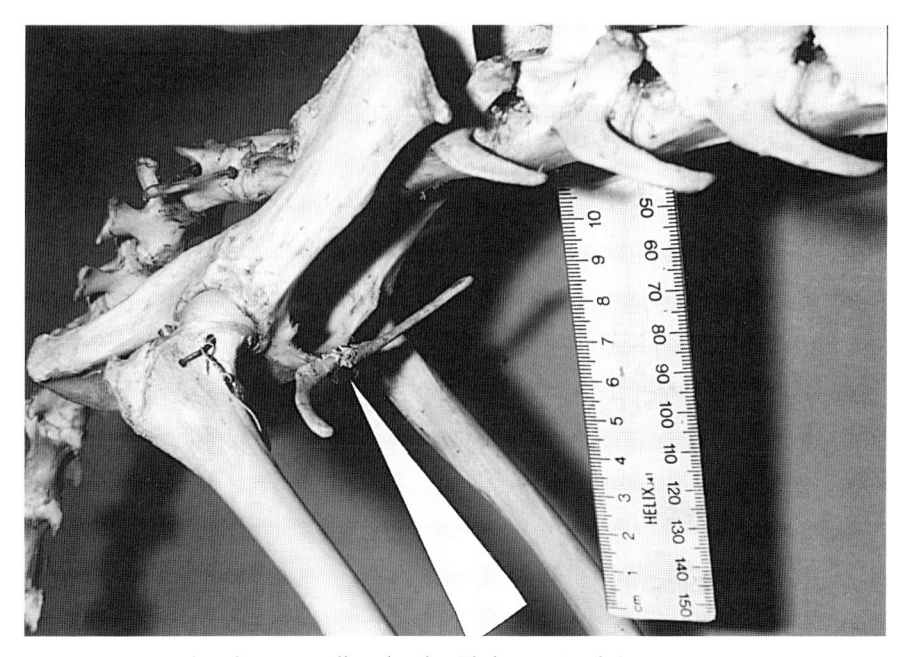

Abb. 26: Total verknöcherte Beutelknochen bei *Thylacinus* (s. Pfeil). Foto: HELD.

Aus dem vorliegenden Skelettmaterial ist ableitbar, daß 1. ein ausgeprägter Größenunterschied zwischen den Geschlechtern bestand, 2. männliche Beutelwölfe nicht vor drei (bis vier) Jahren ihre volle Größe erreicht hatten (Kap. 9.2), 3. große Tiere — also nahezu ausschließlich Männchen — relativ kürzere Gliedmaßen hatten als die meist kleineren Weibchen (Kap. 4.3.5).

»... his name means translated »a pouched dog with a dog's head«.

ELLIS TROUGHTON 1965

4.3.2 Schädelgestalt und Konvergenzen

Im wissenschaftlichen Namen des Beutelwolfs, wie auch in vielen Populärbezeichnungen, wird auf die Ähnlichkeiten seiner Kopfform mit der eines Hundes oder Wolfes Bezug genommen. Mehrere Autoren, z. B. BREHM (1877), MOELLER (1968a), vermitteln in ihren Abbildungen diese Ähnlichkeit.

In der Seitenansicht wird, wie bei Betrachtungen üblich, der Beutelwolfschädel so orientiert, daß die von Basioccipitale, Basisphenoid und Praesphenoid gebildete Schädelbasisfläche waagerecht zu liegen kommt (Abb. 27). Verfolgt man die Profillinie, so steigt diese vom Vorderrand des Zwischenkiefers — einen Winkel von etwa 60° bildend — zum Nasenrücken an, erfährt durch das leicht vorstehende Nasenbein einen Absatz, verläuft im vorderen Nasale-Bereich zunächst waagerecht und steigt allmählich über dem Stirnbein wieder an. Etwa an der vorderen Grenze zum Scheitelbein sinkt die Profillinie bis zum nach hinten leicht überstehenden Oberrand der Hinterhauptfläche und dann etwa senkrecht bis zu den Hinterhauptshöckern. Von der Schädelbasis fällt die Linie, bedingt durch die nahezu rechtwinklig nach unten ragenden Flügelbeinfortsätze nach vorn ab und wird in ihrem weiteren Verlauf durch die schräg geneigte Zahnreihe bestimmt, bis sie unmittelbar vor den Schneidezähnen ihren Ausgangspunkt erreicht.

Die Aufwölbungen im Stirnbereich, der weit nach unten reichende hintere Jochbogenansatz sowie der schlanke Unterkiefer überdecken die Profillinie des Schä-

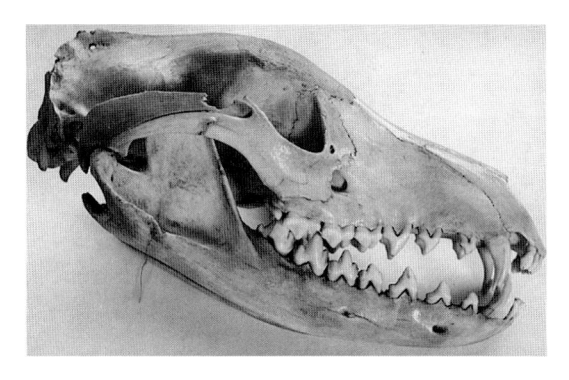

Abb. 27: Schädel von *Thylacinus* in Seitenansicht. Foto: MOELLER.

dels; sie wird im Hirnschädelbereich durch den bei ausgewachsenen Exemplaren stets ausgeprägten Scheitelbeinkamm bestimmt, der bei sehr alten bzw. großen Individuen besonders prominent ist. Seine Funktion liegt in einer Vergrößerung der Anheftungsflächen für den Schläfenmuskel, einen wichtigen Kaumuskel. Die vom Orbitalfortsatz des Stirnbeins und vom Jochbogen umgriffene Augenhöhle erfährt vorn eine senkrechte Begrenzung und bildet im Tränenbeinbereich einen spitzen Winkel. Der weit nach oben geschwungene Jochbogen verbreitert sich im hinteren Abschnitt deutlich, er dient dem Musculus masseter, ein weiterer wichtiger Kaumuskel, zur Anheftung. In der Seitenansicht bleibt die auffallend kleine Gehörblase verdeckt. Der Unterkiefer ist verhältnismäßig schlank, sein Kronfortsatz, Anheftung des Temporalis-Muskels, ist großflächig. Der Gelenkfortsatz bildet eine Rolle, und der Winkelfortsatz ist — wie bei allen Beuteltieren (mit Ausnahme des Rüsselbeutlers *Tarsipes*) — nach innen gerichtet, eine Vergrößerung der Ansatzfläche für die Musculi pterygoidei, ebenfalls Kieferschließer (= Kaumuskeln).

In der Aufsicht ist die schlanke Schädelgestalt trotz der weit ausladenden Jochbögen gut erkennbar. Die gestreckte Schnauze verschmälert sich im mittleren Bereich allmählich, so daß eine taillenartige Verengung hinter den Eckzähnen entsteht.

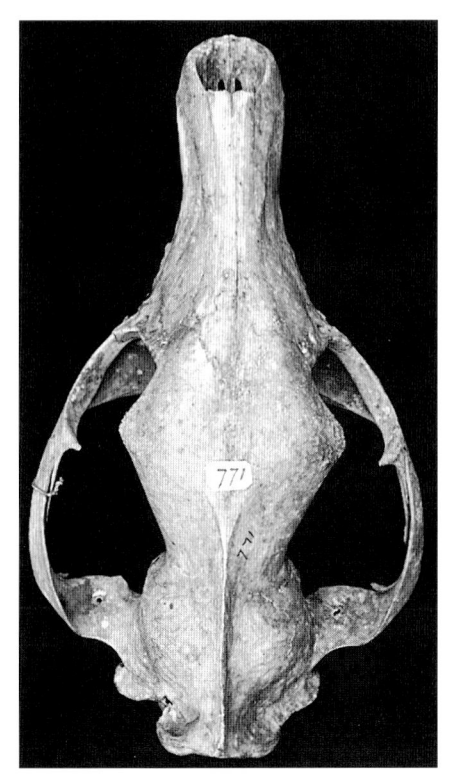

Abb. 28: Beutelwolfschädel in Aufsicht (Dorsalansicht). Foto: MOELLER.

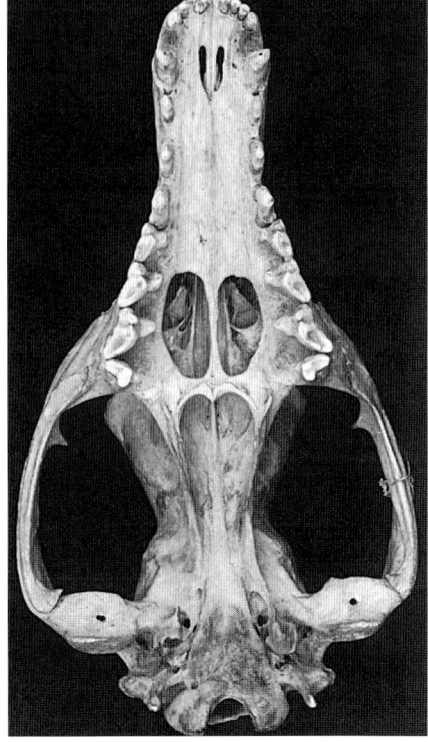

Abb. 29: Schädel eines Beutelwolfs von der Unterseite (Ventralansicht). Foto: MOELLER.

Insgesamt verbreitet sich die stark aufgetriebene Stirnregion bis zu den weit seitlich vorspringenden Orbitalfortsätzen und verschmälert sich allmählich bis zur Hirnkapsel (Bulbusbereich). Diese hat in der Aufsicht eine deutlich abgerundete Form. Den hinteren Schädelrand bilden die nach oben und seitlich weisenden Vorsprünge der Hinterhauptsfläche (Abb. 28, 29).

Betrachtet man die Schädelunterseite, fallen zunächst mehrere Öffnungen auf: Etwa in Höhe der Eckzähne liegen unweit der Medianlinie die langgestreckten Foramina incisiva (Durchtritt für den Nervus nasopalatinus und Blutgefäße). Nahe dem Hinterrand des Gaumens dehnen sich die verhältnismäßig großen — vielfach in der Medianlinie vereinten — Gaumenfenster aus. Sie werden im vorderen Bereich zu 2/3 von den großen Oberkieferknochen und im hinteren Teil von den Gaumenbeinen begrenzt und dokumentieren die unvollkommene Verknöcherung des Gaumens. Sie gelten als ein »Altmerkmal« des Säugetierschädels, da sie in unterschiedlicher Größe, Lage und Anzahl bei den meisten Beuteltieren, aber auch bei ursprünglichen Insectivora (z. B. Igel und Tanreks) auftreten. Die Choanenöffnungen (= innere Nasenöffnungen) des Beutelwolfschädels sind verhältnismäßig schmal und langgestreckt; ihre geringe Weite ist ein wesentlicher indirekter Hinweis auf geringe Laufleistung (Kap. 5.4), da die bei längerer rascher Verfolgung von Beutetieren benötigte Luftmenge deutlich größere Choanen erfordert. Die von den Gaumenbeinen gebildeten vorderen Ränder sind doppelt ausgebuchtet, und es entsteht eine herzförmige Gestalt. Die Flügelbeine überlagern vorn das Basisphenoid fast vollständig und bilden gaumenwärts die spitz hervortretenden Flügelbeinfortsätze. Beiderseits des Choanenbereichs werden — perspektivisch versetzt — die weit seitlich vorspringenden Orbitalfortsätze der Stirnbeine sichtbar. Am hinteren Ansatz der Jochbögen liegen nahezu senkrecht zur Medianlinie die beiden Pfannen für die Gelenkköpfe des Unterkiefers. Das Kiefergelenk gestattet eine maximale Öffnung von ca. 80° (Kap. 5.1). Die vergleichsweise kleine Gehörblase (Bulla tympani) wird, wie bei Marsupialia üblich (VAN KAMPEN 1905 in CARROLL 1993), hauptsächlich vom Alisphenoidknochen gebildet (Gehörblasen sind vor allem bei Trockengebiete bewohnenden Säugern, z. B. Fennek, Springmäusen, Kowari *Dasyuroides byrnei*, von auffallender Größe; sie dienen als Resonanzkörper). Vorn-seitlich wird die Bulla vom halbringförmigen Os tympanicum umgriffen, verwächst jedoch beim Beutelwolf nicht mit diesem; nach STARCK (1995) fehlt der Processus tympanicus petrosi. Am hinteren Ende der Schädelbasis liegt seitlich begrenzt von den stark vorspringenden Hinterhauptshöckern die Durchtrittsöffnung für das Rückenmark.

Der median aufgesägte Schädel gibt Auskunft über das Innenrelief. Die hohe Nasenhöhle enthält die Nasenmuscheln, die bei (selten) unbeschädigten Schädeln weit nach vorn reichen. Ein System von drei Paaren hintereinanderliegender Nasennebenhöhlen unterlagert die dachförmige Aufwölbung der Stirnbeine. Bei sehr großen Schädeln können die Volumina des hinteren Stirnhöhlenpaares die der Hirnhöhle erreichen (MOELLER 1968a).

Aufgrund der starken Größenvariabilität entsteht (zwischen großen und kleinen Individuen) ein größenabhängiger, d. h. sich entlang einer Größenreihe vollziehender (= allometrischer) Formwandel. Anhand einer Proportionsanalyse kann dieser dokumentiert und so z. B. der Sexualdimorphismus deutlich gemacht werden. Alle mit Geschlechtsangaben versehenen Schädel werden in den Maßen Stirnbreite und

Gestalt und Anatomie   43

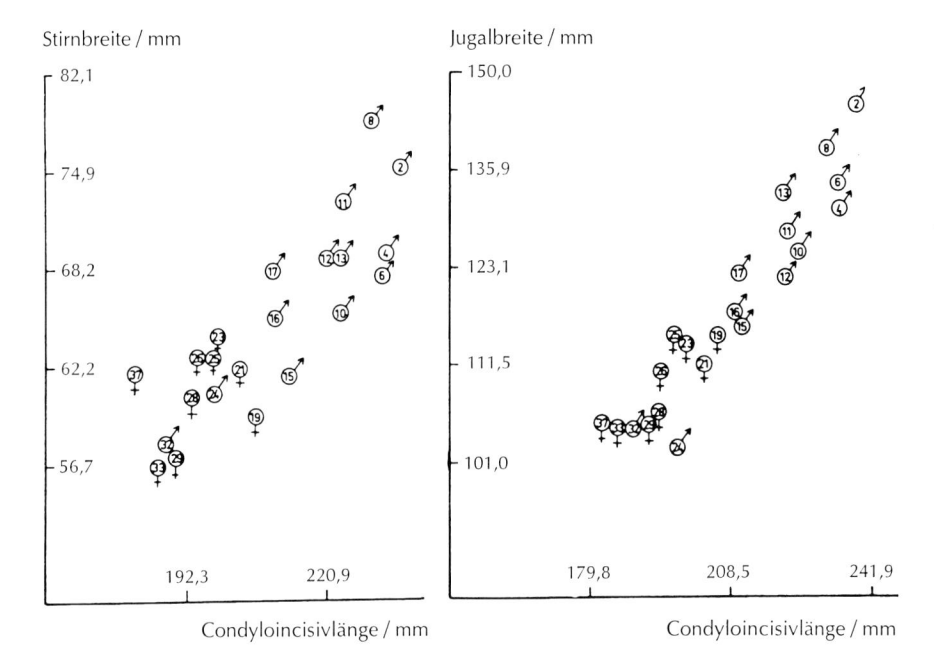

Abb. 30: Verteilung von Meßwerten bei männlichen und weiblichen Beutelwölfen. Aus MOELLER (1968a).

Jochbogenbreite, bezogen auf die Gesamtschädellänge, aufgrund der einzelnen Meßwerte in ein (logarithmisch geteiltes) Koordinatensystem eingetragen.

In der Schädellänge variieren erwachsene Beutelwölfe zwischen 173 mm und 234 mm (Mittelwert 197 mm); dabei erfolgt eine Überlappung der Werte von Männchen und Weibchen; dieses Phänomen wiederholt sich in den beiden Breitenmaßen (Abb. 30). Kombiniert man jedoch die Maße, so wird deutlich, daß schmalere und kürzere Schädel in der Regel von weiblichen Tieren stammen, während die längeren und breiteren Schädel männlichen Beutelwölfen zuzuordnen sind. Eindrucksvoll erweisen sich die Proportionsänderungen: Die großen ausschließlich männlichen Schädel haben eine deutlich — nicht nur absolut, sondern auch relativ — breitere Stirn und weiter ausladende Jochbögen, was bedeutet, daß sich diese Bereiche zur Größe positiv allometrisch verhalten. Diese, auf einfache Proportionsänderungen zurückzuführenden Formbesonderheiten erklären, weshalb Jäger und Fallensteller bereits sehr früh einen »greyhound-tiger« (schlanker Schädeltyp) vom breitköpfigen »bulldog-tiger« unterschieden haben (GUILER 1985). Die von KREFFT (1868) vorgenommene Beschreibung einer weiteren Beutelwolfart basiert nachweislich auf einem jugendlichen Schädel (MOELLER 1968a). Der aufgrund des bei juvenilen Säugetieren üblicherweise kürzeren Gesichtsschädels in die Literatur eingegangene Name *Thylacinus breviceps* (= kurzköpfig) ist daher nicht valide.

Legt man eine Gerade durch die Punkteverteilungen, so daß alle Werte die größtmögliche Entfernung zu ihr aufweisen (= Hauptachse), so hat diese einen Anstiegswinkel von ca. 60° bzw. 65°, d. h. die Vergleichsmaße (Stirnbreite und Jochbo-

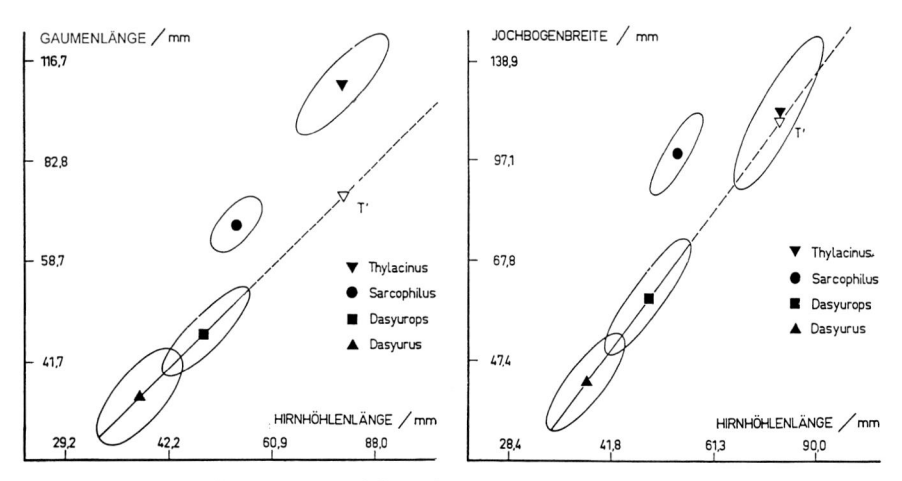

Abb. 31: Streuungsellipsen von Tüpfelbeutelmarder (*Dasyurus*), Riesenbeutelmarder (*Dasyurops*), Beutelteufel (*Sarcophilus*) und Beutelwolf (*Thylacinus*); die Lage von T' zeigt den allometrisch vergrößerten Beutelmarder. Aus MOELLER (1968a).

genbreite) sind positiv allometrisch, sie nehmen »rascher zu« als das Bezugsmaß Schädellänge. Beträge der Anstiegswinkel 45°, so bestünde zwischen Vergleichs- und Bezugsmaß Isometrie, d. h. bei Vergrößerung blieben die Proportionen erhalten; ist der Winkel kleiner als 45°, so ist das Vergleichsmaß negativ allometrisch, d. h. es »nimmt im geringeren Maße zu« als das Bezugsmaß. Für die Gestalt würde dies bedeuten, daß große Schädel relativ schmaler sind als kleine.

Auch von stammesgeschichtlichem Interesse ist die Frage, inwieweit die Schädelform des Beutelwolfs unter Berücksichtigung allometrischer Veränderungen mit der seiner kleineren Verwandten übereinstimmt und eventuell von ihr ableitbar ist. Vergleicht man nämlich die Schädel der größeren Beutelmarder, so könnten oberflächlich betrachtet die zwischen Tüpfel- und Riesenbeutelmarder vorhandenen Unterschiede (Jochbogenbreite, Schnauzenstreckung oder -verschmälerung) bei Extrapolation in den Größenbereich des Beutelwolfes zu dessen Schädelform führen. Einer früheren Studie (MOELLER 1973d) seien die folgenden Ausführungen entnommen. An Schädeln erwachsener Tüpfelbeutelmarder (n = 14), Riesenbeutelmarder (n = 16), Beutelwölfe (n = 37) und als Ergänzung Beutelteufel (n = 23) wurden insgesamt 29 Meßstrecken erfaßt und im Koordinatensystem mit dem Bezugsmaß Hirnhöhlenlänge kombiniert. Gegenüber dem Bezugsmaß Schädellänge, in dem die Schnauzenlänge enthalten ist, hat die gewählte Meßstrecke Hirnhöhlenlänge den Vorteil einer größeren Unabhängigkeit von den Maßen, welche die äußere Formgestalt bestimmen (Abb. 31).

Das wird in dem Maß »Gaumenlänge« besonders deutlich. Extrapoliert man nämlich die zwischen den Mittelpunkten der Verteilungsellipsen gelegte Gerade in den Größen- (Hirnlängen-)bereich vom Beutelwolf, so markiert das offene Dreieck (T') die Lage, die ein allometrisch vergrößerter Beutelmarder hätte. Tatsächlich liegt jedoch die Verteilungsellipse weit oberhalb von T', so daß die vom Vergleichsmaß repräsentierte Schnauzenlänge der Beutelwölfe deutlich stärker gestreckt ist. Das gleiche Ergebnis zeigen die Maße »Gaumenbreite« und »Stirnbreite«, wobei letztere noch die geringsten Abweichungen aufweisen. Extreme Unterschiede bestehen in der zwischen den Orbitae gemessenen »Stirnenge«, wie das stark negativ allometrische Verhalten dieses Maßes zwischen T' und der Verteilung der tatsächlichen Beutelwölfe (T) verdeutlicht. Eine gute Übereinstimmung dagegen zeigen die Maße »Schnauzenbreite über den Canini« (Eckzähnen) und vor allem die »Jochbogenbreite«. Aus der Vielzahl der Maßkombinationen geht eindeutig hervor, daß die Formeigenheiten des Beutelwolfschädels n i c h t auf allometrisch bedingten Veränderungen der Schädel von Beutelmardern beruhen, also nicht unmittelbar von diesen ableitbar sind.

Vergleicht man einen Beutelwolfschädel mit dem einiger Hundeverwandten (MOELLER 1968a), so werden abgesehen von der auffallenden Größendifferenz zum Waldhund *Speothos* größere Formunterschiede innerhalb der Hunde als zwischen Wolf und Beutelwolf augenfällig. Durch den steiler ansteigenden Jochbogen liegen die Augenhöhlen von Wolf und Hyänenhund flacher und im Schädel höher. Die prominente Aufwölbung des Jochbogenansatzes oberhalb des erheblich größeren Oberkieferreißzahnes P^1 ist auffallend. Beim Wolf — wie bei den meisten Carnivoren — dienen die Reißzähne (mit dem M_1 des Unterkiefers) als »Brechschere«, d. h. zum Zerkleinern besonders zäher Nahrungsbrocken und harter Knochen. Entsprechend dem hohen Kaudruck entwickelte sich der benachbarte Oberkieferbereich besonders kräftig. Andere Wildhunde wie Mähnenwolf *Chrysocyon* und Kojote *Canis latrans* haben schwächer ausgebildete Reißzähne, so daß auch die Knochenverstärkung zum Abfangen des Kaudrucks geringer ist. Einen weiteren Unterschied zeigt die Hirnschädelregion: Während sich bei den Caniden die Hirnkapsel deutlich aufwölbt, dominiert beim Beutelwolfschädel die weit nach hinten ziehende Stirnaufwölbung (über dem entsprechenden Nasennebenhöhlenpaar) und die Hirnkapsel ist signifikant kleiner. Sieht man von dieser Besonderheit des Beutelwolfs ab, so sind die Ähnlichkeiten zwischen diesem und einem Wolf am größten, so daß im weiteren Vergleich nur noch der Wolf berücksichtigt wird. Bei Einbeziehung des Rotfuchs *Vulpes vulpes* vermutet WERDELIN (1986) größere Ähnlichkeiten in der Schädelgestalt zwischen diesem und *Thylacinus*, als sie zwischen Beutelwolf und Wolf auftreten, wobei er jedoch Größendifferenzen und Größeneinfluß vernachlässigt. In der Größenvariabilität (der Basallänge) finden wir bereits erste entscheidende Gemeinsamkeiten: Beutelwolf (n = 33) max. 234 mm, Min. 173 mm, Wolf (n = 55) max. 258 mm, min. 184 mm. Ein mit 252 mm Basallänge extrem großer Schädel aus dem Australian Museum in Sydney (Kat. Nr. S.401) war dem Verfasser erst nach Abschluß der genannten Untersuchung zugänglich, er erscheint daher nicht in den Graphiken und Berechnungen. Vergleicht man damit die Größe des Verbreitungsgebietes vom Beutelwolf (Tasmanien, etwa 68 000 km^2) mit dem Areal des Wolfs von mehreren Millionen km^2, so erhält diese Aussage ein besonderes Gewicht, erfordert sie doch, Vorstellungen über arealabhängige Größenvariabilität neu zu überdenken.

Im weiteren Verlauf sollen für die vergleichende Darstellung der Schädelform wichtige Maße — kombiniert mit der Schädellänge — in ein Koordinatensystem eingetragen werden, so daß die Varationsbreite direkt ablesbar ist. Dabei entsprechen die ausgefüllten Kreise den kombinierten Werten der Beutelwölfe, die offenen

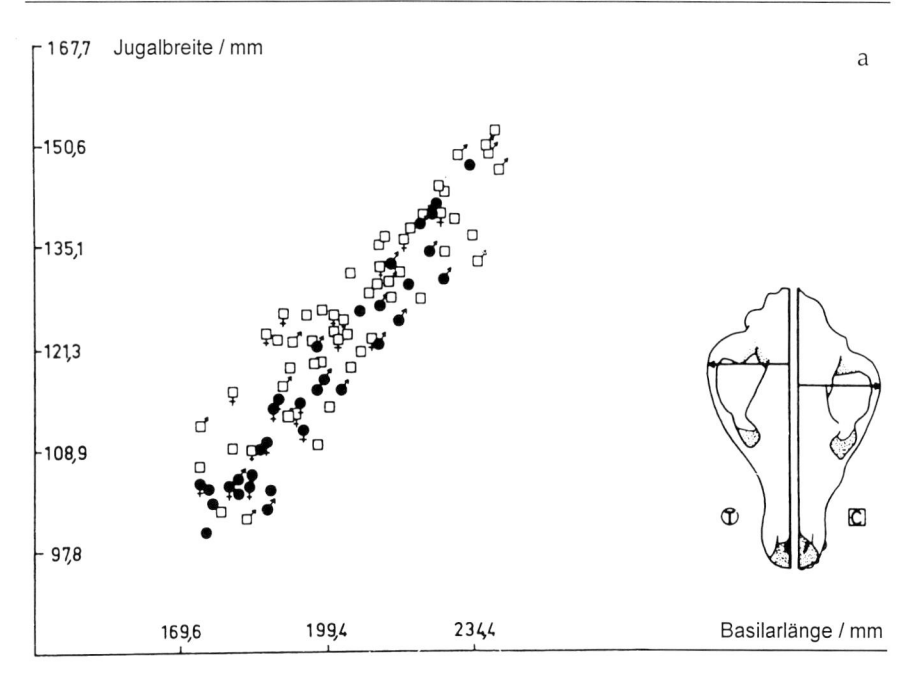

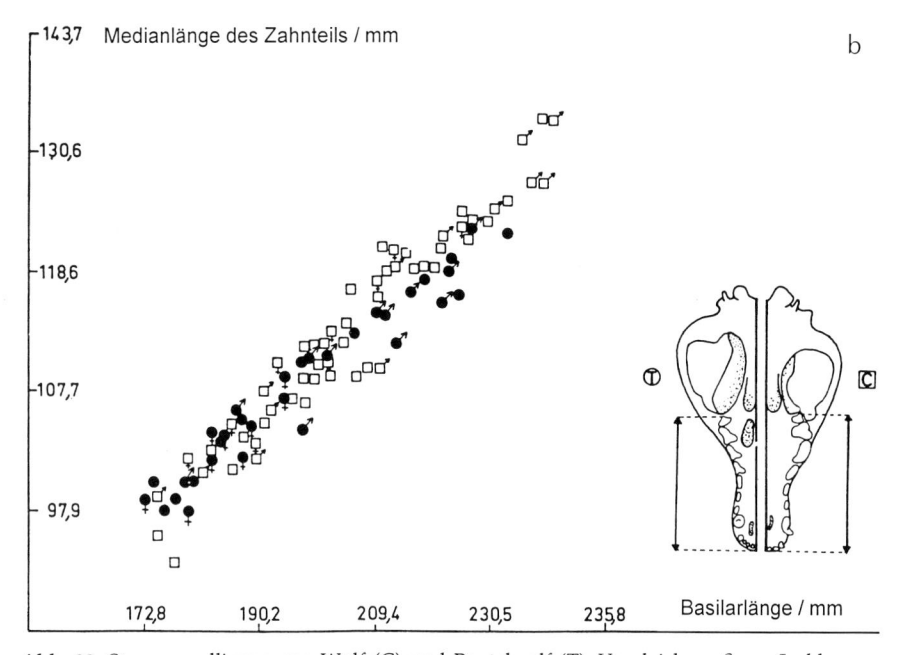

Abb. 32: Streuungsellipsen von Wolf (C) und Beutelwolf (T). Vergleichsmaße: a: Jochbogenbreite, b: Gaumenlänge, c: Gaumenbreite, d: Hirnkapsellänge. Bezugsmaß: Schädellänge. Aus MOELLER (1968a).

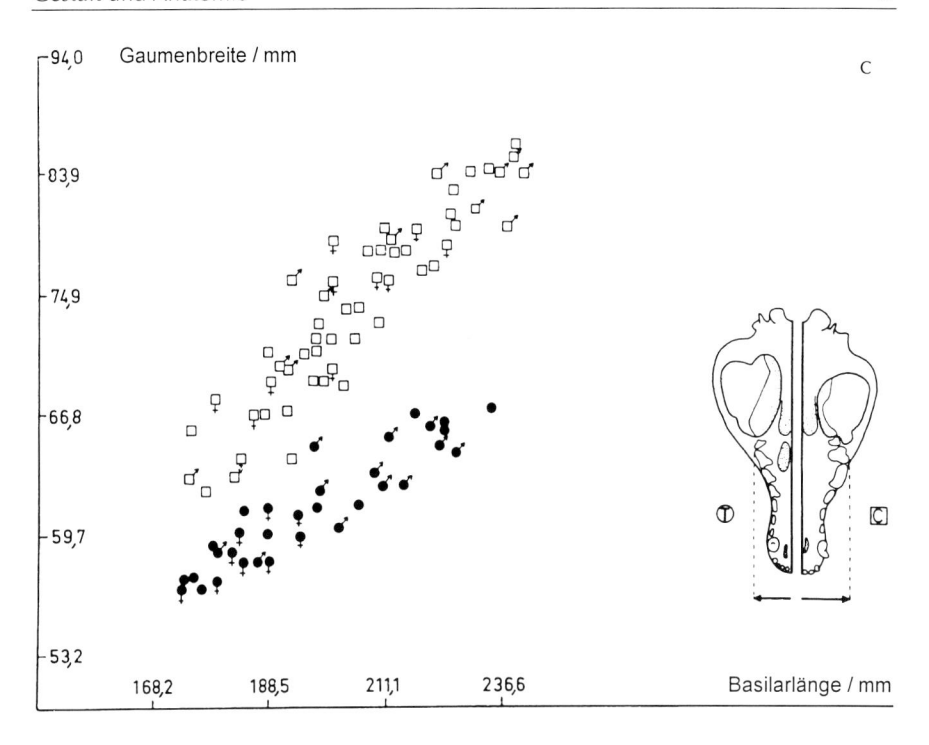

Gestalt und Anatomie

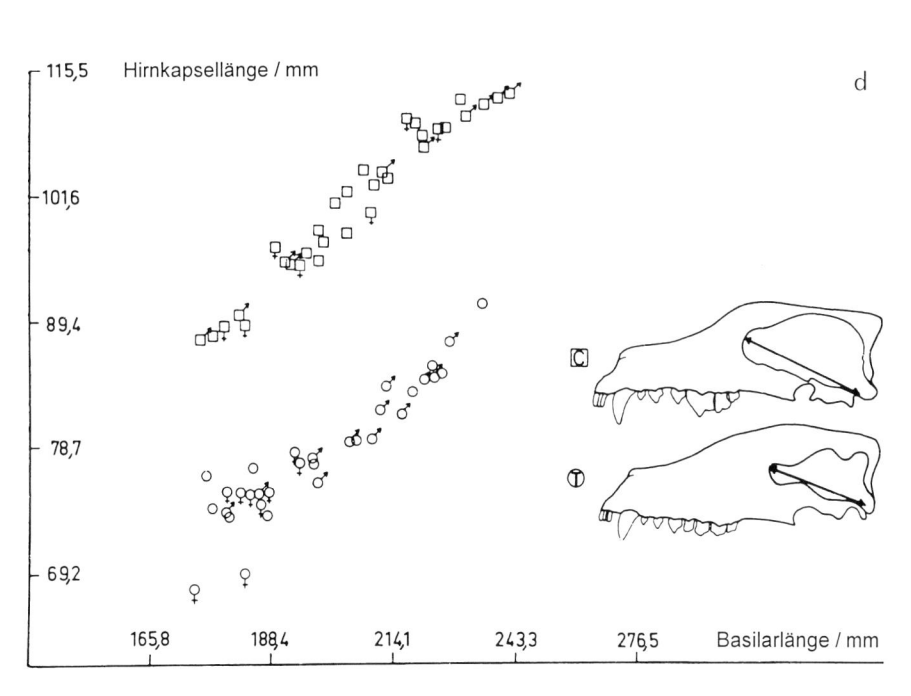

c

Gaumenbreite / mm

Basilarlänge / mm

d

Hirnkapsellänge / mm

Basilarlänge / mm

Quadrate denen der Wölfe; soweit bekannt, sind Männchen und Weibchen gekennzeichnet. In die halbierte Umrißzeichnung eines Wolfes (C = *Canis*) und eines Beutelwolfes (T = *Thylacinus*) wurden jeweils die Meßstrecken eingezeichnet (Abb. 32). Die Vergleichsmaße »Jochbogenbreite« und »Gaumenlänge« (= Medianlänge des Zahnteiles) dokumentieren *weitreichende Identität* beider Arten. Bemerkenswert sind weiterhin die großen Übereinstimmungen in Variabilität und Hauptstreuungsrichtungen der Verteilungen. Beutelwölfe zeigen ebenso wie Wölfe ein stark positiv allometrisches Verhalten der Jochbogenauslage, große Schädel haben also relativ breitere Jochbögen. Dagegen bleibt das Verhältnis von Schnauzenlänge zu Gesamtlänge bei großen wie bei kleinen Wolf- und Beutelwolfschädeln etwa erhalten; das Maß »Medianlänge des Zahnteiles« ist nahezu isometrisch bzw. zeigt ein geringes positiv allometrisches Verhalten.

Andererseits werden tiefgreifende Unterschiede in dem Vergleichsmaß »Gaumenbreite« sichtbar; sie sind Ausdruck der bereits erwähnten Knochenverstärkung über dem oberen Reißzahn (P^4) des Wolfs; die Verteilungen beider Arten überschneiden sich nur geringfügig, d. h. Wölfe haben eine bedeutend breitere Gaumenregion als Beutelwölfe. Während die Richtung einer gedachten Hauptachse beim Wolf etwa 60° anzeigt und damit ein positiv allometrisches Wachstum kennzeichnet — was bedeutet, daß große Schädel relativ breiter sind als kleine —, liegt der Anstiegswinkel bei Beutelwölfen deutlich unter 45° und dokumentiert damit ein negativ allometrisches Verhalten, große Schädel sind im Gaumenbereich also relativ schmaler als kleine. Wie bereits bei äußerer Betrachtung erkennbar, ist die Hirnkapsel des Beutelwolfschädels deutlich kleiner: Während die gedachten Hauptachsen der Meßwerte nur geringfügige Unterschiede zeigen, übertrifft die Hirnlänge des Wolfs die des Beutelwolfs erheblich, d. h. die Hirnkapsel reicht beim Wolf weiter nach vorn. Der Schädelvergleich zwischen Beutelwolf und Wolf ergibt in den wesentlichen formbestimmenden Merkmalen Schnauzenbreite, Jochbogen- und Stirnbreite große Übereinstimmungen, während in der Ausbildung einer Schnauzentaille und der gering entwickelten Hirnkapsel erhebliche Unterschiede erkennbar sind.

Abschließend sei die Frage nach der ontogenetischen Entstehung dieser sehr auffälligen Ähnlichkeiten gestellt; dazu sollen Schädel sehr junger Beutelwölfe mit einem entsprechend jugendlichen Wolfsschädel verglichen werden (Abb. 33).

In den Sammlungen des Naturhistorischen Museums London (Lo) und des Smithonian Instituts Washington (Wa) sowie des Zoologischen Museums der Universität Cambridge (Ca) werden je ein Schädel beuteljunger Individuen aufbewahrt (Kap. 4.7). Mit einer Schädellänge von 84,4 mm (Wa), ca. 80 mm (Lo) (der Schädel ist beschädigt), 72 mm (Ca) und einer Kopf–Rumpflänge von 29 cm (Wa) und 29,5 cm (Lo) (in Cambridge ist nur der Schädel vorhanden) stimmen sie recht gut mit einem drei Wochen alten weiblichen Wolf aus den Sammlungen des Kieler Institutes für Haustierkunde überein (Kopf–Rumpflänge 36,2 cm, Schädellänge 79,3 mm, etwa gleiches Zahnungsstadium). Bei erster Betrachtung fällt die stark formbestimmende Größe des Hirnschädels beim jungen Wolf auf, der Schädel sehr junger Beutelwölfe wird dagegen von einer mäßig aufgewölbten Hirnschädelregion gekennzeichnet; die Hirnhöhlenkapazität von 49,2 ml ist 3,5mal größer als die der Beutelwölfe mit 14,1 ml (Wa) und 13,4 ml (Ca). Auch der Schnauzenbereich dokumentiert, trotz etwa gleicher Länge des zahntragenden Teiles (*Canis*: 37,6 mm,

Gestalt und Anatomie 49

Abb. 33: Schädel eines sehr jungen Wolfs (oben) und eines beuteljungen Beutelwolfs (unten). Aus MOELLER (1968a).

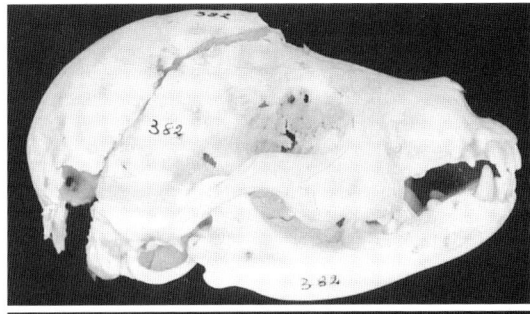

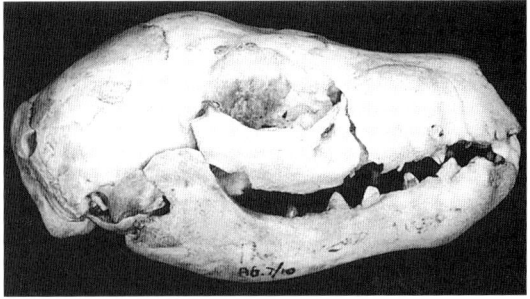

Thylacinus: 35,5 mm), größere Unähnlichkeiten. Insbesondere in der Gaumenansicht stellt sich die kräftige Knochenaufteibung über dem bereits durchgebrochenen p^4 (Milch-Reißzahn) des Jungwolfs dar; sie bildet gegenüber dem vorderen Schnauzenteil einen deutlichen Absatz, der dem Beutelwolfschädel fehlt. Beide Merkmale treten — wenn auch in schwächerer Ausprägung — bei erwachsenen Individuen der Vergleichspartner auf und wurden als gruppenspezifisch für Beutler bzw. Plazentatiere gekennzeichnet. Das gleiche gilt für den Winkelfortsatz der im übrigen recht ähnlich gestalteten Unterkieferäste. Die Länge beträgt beim Wolf wie auch bei den Beutelwölfen etwa 59,0 mm. Eine kräftige Erhebung in der Profillinie des Schnauzenbereichs von *Canis* ist Ausdruck der weiter fortgeschrittenen Entwicklung des oberen Eckzahns im Milchgebiß. Andererseits sind die Jochbögen von *Thylacinus* erheblich breiter und etwas weiter ausladend; dessenungeachtet wirken die Beutelwolfschädel in diesem frühen Stadium schlanker und ihre Schnauzenregion mehr gestreckt.

Der Vergleich von sehr jungen Wolf- und Beutelwolfschädeln bringt insgesamt erheblich größere Formunterschiede zutage, als sie zwischen den Schädeln erwachsener Tiere auftreten. Damit findet der Konvergenzbegriff in seiner Definition »vom Unähnlichen zum Ähnlichen führend« durch die Einbeziehung früher Ontogenesestadien von Beutelwolf und Wolf seine volle Bestätigung.

4.3.3 Gebiß und Altersbestimmung

Das Gebiß der Marsupialia ist vor allem durch das Unterdrücken der zweiten Zahngeneration gekennzeichnet. Während die meisten Plazentatiere einen hinfälli-

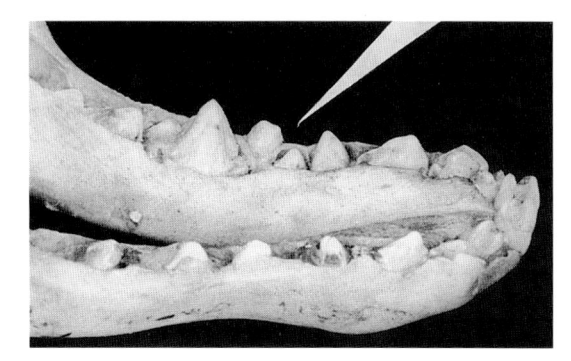

Abb. 34: Unterkiefer eines Beuteljungen von *Thylacinus*, der Pfeil weist auf den p³; rechts Schneidezähne mit tiefen Rillen. Aus MOELLER (1968a).

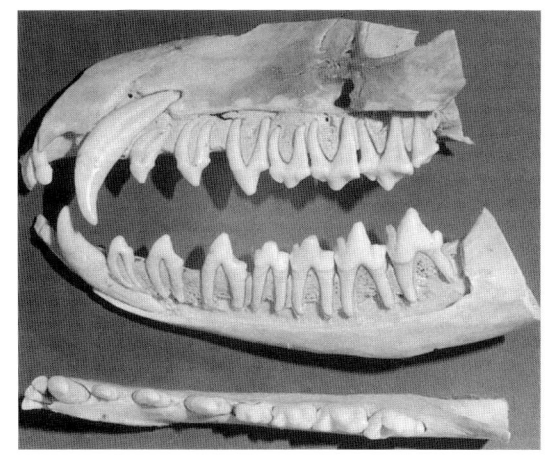

Abb. 35: Gebiß eines erwachsenen Beutelwolfs; Wurzeln sind freipräpariert. Foto: MOELLER (Original: British Museum of Natural History, London).

gen ersten Zahnsatz, die Milchzähne, haben, der mit Ausnahme der Backenzähne vom bleibenden Gebiß ersetzt wird, gehören die Zähne der Beuteltiere — ausgenommen die $P\frac{3}{3}$ (Abb. 34) — der ersten Zahngeneration an, stellen also wie unsere Backenzähne permanente Milchzähne dar (FLOWER 1867, WEBER 1904, BOLK 1917 u. a.). Als Schreibweise wären demnach die für Milchzähne vorgeschriebenen Kleinbuchstaben (i, c, pm, m) zu benutzen.

Die Ähnlichkeit eines Beutelwolfschädels mit dem eines hundeartigen Raubtieres wird verstärkt durch Übereinstimmungen im Gebiß. Wie bei Caniden sind die Schneidezähne (incisivi) bei *Thylacinus* verhältnismäßig klein, die Eckzähne (canini) groß und deutlich gekrümmt, die Vorbackenzähne (praemolares) einhöckerig und die Backenzähne (molares) mehrhöckerig (Abb. 35).

Damit kennzeichnet den Beutelwolf ein sogenanntes Raubtiergebiß, sofern man davon absieht, daß plazentale Raubtiere als nahezu durchgängiges Zahnmerkmal eine Brechschere besitzen, d. h. die Reißzähne des Oberkiefers = P^4 wie auch die des Unterkiefers = M_1 arbeiten klingenartig gegeneinander. Diese — auf den ersten Blick eindrucksvollen — Übereinstimmungen werden bereits formal durch die Zahnformel geschmälert:

Thylacinus: $\dfrac{4\,1\,3\,4}{3\,1\,3\,4} = 46$

Canis: $\dfrac{3\,1\,4\,2}{3\,1\,4\,2} = 40$

Phascogale: $\dfrac{4\,1\,3\,4}{3\,1\,3\,4} = 46$

Dasyurus: $\dfrac{4\,1\,2\,4}{3\,1\,2\,4} = 42$

Weiterhin stehen vor allem die »funktionsmorphologischen Praemolaren« des Beutelwolfs weiter voneinander entfernt als bei den Hundeartigen. Vor einer Beurteilung der Frage, ob und in welchem Maße sich das Gebiß des Raubbeutlers adaptiv in Richtung Hund oder Wolf verändert hat, muß zunächst festgestellt werden, daß die oben genannten Besonderheiten auch für seine Verwandten zutreffen: Die Phascogalinae innerhalb der Beutelmäuse stimmen in der Zahnzahl mit *Thylacinus* überein, Beutelmarder (z. B. *Dasyurus*) dagegen haben den letzten Praemolaren rückgebildet.

WINGE (1941) betont, daß der Beutelwolf in der Ausbildung der Molarenhöcker eine Sonderstellung einnimmt, weil ihm — gegenüber den Phascogalinae — die beiden wangenseitigen (buccalen) Höcker im Oberkiefer fehlen. *Thylacinus* besitzt am stark entwickelten Talus (zungenseitiger Vorsprung) eine seitliche Einschnürung. An den Unterkiefermolaren des Beutelwolfs »fehlen« drei Höcker, wodurch die Zähne schmaler werden und eine bessere Scherwirkung erreichen. Innerhalb der Beutelmarder, speziell bei Riesenbeutelmarder und Beutelteufel, werden gleichartige Anpassungen an das Abtrennen zäher Fleischnahrung bzw. Zerkleinern von Knochen beobachtet. Diese größten Arten ähneln *Thylacinus* auch in der ausgeglichenen Länge der oberen Schneidezähne; dagegen ragen die beiden i^1 bei kleineren Arten weiter vor und können bei *Murexia* und *Phascolosorex* wie auch bei *Satanellus* und *Dasyuroides* die doppelte Länge der benachbarten i^2 erreichen. In der auffallenden Kronenverbreiterung der zwei äußeren Schneidezähne (i^4), die gegen die benachbarten Eckzähne eine schräge Schnittkante aufweisen, vor allem aber in der Ausbildung tiefer Querrillen auf den unteren sechs Inzisiven zeigt der Beutelwolf Besonderheiten und erweist sich als hochgradig spezialisiert. Bereits 1846 beschreibt GRANT diese Struktur und fügt hinzu, daß bei geschlossenem Kiefer die oberen Schneidezähne genau in die Rille der unteren passen. Die Rille entsteht durch zwei seitliche Einfaltungen, die sich median miteinander vereinen und jeden Zahn im oberen Kronenbereich etwa in der Mitte teilen. Am juvenilen Schädel sind die Rillen besonders tief. Sie flachen bei zunehmender Abnutzung ab und bilden schließlich die Form einer abgeplatteten Acht.

Werden die Zähne noch weiter abgekaut, so verschwinden die Rillen vollständig, und der Zahnkanal, verfüllt mit Sekundärdentin, tritt in Erscheinung. Dabei werden die Inzisiven von Knochenbildnern, den Osteoblasten, ständig weiter herausgeschoben, so daß die Zahnlänge über der Alveole etwa erhalten bleibt (Abb. 36).

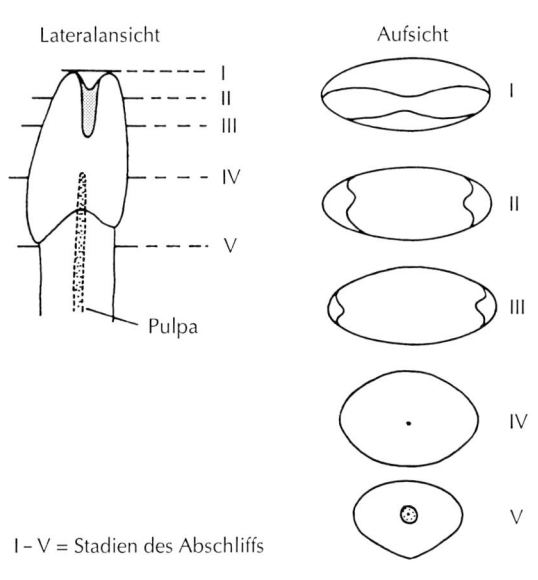

Abb. 36: Rillen auf den unteren Schneidezähnen von *Thylacinus*; abnutzungsbedingte Veränderung des Zahnquerschnitts. Aus MOELLER (1968a).

Lateralansicht — Aufsicht

I–V = Stadien des Abschliffs

Die Zeichnung zeigt neben den abnutzungsbedingten Veränderungen der Kaufläche die Höhe des entsprechenden Abschliffstadiums der unteren Inzisiven. Bei allen untersuchten Schädeln wurde der Abnutzungsgrad notiert und die Form der Okklusionsfläche gezeichnet. Da von den drei Beuteljungen, die mit ihrer Mutter am 3. 9. 1902 in den National Zoo Washington D.C. gelangten, die genauen Lebensdaten bekannt sind, besteht hier die einmalige Möglichkeit, den Abrasionsgrad der unteren Inzisiven mit dem Alter zu korrelieren. Zur Zeit der Ankunft befanden sich die Jungen in der »Ausstiegsphase« und nahmen gelegentlich feste Nahrung auf (Kap. 5.3). Ein Beuteljunges starb bereits am 12. 9. 1902, also am 10. Tag, so daß die Zahnrillen keinerlei Abnutzung aufweisen (Abb. 37 oben links). Die i_3, sie stehen vor den durchbrechenden Spitzen der Eckzähne, zeigen das schematisierte Stadium I (Abb. 36). Das einzige männliche Geschwistertier (Schädel, Katalog-Nr. 49724, Abb. 37 oben rechts), das zwei Jahre vier Monate später starb (10. 1. 1905), hat bereits deutliche Abrasionsspuren; seine Schneidezähne befinden sich im Stadium II. Das zweite weibliche Tier (Schädel, Katalog-Nr. 155408, Abb. 37unten) erreichte ein Alter von sieben Jahren und einem Monat (Tab. 9) (Da die Beutelzeit bei *Thylacinus* etwa fünf Monate beträgt, muß beim Festlegen des wahren Alters dieser Zeitraum zur Verweildauer im Zoo addiert werden, Kap. 5.3). Die zweiten Inzisiven — von innen gezählt — zeigen das Stadium III und die ersten Stadium IV. Auffallend ist auch der Abschliff an Spitze und Vorderrand der unteren Eckzähne; Entsprechungen findet man am Hinterrand der oberen Inzisiven.

Das Muttertier (Schädel, Katalog-Nr. 49723) war bei seinem Tode (4. 11. 1904) — nach dem Abrasionsgrad der Zähne beurteilt — erheblich jünger als seine älteste Tochter. Ein in Brüssel (Musée d'Histoire Naturelle) befindlicher Schädel des einzigen Beutelwolfs aus dem Zoo von Antwerpen (1912–1914; Kap. 9.2) befindet sich im Abschliffstadium II. Der im Berliner Zoo am 16. 1. 1908 gestorbene Beutelwolfmann, der nahezu sechs Jahre dort lebte (Tab. 9), zeigt etwa den gleichen Zustand

Gestalt und Anatomie 53

Abb. 37: Altersbedingter Abschliff der unteren Schneidezähne (Erläuterungen im Text). Fotos: SCHMIDT (Originale: Smithsonian Institution, Washington D.C.).

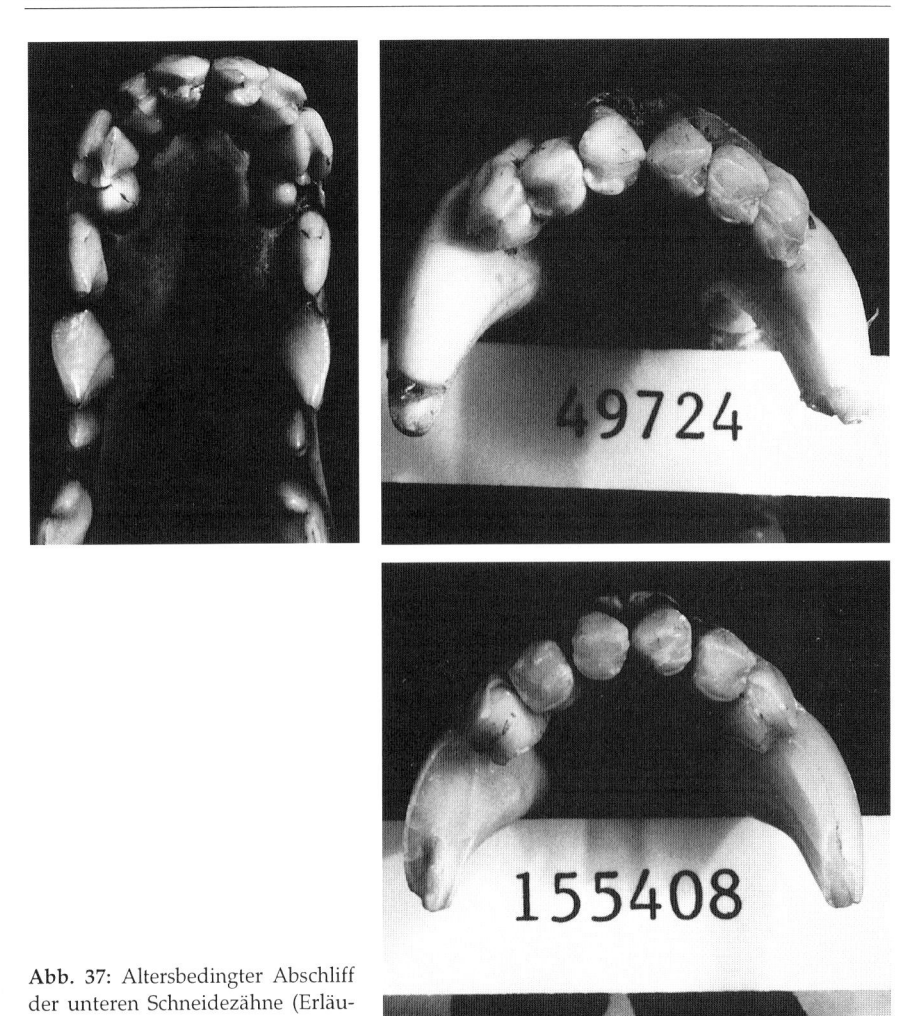

wie das siebenjährige Weibchen von Washington. Das gilt auch für das erste Berliner Exemplar, das in den Zoos London und Berlin über achteinhalb Jahre gelebt hatte (und wahrscheinlich neuneinhalb Jahre alt wurde; Kap. 9.2). Es zeigt einen vergleichbar starken Abrasionsgrad. Die Schädel eines weiblichen Beutelwolfs (Kat. Nr. 4264 Museum der Humboldt-Universität Berlin) und eines Männchens (Kat. Nr. S.1646, Austral. Museum, Sydney; lebte über fünf Jahre im Taronga Zoo) demonstrieren den stärksten Abschliff der unteren Schneidezähne mit deutlich verfülltem Pulpakanal (Stadium V); die oberen Eckzähne sind kurz (60–70 % ihrer geschätzten ursprünglichen Länge) und abgerundet. Das geschätzte Alter liegt bei wenigstens zehn Jahren. Unter der Voraussetzung, daß die Abrasion der unteren

Schneidezähne in freier Wildbahn etwa mit gleicher Geschwindigkeit erfolgte wie in Zoologischen Gärten, was nach dem Beutespektrum wahrscheinlich ist (Kap. 5.2), eignen sich die Incisivi des Unterkiefers recht gut zur Altersbestimmung.

Es liegt nahe, die Ausbildung von Schneidezahnrillen als Anpassung an ein zangenartiges Zugreifen und Abbeißen oder Abnagen von Muskulatur o. ä. zu interpretieren. Eine Vermehrung des Schmelzanteils auf der Kaufläche durch Höcker-, Falten- und Tütenbildung ist von vielen Säugerzähnen bekannt; die Sonderbildung von *Thylacinus* ist daher als eine Konvergenz zu den Schneidezähnen von Pferden zu betrachten mit Strukturen, die an Schmelztüten erinnern (MOELLER 1968a).

Die Schädel einiger Beuteljungen (z. B. Cambridge, Kat.-Nr. A6 7/10) zeigen sehr frühe Zahnungsstadien (s. Abb. 34): Im Zwischenkiefer sind i^3 und i^2 voll durchgebrochen, die übrigen Zähne (i^1, i^4, c, p^1, p^2) befinden sich entweder im Durchbruch oder sie liegen sichtbar in ihren Zahnhöhlen ($P^{3,}$, p^1). Die Vorgänger der P^3, die p^3, sind bereits ausgefallen bzw. resorbiert worden. Wie spätere Zahnungsstadien verdeutlichen, werden die Zähne jugendlicher Beutelwölfe — wie auch die weiterer Marsupialia — während des Wachstums allmählich, d. h. entsprechend dem vorhandenen Platz im Kiefer, herausgeschoben. Anders als bei Plazentatieren, deren Milchzähne stets kleiner sind als die dentes permanentes, müssen junge Beutelwölfe bereits mit ihren »viel zu großen« Zähnen, die dem erwachsenen Schädel angepaßt sind, beißen und kauen. Als Folge dieser Größendiskrepanz trifft man daher bei jugendlichen Schädeln regelmäßig Zähne an, die schräg gegeneinander versetzt sind (sog. »Kulissenstellung«). Ausführliche Beschreibungen weiterer Entwicklungsstadien und ein Vergleich mit jungen Wölfen sind der Studie des Verfassers von 1968a zu entnehmen.

Eine Untersuchung am Zahnschmelz von Beuteltieren, darunter auch *Thylacinus* verdanken wir VON KOENIGSWALD (1994), wonach ».. der irreguläre Schmelz ... wirbelartige Prismenanordnungen« zeigt.

4.3.4 Körperproportionen

Zur Ermittlung von Körpermaßen oder -proportionen erweisen sich Dermoplastiken, wie sie z. B. von LORD & SCOTT (1927) herangezogen wurden, also letzlich präparierte Häute, als wenig geeignet. Meist ist unbekannt, ob vor dem Abbalgen exakte Körpermaße genommen wurden, und, da sich Felle durch starke Dehnbarkeit auszeichnen, haben Präparatoren einen weiten Ermessensspielraum (Abb. 38).

Deshalb untersuchte der Verfasser anhand von Skelettmaßen die Körperproportionen vom Beutelwolf und verglich sie mit denen anderer Säugetiere (MOELLER 1968a, 1980); neben dem Bau der Pfoten sind die relativen Gliedmaßenlängen die wichtigsten anatomischen Parameter für rasches Laufen. Von 22 seinerzeit verfügbaren Skeletten wurden 12 als erwachsen eingestuft. Die Altersgruppen ergeben sich aus dem Zahnungsstadium (Kap. 4.3.3) sowie aus dem Verwachsungsgrad der Epiphysen. Um einen Vergleich mit anderen Raubbeutlern wie auch mit plazentalen Raubtieren zu ermöglichen, wurden die Längen der (19) Brust- und Lendenwirbel addiert und die Summe im folgenden als Bezugsgröße (= Rumpflänge) verwendet. Alle übrigen ermittelten Strecken, also Schädellänge, Hals- und Schwanzwirbelre-

Gestalt und Anatomie 55

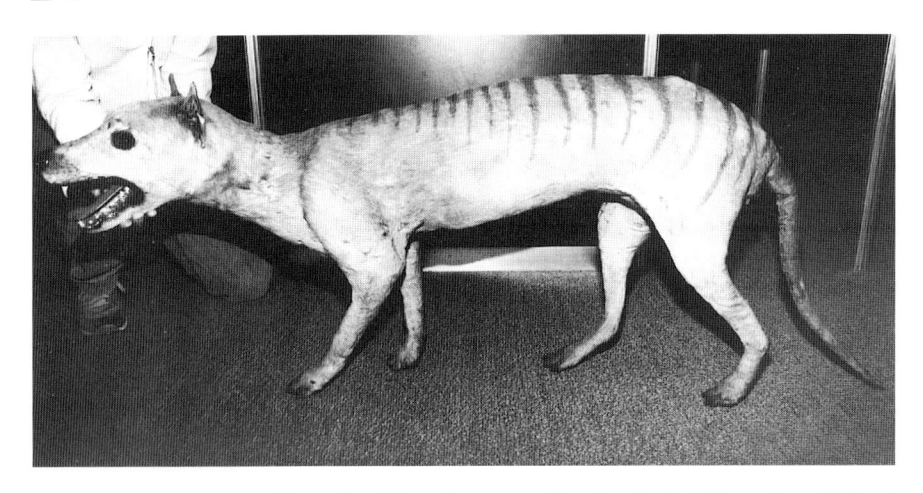

Abb. 38: Präparat eines sehr großen Männchens vom Beutelwolf, der Körper ist auffallend langgestreckt. Foto: MOELLER (Original: Australian Museum, Sydney).

gion sowie die Brustbeinlänge, schließlich die Vordergliedmaßen (Summe der Längen vom Oberarm, Unterarm und 3. Mittelhandknochen = »Vorderfuß«) sowie die Hintergliedmaßen (Oberschenkel, Unterschenkel und 3. Mittelfußknochen = Hinterfuß) wurden als Durchschnittswerte in Prozent zur Rumpflänge gesetzt (s. Schemata). Ein adulter Beutelwolf hat im Mittel — Extremwerte stehen in Klammern — eine Schädellänge von 46 % (42–49 %), die Halsregion beträgt 33 %, die Schwanzregion 111 % (106–115 %) und die Brustbeinlänge 48 % (43–50 %) der Rumpflänge. Mit 74 % (72–78 %) sind die Vordergliedmaßen deutlich kürzer als die Hintergliedmaßen mit 91 % (86–94 %). Das Verhältnis der gemessenen Gliedmaßenelemente — Vordergliedmaße zu Hintergliedmaße — ist ausgeglichen. Stylo- (Oberarm bzw. Oberschenkel) und Zeugopodium (Unterarm bzw. Unterschenkel) machen 44/44 bzw. 43/44 % der Gesamtlänge aus, während die Längen der Autopodien (Hand bzw. Fuß; hier Längen der 3. Mittelfuß/hand/knochen) 12 bzw. 14 % betragen, der Hinterfuß ist also geringfügig länger.

Zunächst soll ermittelt werden, ob der Beutelwolf innerhalb seiner Verwandtschaftsgruppe eine Sonderstellung einnimmt, d. h. inwieweit er — von der erheblichen Größendifferenz einmal abgesehen — auch in den Körperproportionen Unterschiede aufweist. Skelettmaße mehrerer Beutelteufel *Sarcophilus*, Riesenbeutelmarder *Dasyurus [Dasyurops] maculatus* und Tüpfelbeutelmarder *Dasyurus quoll* waren Grundlage für die Proportionsschemata; Skelette kleinerer Arten, z. B. vom Zwerg-Fleckenbeutelmarder *Dasyurus [Satanellus] hallucatus*, waren nicht verfügbar. Die Schemata veranschaulichen die Körperproportionen der vier größten Raubbeutler unter Wahrung der Größenverhältnisse, z. B. beträgt die mittlere Rumpflänge des Tüpfelbeutelmarders 43 % von der des Beutelwolfs. In Länge und Höhe entsprechen die schematisierten Kopfdarstellungen den Schädelmaßen. Während die beiden Beutelmarder in der relativen Schädellänge keine Unterschiede (unter Berücksichtigung der Variationsbreite) zum Beutelwolf aufweisen, übertrifft der Beutelteufel alle Arten um 8–10 %, hat also den verhältnismäßig größten Schädel aller untersuchten Raubbeutler; auch ist sein Hals etwas länger als bei den kleineren Verwandten.

Der Beutelwolf hat relativ gesehen auch den längsten Hals, wohl ein Hinweis auf die hohe Beweglichkeit des Kopfes beim Fangen kleiner und sehr behender Beute (Kap. 5.2). Besonders auffallend sind die Unterschiede in der Schwanzlänge: Den relativ längsten Schwanz besitzt der Riesenbeutelmarder, der darin seinen kleineren Verwandten um 50 % der Rumpflänge übertrifft. Dieser größte Beutelmarder jagt vorwiegend auf Bäumen (MARLOW 1962a, WATTS et al. 1987), so dient der lange Schwanz beim Klettern und Springen als Balancier- und Steuerorgan; der Tüpfelbeutelmarder klettert nur gelegentlich, und der Beutelteufel gilt als reines Bodentier, obwohl er gut zu klettern vermag. In der relativen Länge des Brustbeins (verknöcherte Anteile) finden wir zwischen Beutelwolf und seinen kleineren Verwandten erhebliche Unterschiede: *Thylacinus* 48 %, *Dasyurus* 54 %, *Dasyurops* 58 %, *Sarcophilus* 57 %. Die Brustbeinlänge kann nur als ein Näherungswert für die Größe des Brustkorbes betrachtet werden, und da wegen der z. T. stark verformten Bänderskelette keine weiteren Maße dieser Region genommen wurden, fällt eine Interpretation schwer. Zieht man jedoch in Betracht, daß die Bauchorgane (Magen, Darm, Leber) einen verhältnismäßig großen Raum einnehmen (Kap. 4.5), kann vom Brustbein des Beutelwolfs auf einen relativ kurzen Lungenraum geschlossen werden (Kap. 5.4). Die Gliedmaßenlänge betreffend besteht bei der Vorderextremität zwischen Beutelmardern und Beutelwolf weitreichende Übereinstimmung (Abb. 39); das verdient besondere Beachtung, da Riesenbeutelmarder als ausgezeichnete Kletterer, Beutelwölfe dagegen als Bodenläufer gelten. Die Vordergliedmaßen des Beutelteufels — ein ausdauernder Läufer (MOELLER 1973a, b) — sind 22 % länger; in der Hintergliedmaßenlänge stimmt er mit dem Tüpfelbeutelmarder überein, übertrifft jedoch Riesenbeutelmarder und Beutelwolf deutlich. Bemerkenswerterweise sind die Hintergliedmaßen von *Thylacinus* und *Dasyurops* von etwa gleicher relativer Länge, so daß der Beutelwolf in seinen Proportionen dem Riesenbeutelmarder entspricht, der keinesfalls als besonders rascher Läufer gilt.

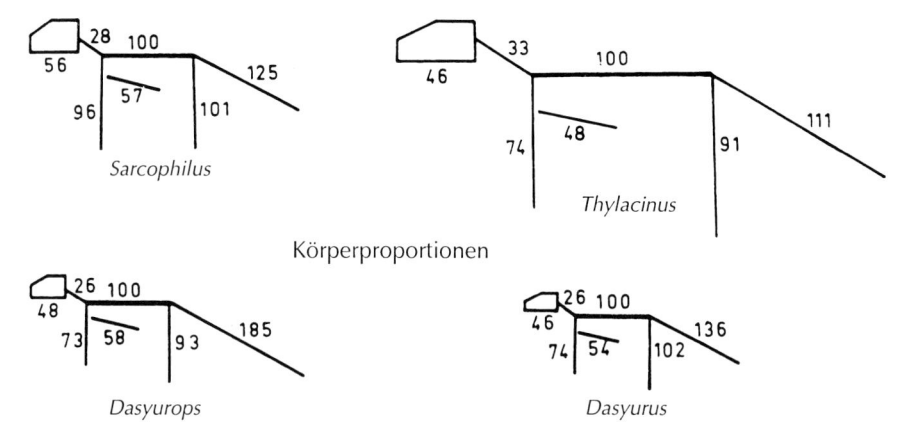

Abb. 39: Schemata der Körperproportionen, alle Werte sind bezogen auf die Rumpflänge (= 100). Aus MOELLER (1968a, 1980).

Gestalt und Anatomie 57

Tab. 2: Gliedmaßenanteile in Prozent (auf- oder abgerundet) der Gesamtextremität bei größeren Raubbeutlern.

	Dasyurus	*Dasyurops*	*Sarcophilus*	*Thylacinus*
Oberarm/Humerus	45	46	43	44
Speiche/Radius	45	44	44	44
3. Mittelhandknochen/Metacarpus	10	10	13	12
Oberschenkel/Femur	38	43	42	42
Schienbein/Tibia	45	44	45	44
3. Mittelfußknochen/Metatarsus	17	13	13	14

Die Anteile der drei wichtigsten Einzelelemente von Vorder- und Hintergliedmaßen an der Gesamtextremität ergeben zusätzliche Informationen. Diese wurde gleich 100 gesetzt und die Strecken der drei Komponenten in % eingetragen (Tab. 2).

Die relativen Längen der Oberarmknochen an der Gesamtextremität zeigen bei den untersuchten Arten nur geringe Unterschiede. Nahezu identisch sind die Anteile der Speiche am Vorderlauf, Oberarm und Speiche besitzen etwa die gleiche relative Länge, und die (3.) Mittelhandknochen variieren in der Länge zwischen 10 % (Beutelmarder) und 13 % (Beutelteufel). Der Beutelwolf liegt mit 12 % geringfügig unter dem Wert vom Beutelteufel. Es wird später dargestellt, daß einige Landraubtiere, die an rasches Laufen angepaßt sind, vergleichsweise höhere Prozentanteile des Mittelhandbereichs an der Gesamtextremität besitzen. Innerhalb der untersuchten Raubbeutler weisen die Anteile der Vordergliedmaßen nur geringe Unterschiede auf. Das gleiche gilt auch für die Hintergliedmaßen, mit einer auffälligen Abweichung: Bei *Dasyurus* fällt die Verkürzung des Femurs zugunsten der Metatarsalia auf, letztere übertreffen die bei seinen Verwandten ermittelte relative Länge um 3 bis 4 %. Als eine Deutung dieser Befunde bietet sich für den Tüpfelbeutelmarder eine bessere Anpassung an höhere Laufgeschwindigkeit an; daß er bei schnellerer Gangart den Mittelfuß vom Boden abhebt und im Zehengang läuft, ist durch Filmaufnahmen belegt (MOELLER 1976). KEAST (1982) erweitert in seiner Studie über Gliedmaßenproportionen die untersuchten Arten um zwei amerikanische Musteliden und eine Beutelmaus der Gattung *Antechinus*, kommt jedoch im wesentlichen zu den gleichen Ergebnissen wie der Verfasser.

Als letzter Merkmalskomplex sei die Ausformung der Hand- (Carpalia) und Fußwurzelknochen (Tarsalia) vorgestellt. Die Abbildung zeigt Gestalt und Lagebeziehung dieser Elemente von Beutelwolf und Tüpfelbeutelmarder von dorsal. Wegen der besseren Übersichtlichkeit wurden die Knochenumrisse nur in Aufsicht gezeichnet (Abb. 40).

Die Übereinstimmungen zwischen *Dasyurus*, *Dasyurops* und *Sarcophilus* sind so groß, daß auf eine Darstellung der letzteren verzichtet werden kann. Es wird deutlich, daß die Carpalregion der drei mittelgroßen Raubbeutler im Vergleich zum Beutelwolf geringfügig gestreckt ist; weiterhin entsteht bei ihnen durch die starke Verzahnung der Knochen ein engeres Gefüge, das wegen der eingeschränkten Bewegungsmöglichkeiten ebenfalls als Anpassung an rascheres Laufen gedeutet werden muß, wie z. B. ein Vergleich zwischen Hunde- und typischen Katzenartigen deutlich macht.

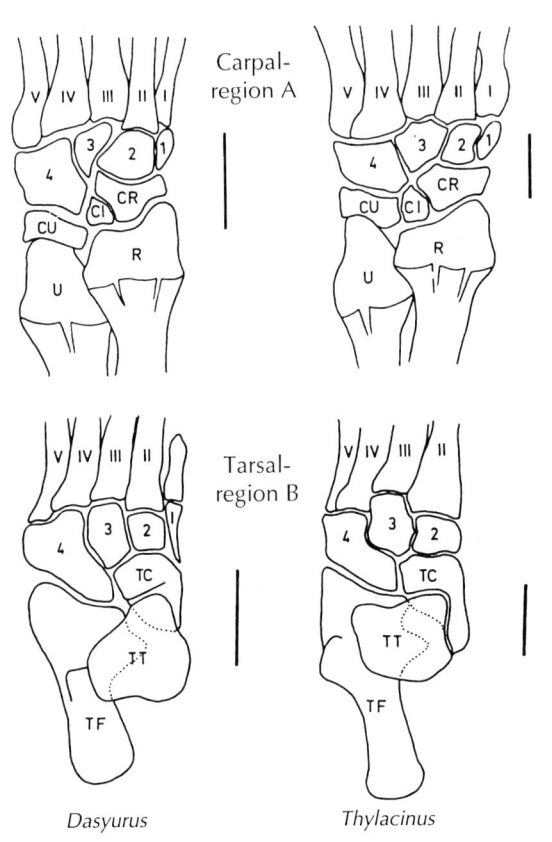

Abb. 40: Hand- (A) und Fußwurzelregion (B) von Tüpfelbeutelmarder *Dasyurus* und Beutelwolf. Aus MOELLER (1968a).

Carpalregion A

Tarsalregion B

Dasyurus   *Thylacinus*

Dem Hinterfuß von *Thylacinus* fehlt die erste Zehe, die bei *Dasyurus* und seinen Verwandten stets vorhanden ist. Beim Beutelwolf bekommt das Sprungbein durch das Os tarsi centrale eine festere Begrenzung; weiterhin ist der Fersenfortsatz relativ länger als bei den Beutelmardern, deutet also auf ein verbessertes Sprungvermögen hin (Kap. 5.4). Die Fußwurzelregion der kleineren Raubbeutler ist im Vergleich zu der des Beutelwolfs in geringerem Maße gestreckt (s. auch Handwurzelregion). Bei *Thylacinus* ist das Fehlen des ersten (Zehen-)Strahls ein Indiz für rasches Laufen.

Weitere Informationen über den Grad der Laufanpassungen vom Beutelwolf ergab der Vergleich mit sechs plazentalen Raubtieren entsprechender Größe. HILZHEIMER (1913) und POCOCK (1926) weisen auf körperbauliche Ähnlichkeiten und weitreichende Übereinstimmungen des Beutelwolfs mit Hundeartigen hin. HILZHEIMER betont, daß *Thylacinus* sich in »... Richtung der Hunde verändert und als schneller Läufer entwickelt hat; dementprechend ist er digitigrad geworden, der Hallux (erste Zehe) ist verschwunden und die Extremitäten sind stark verlängert« (Abb. 41). Von den drei ausgewählten Arten hat der Rothund *Cuon alpinus* die kürzesten Gliedmaßen; er wird als nicht sehr rascher, jedoch ausdauernder Läufer beschrieben. Der Wolf *Canis lupus* gilt sowohl als schnell wie auch als ausdauernd. Seine

Gestalt und Anatomie 59

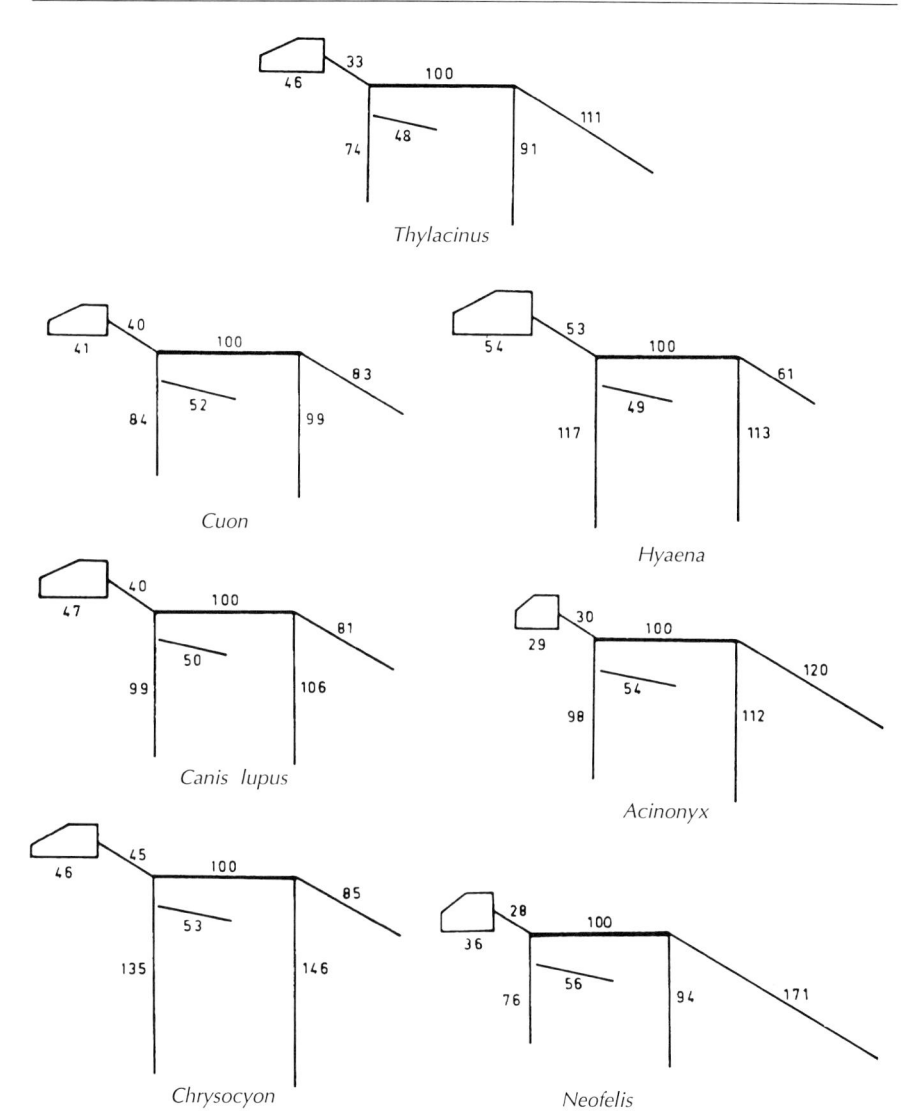

Abb. 41: Schemata der Körperproportionen einiger Landraubtiere und des Beutelwolfs. Aus MOELLER (1968a, 1980).

gegenüber *Cuon* deutlich längeren Gliedmaßen sind offenbar als Anpassung an höhere Geschwindigkeit im offenen Lebensraum zu deuten.

Der Mähnenwolf *Chrysocyon jubatus* ist ein Savannenbewohner, dessen auffallend lange Gliedmaßen hier jedoch kein Hinweis auf besonders hohe Laufgeschwindigkeit sind, vielmehr müssen sie als Anpassung an seinen unübersichtlichen Lebensraum interpretiert werden: Die langen Läufe ermöglichen es ihm, über das hohe Steppengras hinweg nach Bewegungen seiner Beute zu spähen, weshalb ihn KRIEG

(1948) als »Stelzenläufer« bezeichnete. Auch kann sein deutlich längerer Hals unter diesem Gesichtspunkt gesehen werden. Betrachten wir im Vergleich den Beutelwolf, so fällt auf, daß dessen Gliedmaßen erheblich kürzer sind, der Schwanz ist dagegen um etwa 30 % (der Rumpflänge) länger als bei den Wildhunden. Neben den Gliedmaßenlängen werden auch Unterschiede zwischen Vorder- und Hinterextremitäten innerhalb der Arten deutlich. Sie betragen bei *Thylacinus* 17 %, bei *Canis* nur 7 %. Angesichts dieser Ergebnisse, die von den Angaben der eingangs erwähnten Autoren deutlich abweichen, muß man dem Suffix Beutel»wolf« eine gewisse Suggestivwirkung zusprechen, der selbst geschulte Morphologen erlegen sind.

Die von frühen Siedlern verwendeten Namen »Hyäne« und »Opossum-Hyäne« wie auch PATERSONS Ausführungen von 1805 über gestaltliche Ähnlichkeiten dieser plazentalen Raubtiere mit dem Beutelwolf (Kap. 2) veranlaßten den Verfasser, die Skelettproportionen einer Streifenhyäne *Hyaena hyaena* in den Vergleich mit einzubeziehen. Gegenüber Hunden erscheinen Hyänen vorn stark überbaut, d. h. die bei den meisten Carnivoren deutlich kürzeren Vordergliedmaßen übertreffen hier die Hintergliedmaßen an Länge, — eine Ursache für die abschüssige Rückenlinie. Insgesamt sind Kopf und Hals deutlich länger als bei den drei untersuchten Caniden, und die Gliedmaßenlänge übertrifft die vom Wolf. Gegenüber dem Beutelwolf weist die Streifenhyäne hochgradige Abweichungen auf.

Zusätzlich wurden zwei Katzenarten mit Unterschieden in Biotop und Bewegungsmuster dem Beutelwolf gegenübergestellt: Der Gepard *Acinonyx jubatus* ist ein Savannenbewohner und gilt als äußerst agiler Sprinter; vielfach wird er als Hundetyp innerhalb der Familie betrachtet: In den — wiederum auf die Rumpflänge bezogenen — Gliedmaßenlängen werden weitreichende Übereinstimmungen

Abb. 42: Der Nebelparder *Neofelis* zeigt trotz übereinstimmender Körperproportionen in der Ausformung der Gliedmaßen starke Abweichungen vom Beutelwolf. Foto: BUDICH (Tierpark Berlin), in PETZSCH (1967).

Tab. 3: Gliedmaßenanteile (in %) der Gesamtextremität bei Carnivoren und Beutelwolf.

	Humerus	Radius	3. Metacarpus	Femur	Tibia	3. Metatarsus
Rothund	42	39	19	41	41	18
Wolf	40	42	18	39	43	18
Mähnenwolf	38	44	18	37	43	20
Streifenhyäne	38	45	17	43	40	17
Gepard	41	43	16	40	42	18
Nebelparder	48	39	13	42	43	15
Beutelwolf	44	44	12	42	44	14

mit dem Wolf deutlich; in der auffallenden Streckung der Hinterbeine übertrifft er diesen sogar noch.

Dagegen repräsentiert der Nebelparder *Neofelis nebulosa* vom Erscheinungsbild her eine »typische Katze«; er bevorzugt dichte Vegetation und ist ein hervorragender Kletterer, der vielfach auf Bäumen jagt. Finden wir bei der auf das Sprinten spezialisierten Katze keinerlei Ähnlichkeiten mit dem Beutelwolf, so zeigt dieser geradezu verblüffende Übereinstimmungen mit dem Nebelparder. Daraus ist ableitbar, daß dem Beutelwolf wesentliche körperbauliche Anpassungen der rasch laufenden Raubtiere fehlen (Abb. 42).

Bei der Betrachtung der Proportionen innerhalb der Gliedmaßen (Tab. 3) wird deutlich, daß bei den Caniden mit zunehmender »Streckung« der Gesamtextremität die körpernahen Elemente Humerus und Femur (z. T. auf Kosten der körperfernen Anteile) eine relative »Abnahme« erfahren. Bestätigt werden diese Aussagen sowohl bei der Hyäne als auch bei den Katzen: Die Metapodien zeigen bei den langbeinigen Formen Streifenhyäne und Gepard gegenüber dem Nebelparder einheitlich höhere Anteile, die Stylopodien Humerus und Femur geringere Relativwerte. Wie aus der relativen Kürze von Mittelhand und Mittelfuß ersichtlich ist, erweist sich hier der Beutelwolf am stärksten generalisiert, und es werden nochmals die Übereinstimmungen zwischen Nebelparder und Beutelwolf deutlich. Nachzutragen bleibt, daß sowohl Streifenhyäne und Gepard wie auch die drei Hunde ein engeres Gefüge der Hand- und Fußwurzelknochen aufweisen als Nebelparder und Beutelwolf.

Trotz der katzenähnlichen Gliedmaßenproportionen von *Thylacinus* sollte man den Namen Beutelwolf nicht in Frage stellen, wenn auch der Bericht eines Waldarbeiters nachdenklich stimmt, der in einer Holzfällerhütte ein Exemplar »mit katzenartiger Gewandtheit springen und klettern« sah (GUNN 1863; Kap. 5.4). Auch hier kommt — wie bereits am Schädel dargestellt — zum Ausdruck, daß der Beutelwolf eine völlig eigenständige Entwicklung eingeschlagen hat (Kap. 5.4).

4.3.5 Altersbedingter Proportionswandel

Vielfach besteht die Möglichkeit, aufgrund genauer Kenntnisse von Jugendstadien, Rückschlüsse auf Merkmale stammesgeschichtlicher Vorläufer zu ziehen. Dieses Phänomen wurde von dem Jenaer Zoologen ERNST HAECKEL erkannt und 1866 als

Biogenetische Grundregel (KUHN-SCHNYDER 1953) beschrieben (Die Ontogenese = individuelle Entwicklung ist eine verkürzte Wiederholung = »Recapitulation« der Phylogenese = Stammesentwicklung). Bei aller Aussagekraft dieser Regel muß berücksichtigt werden, daß Jugendstadien oft ihre eigenen — und nur für diese Lebensphase wichtigen — Anpassungen besitzen, wie im weiteren Verlauf deutlich wird.

Vollständige Skelette jugendlicher Beutelwölfe waren Grundlage einer Untersuchung über altersbedingten Proportionswandel (MOELLER 1980). Aufgrund der in Kapitel 4.3.1 bis 4.3.4 genannten Kriterien wurde eine Aufteilung aller verfügbaren Skelette in die Altersgruppen adult, subadult und juvenil vorgenommen. Die Gruppe der Jungtiere wird durch drei Skelette repräsentiert, ihre Rumpflängen (= Bezugsmaß zur Darstellung der Körperproportionen) betragen 31, 27 und 21 cm (Mittelwert 26 cm); entsprechende Werte der Erwachsenen variieren zwischen 43 und 51 cm (Mittelwert 46 cm). Wie in Kapitel 4.3.4 wurden die Mittelwerte in ein Schema eingetragen, wegen der besseren Übersichtlichkeit unter Vernachlässigung der wahren Größenverhältnisse (Abb. 43). Aufgrund des progressiven Gehirnwachstums ist der Schädel bei jugendlichen Wirbeltieren relativ größer als bei adulten; bezogen auf die Rumpflänge beträgt bei jungen Beutelwölfen die Schädellänge im Mittel 52 %, bei adulten Skeletten 46 % (subadult 47 %); noch eindrucksvoller wird diese Differenz, wenn man die Extremwerte betrachtet: Größter adulter Beutelwolf »Cambridge 5« = 45,5 %, kleinster juveniler Beutelwolf »London 19« = 57,4 %.

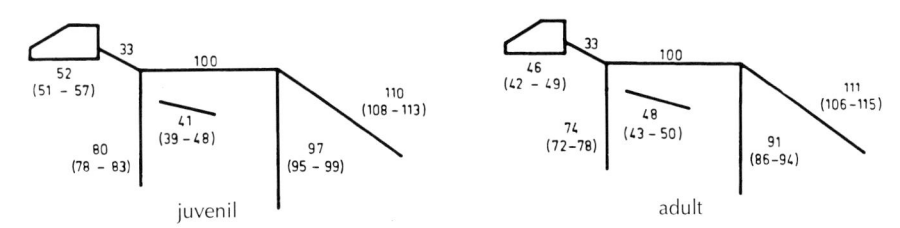

Abb. 43: Körperproportionen erwachsener und sehr junger Beutelwölfe. Aus MOELLER (1980).

Die Halsregion ist bei jugendlichen Tieren nicht länger; auch die Schwanzlängen entsprechen einander weitgehend. Demgegenüber zeigen die Gliedmaßenlängen eindrucksvolle Unterschiede. Sie sind bei der Gruppe der jugendlichen Beutelwölfe mit 80,2 % um 6 % (Vordergliedmaßen) und mit 96,7 % um 5,7 % (Hintergliedmaßen) länger als bei den Erwachsenen. Wiederum seien die Extremwerte genannt: »Cambridge 5« = 71,6/85,9 %, »London 19« = 83,5/97,2 %. Bei formaler Anwendung der biogenetischen Grundregel wäre aus diesen Ergebnissen abzuleiten, daß die Vorfahren des rezenten Beutelwolfs deutlich längere Gliedmaßen hatten, und man könnte folgern, daß die auf der Insel Tasmanien lebende Population gegenüber der möglicherweise steppenbewohnenden Festlandform als Anpassung an das Leben in dichterer Vegetation ihre Gliedmaßen allmählich verkürzt hätte. Gegen diese Interpretation spricht jedoch, daß Beutelwölfe allen Angaben zufolge keine Waldbewohner waren, sondern auf Tasmanien mehr offene Landschaften bevorzugten (Kap. 6). Wahrscheinlicher ist die Deutung, daß die jungen Beutelwölfe dank ihrer relativ langen Beine eher in der Lage waren, mit der größeren Mutter, die sie auf den Jagdzügen begleiteten, besser Schritt zu halten (Kap. 5.2). Eindrucksvolle Beispiele dafür sind die an rasches Laufen angepaßten Einhufer oder einige Antilopen wie z. B. Gnus (BIERLEIN 1994, HEY–REIDT 1996). Ein Blick auf die Proportionen der einzelnen Gliedmaßenanteile bestätigt die bei plazentalen Raubtieren gemachten Ergebnisse: Auch hier sind die Metapodien (s. o.) der relativ langbeinigeren Jungtiere vom Beutelwolf jeweils 2 % der Gesamtextremität länger als bei den Adulten. Die am Skelett des kleinsten Individuums »London 19« genommenen Maße bekräftigen den Trend:

3. Mittelhandknochen
    adult: 11,5 %
    subadult: 12,5 %
    juvenil: 13,6 %
    »Lo 19«: 14,3 %;

3. Mittelfußknochen
    adult: 13,7 %
    subadult: 15,1 %
    juvenil: 15,9 %
    »Lo 19«: 17,5 % (!)

Inwieweit sich dieser Trend bei Beuteljungen fortsetzt, ist in Kapitel 4.7 (Tab. 4) nachzulesen.

In den Ausführungen über die Schädelproportionen konnte der bemerkenswerte Sexualdimorphismus herausgestellt werden (Kap. 4.3.2). Wie im voranstehenden Text deutlich wurde, setzten sich die zwischen jugendlichen und adulten Beutelwölfen auftretenden Proportionsunterschiede z. B. in der relativen Gliedmaßenlänge beim Skelett des größten Individuums (»Cambridge 5«) fort; somit hatte das größte (und männliche) Tier auch relativ kürzere Gliedmaßen als die Gruppe der erwachsenen Tiere im Mittel. Wie bereits WEST (1852) feststellte, sind weibliche Beutelwölfe »viel kleiner« (Kap. 5.2).

4.4 Gehirn, Evolutionsniveau

GERVAIS (1837) und die britischen Anatomen FLOWER (1865) und BEDDARD (1891) veröffentlichten Abbildungen vom Beutelwolfgehirn. FLOWER betont, daß der in seiner äußeren Erscheinung so weit vom Känguruh und Wombat entfernte Beutelwolf die gleichen Besonderheiten der cerebralen Organisation zeigen würde, jedoch »... verbunden mit einer geringeren Entwicklung der Commissura superior ... und einer stärkeren Reduktion des Interventricularseptums ...«.

Nach Untersuchungen des Verfassers haben ausgewachsene Beutelwölfe ein mittleres Hirnvolumen von 53,4 ml (n = 52), die Extremwerte liegen bei 46,5 und 62,0 ml. Diese Werte konnten bestimmt werden, indem die Hirnkapsel über das Hinterhauptloch mit Schrotkugeln (Durchmesser 2 mm) befüllt und der maximale Inhalt in einen Meßbecher geschüttet und abgelesen wurde. Da Gehirnmaterial eine spezifische Masse von 1,03 g/cm^3 hat, entsprechen die ermittelten Werte praktisch der Hirnmasse. Wie im vorigen Kapitel ausgeführt, werden Beutelwölfe in der Hirngröße von Wölfen um das 2,5fache übertroffen (MOELLER 1968a). Es sollen jedoch, da Caniden — auch innerhalb der plazentalen Säugetiere — ein hohes Evolutionsniveau erreicht haben (STEPHAN 1967), und um einen realistischen Vergleich zu ermöglichen, zunächst die Verhältnisse bei Beuteltieren betrachtet werden. Die vom Verfasser zusammengestellten und durch Volumenmessung der Hirnkapsel erhaltenen Mittelwerte von Haarnasenwombat *Lasiorhinus latifrons* und Rotem Riesenkänguruh *Macropus rufus* liegen bei rund 70 ml bzw. rund 60 ml (MOELLER 1973c). Diese größten rezenten Marsupialia stimmen in der Körpermasse etwa mit dem Beutelwolf überein, übertreffen ihn jedoch in der Hirngröße. Im folgenden sollen die Hirngrößenverhältnisse innerhalb der (größeren) Raubbeutler betrachtet werden. Da kleinere Säugetiere — innerhalb einer engeren Verwandtschaftsgruppe — meist relativ größere Gehirne haben als große, ist ein direkter Vergleich unmöglich. Deshalb werden die vom Tüpfelbeutelmarder (n = 13), Riesenbeutelmarder (n = 14), Beutelteufel (n = 19) und Beutelwolf (n = 30) ermittelten Hirnkapselvolumina (= Hirngröße) mit den der Literatur entnommenen Körpermasseangaben kombiniert und die Mittel- sowie Extremwerte in ein Koordinatensystem eingetragen. Da dem Verfasser nur wenige Masseangaben von *Thylacinus* bekannt sind (Kap. 4.1), mußten Skelettmaße wie Brustkorbumfang und Rumpflänge von Bänderskeletten des Beutelwolfs mit entsprechenden Werten von Wölfen bekannter Körpermasse (aus dem Kieler Institut für Haustierkunde) verglichen werden, um so die Körpermasse verschieden großer Beutelwölfe indirekt zu ermitteln (Abb. 44). Die Kreuze symbolisieren die Extremwerte von Tüpfel- und Riesenbeutelmarder; ihre Mittelwerte werden durch eine Gerade verbunden; diese zeigt Richtung und Anstieg der zwischen den nächstverwandten Arten auftretenden Unterschiede an. Verlängert man diese Gerade in den (Körper-) Größenbereich des Beutelteufels, so liegen dessen Mittelwerte für Hirnhöhlenkapazität und Körper-

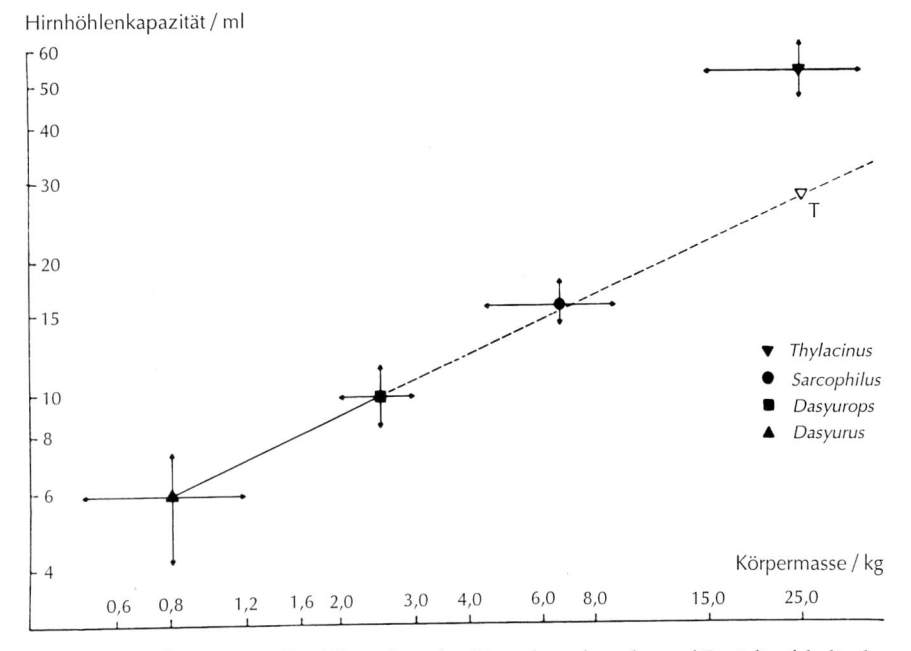

Abb. 44: Verteilungen vom Tüpfelbeutelmarder, Riesenbeutelmarder und Beutelteufel, die des Beutelwolfs liegt über der extrapolierten Geraden. Aus MOELLER (1970).

masse nahezu auf dieser Geraden, was eine weitreichende Übereinstimmung mit den Beutelmardern dokumentiert.

Bei nochmaliger Verlängerung dieser Geraden in den Größenbereich des Beutelwolfs wird deutlich, daß dessen Hirnwerte erheblich von dieser Geraden abweichen, d. h. wäre der Beutelwolf in dieser Maßkombination ein »allometrisch vergrößerter Beutelmarder«, so lägen die Mittelwerte der Hirngröße bei T' (= offenes Dreieck), die Hirnkapsel würde etwa 27 ml enthalten. Die tatsächlichen Werte sind jedoch doppelt so groß (53,4 ml), so daß der Beutelwolf aus seiner Verwandtschaft deutlich herausragt, d. h. ein erheblich höheres Evolutionsniveau erreicht hatte als seine Verwandten, wenn auch erst die Größe der Neuhirnrinde (Neocortex), d. h. die Lage der lateralen Grenzlinie (Sulcus rhinalis) zur Althirnrinde (Paläocortex), letzte Gewißheit gibt. NELSON & STEPHAN (1982) bestätigen in ihrer Untersuchung diese Aussage.

Im folgenden Formvergleich soll das Beutelwolfgehirn denen von Beutelteufel und Tüpfelbeutelmarder gegenübergestellt werden. Bei den drei abgebildeten Gehirnen beeindruckt zunächst die auffallende Größe der Riechlappen (Lobi olfactorii). Sie kennzeichnet Beutelmarder, Beutelteufel und Beutelwolf als Tiere mit gutem Geruchsvermögen (Makrosmatiker). Beobachtungen über das Jagdverhalten vom Beutelwolf (Kap. 5.2) wie auch HECKS (1912) Bemerkung, wonach *Thylacinus* »... ein ausgeprägtes Nasentier ist ...«, bestätigen dies. Sind die Großhirnhemisphären von Beutelmarder und Beutelteufel verhältnismäßig flach und nur bei letzterem mit einigen Furchen versehen, so wölbt sich das Großhirn des Beutelwolfes nach dorsal,

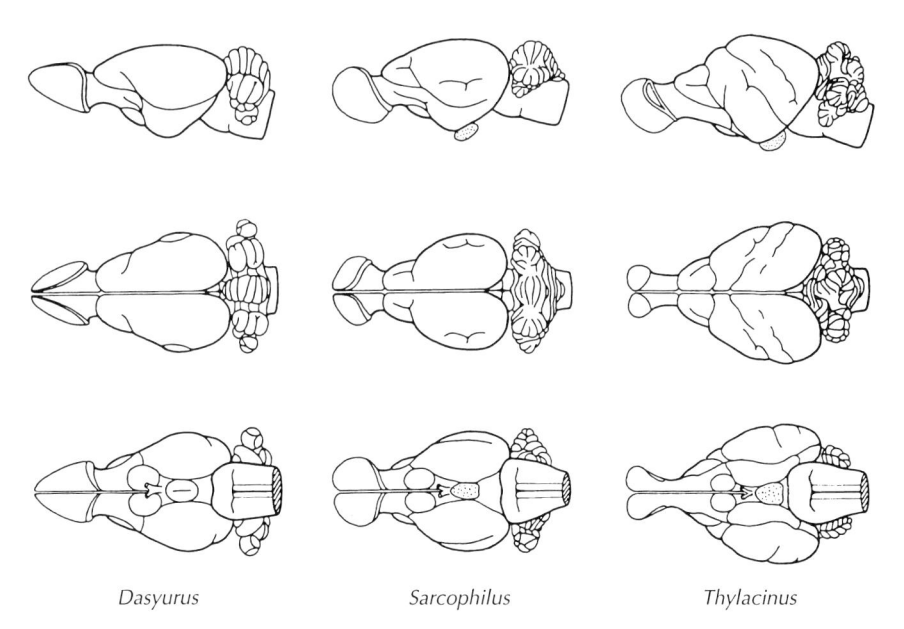

Dasyurus *Sarcophilus* *Thylacinus*

Abb. 45: Formvergleich der Gehirne von Tüpfelbeutelmarder (links), Beutelteufel (Mitte) und Beutelwolf (rechts). Oben: Seitenansicht, Mitte: Dorsalansicht, unten: Ventralansicht. Aus MOELLER (1970).

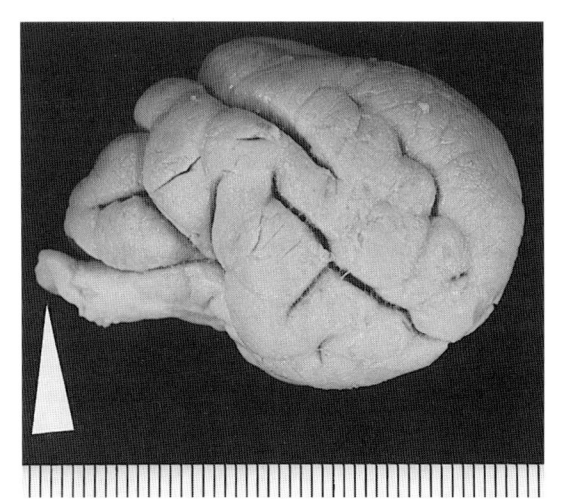

Abb. 46: Seitenansicht einer Großhirnhemisphäre von *Thylacinus*, Bulbus olfactorius unvollständig (Pfeil). Maßeinheit: mm. Aus MOELLER (1970).

lateral und caudal stark auf und ist mit mehreren tiefen Furchen (Sulci) versehen. Insbesondere lassen sich zwischen den von dorso-rostral nach basi-caudal verlaufenden Windungen (Gyri) drei tiefe Einschnitte (Sulci) erkennen, wodurch eine haubenförmige Struktur entsteht (Abb. 45).

Von besonderer Bedeutung ist der Verlauf und die von der Seite erkennbare Lage der palaeo-neocorticalen Grenze (= Sulcus oder Fissura rhinalis). Während diese Grenzlinie bei Beutelmarder und Beutelteufel nur leicht nach unten ausschwingt, wobei in Ventralansicht das Beutelteufelgehirn eine etwas stärkere Ausdehnung der Neuhirnrinde nach unten zeigt als beim Beutelmarder, reicht sie beim Beutelwolf soweit herab, daß sie in Seitenansicht vor dem Schläfenpol »abtaucht« und — von der Unterseite her betrachtet — die Althirnrinde weit überlagert. Generell ist die Neuhirnrinde Integrationsort höherer Sinnesleistungen; ihre Ausdehnung spielt bei der Festlegung des Evolutionsniveaus innerhalb der Säugetiere eine außerordentliche Rolle; dagegen gilt das Kleinhirn (Cerebellum) als Koordinationszentrale für Bewegungen. In Größe, Strukturierung und Auffaltung dieses Gehirnteils erreicht der Beutelwolf ebenfalls eine höhere Komplexität als Beutelteufel und Beutelmarder. Zusammenfassend ist das Beutelwolfgehirn als gyrencephal einzustufen, d. h. es ist mit deutlichen Furchen (Sulci) und Windungen (Gyri) versehen (Abb. 46). Die Ausdehnung der Neuhirnrinde ist bemerkenswert, was sich auch in der Gesamtgröße des Gehirns widerspiegelt (MOELLER 1970). Der von DAWSON (1983) berechnete Encephalisationsgrad (Encephalisationsindex = 148, Beutelmarder = 100) bestätigt im wesentlichen die Ergebnisse des Verfassers.

4.5 Brust- und Bauchorgane

D. J. CUNNINGHAM, Professor für Anatomie am »Königlichen College für Chirurgie in Irland« gibt in seiner umfangreichen Studie »Report on some points on the Anatomy of the Thylacine (*Thylacinus cynocephalus*) ...« vom Jahr 1882 ein exaktes

Gestalt und Anatomie 67

Bild der Gliedmaßenmuskeln sowie der sie versorgenden Nerven. Diese vergleichend anatomische Untersuchung konzentriert sich auf mehrere australische Beuteltiere, Ausbeute der Challenger Expedition in den Jahren 1873–76. »Die beiden Exemplare vom Beutelwolf wurden der Expedition während ihres Aufenthalts in Sydney übersandt von Sir CHARLES DU CANE, dem Gouverneur von Tasmanien.« Da Beutelwölfe gegenüber anderen Raubbeutlern, abgesehen vom getrennten Verlauf der Fußbeuger und -strecker (= hohe Beweglichkeit), keine charakteristischen Details aufwiesen (CUNNINGHAM 1882), und um dem Leser eine Auflistung von Größe, Ursprung, Ansatz und spezieller Form der Muskeln zu ersparen, sei aus dieser Studie lediglich eine Abbildung eingebracht (Abb. 47).

Von den Brusteingeweiden des Beutelwolfs ist die Form der Lunge bemerkenswert; ihr rechter Flügel bildet deutlich drei Lappen, während der linke keine Spalten besitzt, jedoch ist dessen Rand

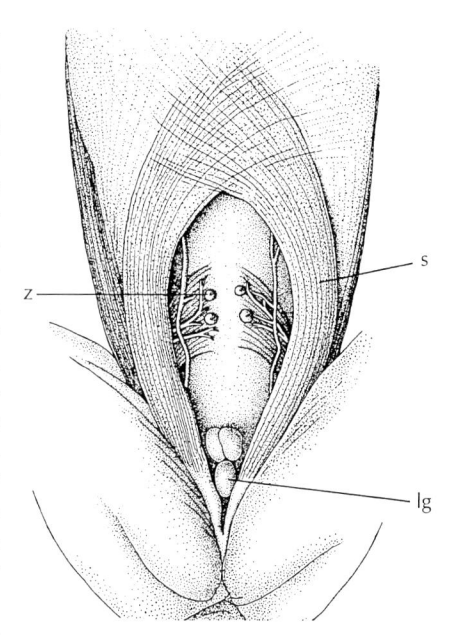

Abb. 47: Hintere Bauchregion eines *Thylacinus*-Weibchens. Z = Zitze, S = Schließmuskel für Beutel (M. sphincter marsupii), lg = Lymphdrüsen. Aus CUNNINGHAM (1882).

auffällig gezackt. Die Masse liegt bei 133 g (CRISP 1855). Die Luftröhre (Trachea) hat bei einem adulten männlichen Tier eine Länge von 17,1 cm, die Anzahl der Trachealringe beträgt 34 (*Dasyurus* 25). Das Herz des Beutelwolfs ist verhältnismäßig schlank und läuft spitz zu; seine Masse beträgt laut CRISP (1855) 117 g, das sind 0,78 % der Körpermasse. Das für alle Beuteltiere typische Fehlen der Fossa ovalis als Rudiment des fetalen Foramen ovale führt CUNNINGHAM (1882) auf die kurze intrauterine Phase des Embryos zurück. Die rechte Herzvorkammer ist sehr weit, die zur Hauptkammer führende Öffnung, das Foramen atrio-ventriculare, knapp 3 cm breit, sie wird von einer fünfzipfeligen Klappe verschlossen. Die rechte Hauptkammer endet 3,8 cm vor der Herzspitze; die Papillarmuskeln (Ansätze für »Haltefasern« der Klappen) sind in zwei Gruppen angeordnet. Die Lungenarterie wird — wie bei allen Säugetieren — von drei halbmondförmigen Falten verschlossen. Die linke Vorkammer erscheint durch die Pectinalmuskeln schwammähnlich. Die linke Hauptkammer ist sehr schmal und konisch geformt, die beiden Papillarmuskeln sind sehr kräftig ausgebildet, die Atrio-ventrikularklappe ist zweizipfelig.

Innerhalb der von CUNNINGHAM (1882) untersuchten Raubbeutler *Phascogale, Dasyurus* und *Thylacinus* sowie der Kletterbeutler *Phalanger* und *Trichosurus* zeigt die Aufspaltung der aus der Aorta abführenden Gefäße beim Beutelwolf und der Beutelmaus *Phascogale* gegenüber allen übrigen Arten eine Besonderheit in der Ausbildung eines gemeinsamen Stammes (Truncus brachiocephalicus), aus welchem zunächst die rechte Armarterie und — deutlich abgesetzt — weiter kopfwärts die Halsschlagadern abzweigen. Zwei Herzkranzarterien sind allen (untersuchten) Beutlern gemeinsam. Gegenüber den beiden anderen Raubbeutlern ist die fibröse Schicht des Herzbeutels bei *Thylacinus* leicht am Zwerchfell befestigt.

Baucheingeweide: Der Magen des Beutelwolfs hat eine dem menschlichen Magen ähnelnde Gestalt mit hohem Fundusteil. Lediglich der Übergang vom weiten Cardia- zum engen Pylorus-Bereich zeigt Unterschiede. Der Magen eines verhältnismäßig kleinen Weibchens maß entlang der kleinen Curvatur 10 cm und entlang der großen Curvatur 48 cm; der Umfang in Höhe der Cardia-Öffnung betrug 32 cm; CRISP (1855) gibt nur eine Gesamtlänge von 20,3 cm an. (Der Magen eines Tieres enthielt 2,3 kg Fleisch; Kap. 5.2). Die Magenschleimhaut ist sehr faltenreich; zum Pylorus hin wird sie dicker und weicher und ist von zahlreichen unregelmäßigen Vertiefungen gekennzeichnet. Der Darmtrakt ist einheitlich gestaltet und, da ein Blinddarm fehlt, ist er, laut CRISP, nicht in Dünn- und Dickdarm trennbar. Die Gesamtlänge betrug beim größeren Männchen 196 cm, beim Weibchen 142 cm, der Umfang betrug im Zwölffingerdarmbereich 12,7 cm bzw. 10,8 cm. PATERSON (1805) schloß aus der Kürze des Darms, daß es sich »... nach seinem inneren Bau ... (um) ein Tier mit besonders rascher Verdauung« handeln müßte. Ungewöhnlich lang (ca. 1,3 cm) und nur spärlich verteilt sind Zotten. Während sie im vorderen Bereich eine fadenförmige Gestalt haben, werden sie im weiteren Verlauf dick und keulenförmig, erhalten analwärts eine Kegelgestalt und ordnen sich in parallelen Längsreihen an. Die Milz ist von zungenförmiger Gestalt, ihre Länge beträgt 27 cm. Auch die Bauchspeicheldrüse ist gut entwickelt, der Ductus pancreaticus vereinigt sich mit dem Ductus choledochus vor dessen Mündung in den Dünndarm. Die Leber wiegt 400 g. Sie bildet zwei Lappen, der hintere ist klein und ungegliedert, der rechte in einen seitlichen und einen zentralen Teil — mit den Gallengängen — geteilt. Die Gallenblase entspricht in Größe und Form einer starken Walnuß. Von gewöhnlicher — bohnenförmiger — Gestalt sind die Nieren. CRISP gibt eine Masse von 39 g an; wie bei Beuteltieren üblich, ragt nur eine Papille in das Nierenbecken (= unipapilläre Niere). Die Harnblase der beiden untersuchten Beutelwölfe war sehr klein (Walnußgröße) und von eiförmiger Gestalt. Die beiden Harnleiter münden in den Blasenhals (CRISP 1855).

4.6 Fortpflanzungsorgane

CUNNINGHAM (1882), POCOCK (1926) sowie PEARSON & BAVAY (1953) haben die inneren und äußeren Fortpflanzungsorgane des Beutelwolfs beschrieben, so daß die Ausführungen auch hier auf Angaben der genannten Autoren basieren. Nach CUNNINGHAM sind die kugelförmigen Hoden unverhältnismäßig klein, ihr Durchmesser betrug nur 1,3 cm; dagegen waren die Nebenhoden von auffälliger Größe. Die Vorsteherdrüse hat die Form einer nach unten spitz auslaufenden Zwiebel (Länge 11 cm, breiteste Stelle 1,9 cm). Es sind zwei Paar Cowpersche Drüsen vorhanden, die zwei vorderen etwa von der Größe eines Taubeneies, die weiter hinten gelegenen etwa halb so groß. Der ca. 15 cm lange Penis besteht aus einem Harnröhrenschwellkörper (Corpus spongiosum), der mit dem paarigen Bulbus zusammenhängt, und den beiden Penisschwellkörpern (Corpora cavernosa); diese teilen sich an der Spitze und bilden die für viele Beuteltiere typische tief gegabelte Eichel. Während CUNNINGHAM diesen Sachverhalt entsprechend abbildet, zeichnet POCOCK einen spitz zulaufenden ungegabelten Penis (s. Abb. 23).

Den anatomischen Untersuchungen von PEARSON & BAVAY liegen außer *Thylacinus* folgende Gattungen zugrunde: *Sarcophilus*, [*Dasyurops*], *Dasyurus* und zwei Beutelmäuse (*Murexia*, *Antechinus*). Vom Beutelwolf standen lediglich Beuteljunge in zwei Stadien zur Verfügung, so daß von ihnen auf die Verhältnisse bei erwachsenen Weibchen geschlossen werden muß; die Autoren merken dazu an, daß sie »... keine besonderen Merkmale aufdecken würden ... beide Exemplare zeigen die allgemeinen Verhältnisse des Urogenitalsystems, wie sie bei den meisten Beutlern in diesem frühen Entwicklungsstadium beobachtet werden«. Die nach unten (caudo-ventral) abgewinkelten Tuben weisen in Richtung der bohnenförmigen Eierstöcke. Verglichen mit Beutelteufel und Tüpfelbeutelmarder ist das Lumen der Gebärmutter (Uterus) (relativ) größer und die Form des Uteruskörpers gestreckter; im Halsbereich sind die Uteri verwachsen, verlaufen ein Stück gemeinsam und münden — einen deutlichen Muttermund ausformend — in eine medio-dorsale Aussackung, den sogenannten »cul de sac« (Vaginalblindsack). Dieser wird durch ein dickwandiges Septum geteilt.

Die beiden Scheidenhörner bilden zwei zunächst nach vorn-oben und dann nach unten (bauchwärts) ausgeschwungene »vordere Vaginalkanäle«, die sich in Höhe der Harnröhreneinmündung treffen. Definitionsgemäß beginnt hier der Scheidenvorhof (Sinus urogenitalis), der äußerst langgestreckt ist. In seiner relativen Länge entspricht dieser Kanal den Verhältnissen beim Beutelteufel; unmittelbar bevor er nach außen mündet, steht die paarige Clitoris (Abb. 48).

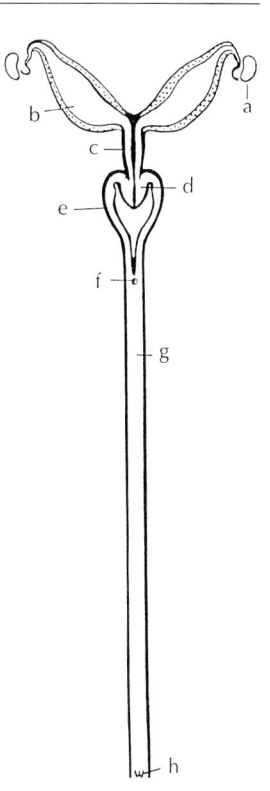

Abb. 48: Innere Geschlechtsorgane eines weiblichen Beutelwolfs. a: Eierstock (Ovar), b: Uteruslumen, c: Uterushals, d: Vaginalblindsack, e: Seitenast einer Vagina, f: Mündung der Harnröhre, g: »Scheidenvorhof« (Sinus urogenitalis), h: Klitoris. In PEARSON & BAVAY (1953).

4.7 Gestalt der Beuteljungen

Durch die Untersuchungen von OWEN (1868) in London und BOARDMANN (1945) in Canberra sind äußere Gestalt, Haarkleid und Zeichnungsmuster unterschiedlicher Altersstadien im Beutel befindlicher Jungtiere bekannt geworden. Die folgende Beschreibung basiert — die genannten Arbeiten eingeschlossen — auf zwei Zeichnungen und mehreren Röntgenbildern von einem Geschwister des von BOARD-

MANN vorgestellten »Stadium 1«, dessen Anatomie derzeit (1996/97) von einer internationalen Forschergruppe, bestehend aus W. P. LUCKETT/Puerto Rico, M. KLIMA/Frankfurt, J. M. DIXON/Melbourne, bearbeitet wird. Weiterhin stand das ebenfalls von BOARDMANN untersuchte ältere Beuteljunge (Stadium 2) zur Verfügung, das der Verfasser in Sydney fotografieren und vermessen konnte, und von dem ebenfalls Röntgenbilder vorliegen, die der Verfasser T. FLANNERY/Sydney verdankt. Schließlich wurden die Bälge (für wissenschaftliche Zwecke ausgestopfte Häute) von zwei Beuteljungen aus London und Washington D.C. einbezogen.

Stadium 1 (National Museum Melbourne/Victoria, Katalog-Nummer R. 3025–28). Die vier Jungtiere hatte man im Juni 1909 in Tasmanien gesammelt und in Alkohol konserviert. Das der neuen wissenschaftlichen Bearbeitung zugrunde liegende Männchen mißt vom Kopf bis zur Schwanzwurzel 77,8 mm, die Kopflänge beträgt 34 mm und die Schwanzlänge ca. 28 mm. Abgesehen vom Verschluß der Augenlider und der Gehörgänge ist das Jungtier vollständig entwickelt, es handelt sich also um ein weit fortgeschrittenes Stadium; sein vom Verfasser geschätztes Alter mag bei drei Wochen liegen (Abb. 49).

Zwei morphologische Besonderheiten stehen im engen Zusammenhang mit dem Aufenthalt im Beutel und der druckknopfartigen Verbindung mit der Zitze: Eine tiefe Nasenfurche trennt zwei nach lateral gerichtete Wülste, so daß die Nasenöffnungen seitlich stehen; andernfalls würden bei tiefer Lage des Jungen im Beutel die wulstigen langgezogenen Zitzen die Atmung behindern. Die Mundöffnung ist — bis auf einen kleinen Spalt und einen runden Durchlaß für die Zitze —durch Peridermwucherungen eingeengt (STARCK 1995); das verdickte Zitzenende in der Mundhöhle verhindert wirksam ein Loslösen des Jungen. Die Lage des Penis hinter dem Scrotum (auf der Abbildung 49 zwischen den Hinterschenkeln erkennbar) und nahezu unter der Schwanzwurzel ist bei Marsupialia obligatorisch. Mit Ausnahme der Vibrissen an Kinn, Oberlippe, Wange und Auge, die bereits deutlich ausgeprägt sind, war das Jungtier unbehaart. BOARDMANN (1945) beobachtete eine schwache graue Pigmentierung der Haut, wogegen die typische dunkle Querbänderung noch fehlt. Wenig auffällig ist der Größenunterschied zwischen Vorder- und Hintergliedmaßen, jedoch sind Kopf und Vorderkörper stärker entwickelt als die Beckenregion. Röntgenfotos von lateral und dorsal gestatten das Vermessen der meisten Skelettelemente, so daß die Körperproportionen ermittelt werden können. Wie in den Kapiteln 4.3.4 und 4.3.5 werden die Summen aller (20) Wirbellängen von Brust- (23,7 mm) und Lendenregion (15,7 mm) als Rumpflänge festgelegt (39,4 mm = 100 %) und alle weiteren Meßstrecken auf diese bezogen. Die Schädellänge (»Kopfgröße«) beträgt 76,6 %, die Vordergliedmaßen etwa 77 % und die Hintergliedmaßen rund 79 %. Wegen unzureichender Kontraste der Schwanzwirbel konnte die Länge des Schwanzes nicht ermittelt werden, womit auch die Gesamtlänge entfällt. Wie KLIMA (1997) brieflich mitteilt, ist der »massive Schultergürtel« der Beuteljungen weitgehend rückgebildet und die Ossa epipubica (»Beutelknochen«) wurden bereits knorpelig angelegt (Kap. 4.3.1).

Stadium 2a (Australian Museum Sydney, Katalog-Nummer 762) wird von einem weiblichen voll entwickelten Fetus repräsentiert mit langgestreckter Schnauzenregion und großen Ohren (s. Abb. 62). Die Augenlider sind nicht miteinander verwachsen, die Gehörgänge geöffnet; wie bei Stadium 1 ist der hintere Körperbe-

Gestalt und Anatomie 71

Abb. 49: Frühes Stadium eines beuteljungen Beutelwolfs; geschätztes Alter 3 Wochen. Zeichnung: SCHNEEBERGER (Zentrum der Morphologie, Universität Frankfurt/M.), Original: Museum of Victoria, Melbourne.

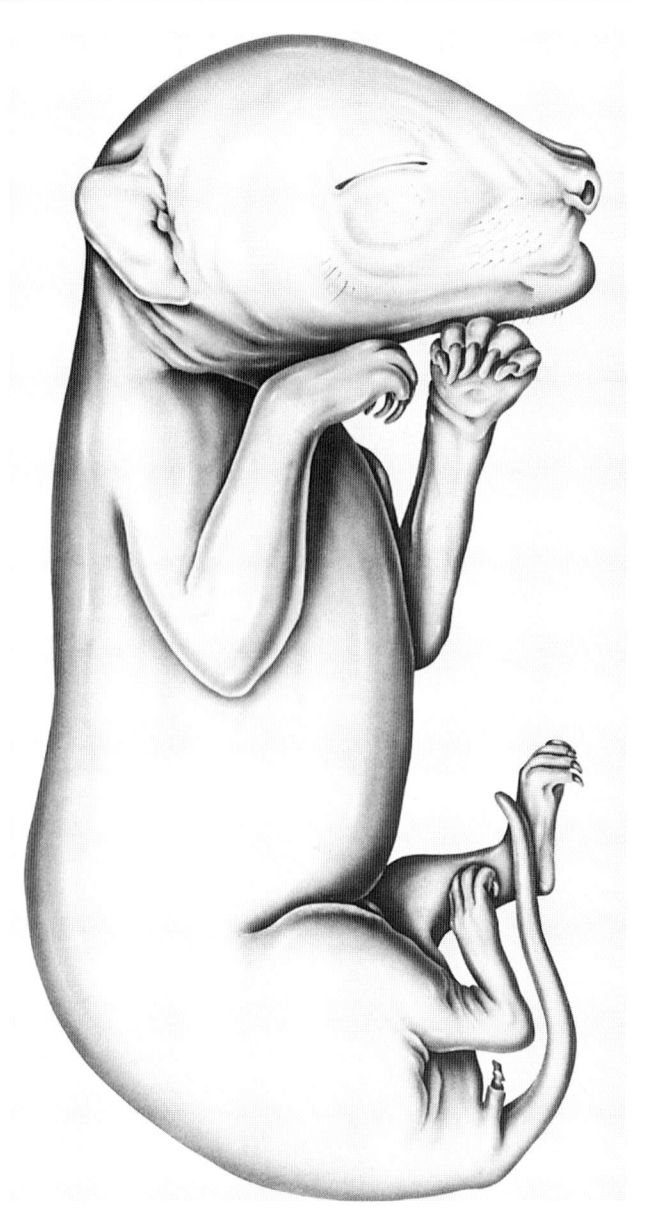

reich weniger stark entwickelt als die Kopf–Brustregion. »Der Körper ist bedeckt mit einem dichten, ziemlich rauhen Fell, das bereits in diesem frühen Alter die Kräuselung (crispness) zeigt, die man beim erwachsenen Tier findet. Die längsten Haare stehen im Gesicht direkt vor dem Ohr; sie sind relativ blaß und spärlich auf der Unterseite des Körpers einschließlich des Halses bis zum Schwanzansatz, und auf den mittleren Bereichen der Gliedmaßen. Die Körperbehaarung besteht aus längeren und kräftigeren Grannenhaaren (guard hairs), die über einem weicheren Unterfell liegen« (BOARDMAN 1945).

Folgende Körpermaße wurden ermittelt: Gesamtlänge 413 mm, davon Kopflänge 85 mm und Schwanzlänge 110 mm, sowie einige Gliedmaßenstrecken. Auch hier konnten dank der Röntgenbilder die Längen der wichtigsten Skelettelemente genommen werden, und, da sich die Wirbelkörper gut abzeichnen, auch die Einzelwerte aller Wirbel.

Die Längen der (13) Brust- und (6) Lendenwirbel bilden zusammen die Rumpflänge (s. o.). Die Schädellänge beträgt rund 64 %, die Halslänge 31 %, die Vordergliedmaßen (Summe der Längen von Humerus, Radius und 3. Metacarpus) 78,7 %, die Hintergliedmaßen (Summe der Längen von Femur, Tibia und 3. Metatarsus) 78,5 % der Rumpflänge. Vergleichen wir Stadium 1 mit dem Ende der Beutelzeit (Stadium 2), so hat die Schädellänge des jüngeren Tieres mit nahezu 77 % einen deutlich höheren Wert. Die — mit weniger als 2 % — geringfügigen Abweichungen in den relativen Extremitätenlängen sollen wegen der Meßungenauigkeit an der Wirbelsäule nicht bewertet werden, und so ist festzustellen, daß die Gliedmaßenproportionen bei diesen zwei in der Körpergröße stark, jedoch im Entwicklungsgrad nur geringfügig differierenden Beuteljungen annähernd gleich sind.

In Tabelle 4 werden die Altersstadien vom Beutelwolf (Kap. 4.3.4, 4.3.5) gegenübergestellt.

Tab. 4: Skelettmaße in % der Rumpflänge. Erläuterungen siehe Text.

	Schädel-länge	Hals-länge	Vorder-gliedmaßen	Hinter-gliedmaßen	Schwanz	Rumpf-länge/mm
Melb.BJ	76,6	33,0	76,9	78,7	–	39,4
Sydn.BJ	63,4	30,9	78,7	78,5	79,4	111,0
Lo 19, Min.	57,4	32,7	83,5	97,1	113,0	211,0
Jungt. ∅	52,4	33,2	80,2	96,7	109,2	265,0
subadult ∅	46,9	34,2	76,2	94,2	115,6	386,7
adult ∅	45,9	33,4	74,2	91,0	110,7	464,6
Ca 5, Max.	45,5	32,0	71,6	85,9	106,8	515,0

Beeindruckend sind die realen Größenunterschiede (letzte Spalte): Die (am Skelett gemessenen!) Rumpflängen des größten Beutelwolfs (Cambridge 5), des kleinsten Jungtiers (London 19) und die Mittelwerte der drei Altersstufen werden denen der Beuteljungen (BJ) gegenübergestellt.

Stadium 2b (geschätztes Alter vier bis fünf Monate) (Kap. 5.3): Je ein Balg aus dem Naturhistorischen Museum London (Katalog-Nummer 87.5.18.9) und den Zoologischen Sammlungen des Smithsonian Institute Washington D.C. (Katalog-Nummer 115365) zeigen ähnliche Werte. Das weibliche Jungtier kam 1902 im Beutel seiner Mutter in den National Zoological Park und starb dort nach neun Tagen. Der Londoner Balg stammt von einem männlichen Beuteljungen, das wahrscheinlich 1863 auf der Überfahrt gestorben war. Die an den Bälgen gemessene Gesamtlänge betrug (in mm London/Washington): Gesamtlänge 435/504, Kopflänge ca. 85/95,

Schwanzlänge 140/192. Auch die Schädel (Basioccipitallängen) wurden vermessen, die Längen betragen 80,0/84,4 mm, damit sind die Jungen wahrscheinlich etwas älter als das Beuteljunge von Sydney (76,6 mm). Von dem Exemplar aus Washington ist bekannt, daß es den Beutel gelegentlich verlassen hatte (Kap. 9.2). In Kapitel 4.3.5 wurden die deutlichen Unterschiede in der Gliedmaßenlänge zwischen sehr jungen — lauffähigen — und erwachsenen Beutelwölfen herausgestellt. Der Trend »je jünger desto langbeiniger« setzte sich bei den Beuteljungen nicht fort, wie Tabelle 4 ausweist, vielmehr erfuhren die Gliedmaßen während der Abliegezeit (Kap. 5.3) einen überproportionalen Wachstumsschub.

»... diese Tiere waren gleichgültig und fügsam, wenn
(auch) nicht wirklich freundlich ...«

CRANDALL (1964)

5 Biologie und Verhalten

5.1 Ausdrucksverhalten, Lautäußerungen, Gefährlichkeit

Obwohl der tasmanische Wildbiologe SHARLAND (1963) Mitte der dreißiger Jahre noch die letzten Beutelwölfe im Hobart-Zoo gesehen hatte, überliefert er uns lediglich negative Hinweise auf das Ausdrucksverhalten des großen Raubbeutlers; er betont, daß *Thylacinus* — anders als ein Wolf oder Hund — weder durch Stimme, Mimik noch durch Schwanzwedeln seinen Gefühlen Ausdruck zu geben vermochte. Dazu ist generell zu bemerken, daß kein vernünftiger Mensch z. B. von einem See-Elefanten erwartet, daß er trompetet oder seine Rüsselnase zum Greifen verwendet. Anders beim Beutelwolf: Aus der hundeähnlichen Kopf- und Körpergestalt glaubte man, erwarten zu können, daß er bellt und bei freudiger Erregung mit dem Schweif wedelt, daß er knurrt und die Zähne bleckt — kurzum sich auch wie ein Hund oder Wolf verhält; nur so ist SHARLANDs abwertende Äußerung zu verstehen. Offensichtlich war dem geübten Naturbeobachter entgangen, daß es sich bei dem auffälligen Drohverhalten des Raubbeutlers um eine Stimmungsäußerung handelte. Fühlte sich nämlich ein Beutelwolf bedrängt, so öffnete er seine Kiefer sehr weit, und die gefährlichen Zähne waren deutlich sichtbar (MOELLER 1968b). Vermeintliche Bedrohungen erfolgten seitens der Fotografen oder Filmer, die wegen der besseren Bildqualität oftmals im Käfig arbeiteten; dabei unterschritten sie mit Sicherheit auch die Fluchtdistanz und lösten das sogenannte W u t g ä h n e n aus. Mehrere Fotos und eine Filmszene zeigen diese eindrucksvolle mimische Äußerung, die bei weiteren Raubbeutlern (*Dasyurus, Sarcophilus* u. a.) und Opossums (*Metachirus, Didelphis* u. a.) sowie bei plazentalen Säugetieren, z. B. dem Haarigel *Echinosorex*, vielen Affen, Raubtieren und sogar bei Huftieren (Flußpferden), als Antwort auf den von Menschen oder Tieren verursachten Streß beobachtet werden kann. Der Beutelwolf nahm beim Drohen gegenüber dem Fotografen meist eine Seitenhaltung ein; bei hoher Intensität wies der Kopf schräg nach oben, wurde also weit in den Nacken gezogen.

Es ist bemerkenswert, daß mehrere Autoren, offensichtlich stark beeindruckt von dieser Demonstration der Kraft und Gefährlichkeit eines Beutelwolfs, übertrieben große Öffnungswinkel angeben; GUILER (1985) schreibt sogar, daß der geöffnete Unterkiefer den Eindruck vermittele, als sei er ausgelenkt. So nennen BERESFORD & BAILEY (1981), DARIUS (1984), PARK (1986) und MORGAN (1992) 120°, ROEDELBERGER

Biologie und Verhalten 75

Abb. 50: Drohender Beutelwolf; der zwischen Ober- und Unterkiefer gebildete Winkel beträgt etwa 75°. Foto: D. FLEAY (Beaumaris Zoo/Hobart), Australian Museum, Sydney, in MOELLER (1994).

& GROSCHOFF (1965) 150°, SANDERSON (1956), PETZSCH (1967) und SERVENTY & RAYMOND (1973) sogar einen Winkel von 180° (!). Der Tiermaler PAUL NEUMANN, der die letzten Berliner Exemplare »nach dem Leben« zeichnete, kommt der Realität schon näher, er stellt ein Tier dar, dessen Unterkiefer etwa 90° weit geöffnet ist (s. Abb. 103). Der vom Verfasser an Fotografien nachgemessene größte Winkel beträgt jedoch nur ca. 75° (wie aus der versetzten Position der Ohren erkennbar ist, wurde das Tier von schräg oben fotografiert; dadurch ergibt sich bei der Winkelbestimmung eine gewisse Unsicherheit) (Abb. 50). Öffnet man beim Schädel eines Beutelwolfs den Unterkiefer um mehr als 80°, so hebelt sich die Gelenkrolle des Unterkiefers aus der Gelenkgrube heraus; eine derart weite Öffnung ist — da sie die Gelenkkapsel schädigen würde — kaum möglich.

Wie bei mehreren Beutel- und auch Plazentatieren hob sich bei *Thylacinus* die dunkelbraune Iris farblich nur geringfügig von der schwarzen Pupillenöffnung ab, so daß der Augenausdruck »leer« erschien oder, wie BÖLSCHE (1923) es formulierte, »... im Blick gar nicht recht zu fassen ...«. HARRIS (1808) bemerkte an einem kurz zuvor gefangenen Tier, daß es »... gleich einer Eule eine fast ununterbrochene Bewegung mit der Nickhaut (sog. drittes Augenlid) ...« ausführte. BREHM (1877), der diese Angabe von HARRIS wiederholt, interpretiert sie jedoch als Folge einer außerordentlichen »... Empfindlichkeit seiner Augen gegen die Tageshelle, ... keine Eule kann das Auge sorgsamer von dem widerwärtigen Glanze des Lichtes zu schützen suchen als er ...«. Da spätere Beobachter wie z. B. HECK (1912) »... von der ... geschilderten Lichtscheu ... nie etwas wahrgenommen ...« haben, und RENSHAW (1938) über einen in London gehaltenen Beutelwolf mitteilt, daß er in den Morgenstunden in seinem Käfig umherlief »... und ein Sonnenbad zu nehmen pflegte ...«;

da auch FRIEDEL (1890) von der Pariser Menagerie, BÖLSCHE von Berlin und Köln und schließlich CRANDALL (1964) vom Bronx-Zoo/New York bestätigen, daß sie tagsüber munter waren, liegt es nahe, die auffallende Nickhautbewegung des in der Falle tödlich verletzten Tieres von HARRIS eher als mimische Antwort auf die extreme Erregung zu deuten. Unterschiedliche O h r s t e l l u n g e n , wie man sie als »Stimmungsbarometer« bei vielen Säugern beobachtet, konnten weder im Film noch auf Fotos ausgemacht werden, lediglich RENSHAW bemerkt, daß — wenn er in Seitenlage völlig ausgestreckt schlief oder ruhte (?) — »... das freie obere Ohr aufgerichtet blieb«. Besonderheiten in der S c h w a n z h a l t u n g des Beutelwolfs wurden bereits in Kapitel 4.1 erwähnt. Es ist jedoch schwer abzuschätzen, in welcher Stimmung sich die abgebildeten Tiere zur Zeit der Aufnahme befanden. Wie das Foto eines Paares im Hobart-Zoo veranschaulicht, weist der Schwanz des kleineren Weibchens bogenförmig nach unten, wogegen das Männchen die S-Form demonstriert (s. Abb. 7). Letzteres signalisiert durch den angehobenen Kopf eine gewisse Anspannung (Nähe des Pflegers, eventuelles Anbieten von Nahrung vor dem Gehegezaun), wie sie auch für die drohenden Beutelwölfe (s. Abb. 50) angenommen werden kann; in sechs Fällen formt der Schwanz hierbei mehr oder weniger deutlich ein S (s. Abb. 93 und 116, Ausnahme Abb. 85). Zwei Fotos — wahrscheinlich aus dem Taronga Park Zoo/Sydney — zeigen *Thylacinus* beim Festhalten bzw. Fressen eines Huhns, auch hier ist die S-Form deutlich erkennbar (s. Abb. 60). Demgegenüber wird bei einem Berliner Männchen (s. Abb. 102) wie auch bei dem im Vordergrund stehenden Washingtoner Tier (s. Abb. 117) die »entspannte« Bogenform deutlich; in Washington steht — wie vom Bildausschnitt rekonstruierbar — der Fotograf jenseits der Gitterabsperrung.

Auch das Anheben des nahezu stabförmig gestreckten Schwanzes bis zur Waagrechten (Abb. 51) oder sogar darüber hinaus (s. Abb. 67) könnte als Anzeichen größerer Erregung eines sich anschleichenden Beutelwolfes interpretiert werden, der, wie im Film deutlich erkennbar ist, von einer Person jenseits des Gehegezauns gereizt wird (s. Abb. 70 unten). Bogenform und S-Form des Beutelwolfschwanzes sowie der Grad seiner Aufrichtung sind als Ausdruck der Körpersprache für

Abb. 51: Eine der wenigen Abbildungen, die eine horizontale Schwanzhaltung zeigen. Der Tiermaler W. KUHNERT nahm bei der Gestaltung der Mundpartie Anleihen bei einem Hund.

»neutrales Verhalten« bzw. Drohen interpretierbar. Seitliche Schwanzbewegungen bzw. Schwanzschlagen als Anzeichen von Erregung wurden nicht beobachtet (SHARLAND 1950) (Kap. 4.1).

Eine Deutung für die unterschiedliche Stellung der Hinterfüße meint der Verfasser ebenfalls geben zu können. Auf allen Fotos, die Beutelwölfe beim Wutgähnen zeigen, nähert sich die Ferse der Tiere mehr oder weniger stark dem Boden; in »entspannter Haltung« dagegen stehen Mittelfuß- und Fußwurzelbereich steiler. BÖLSCHE (1923), der sowohl die letzten Exemplare im Berliner Zoo wie auch die beiden Kölner Tiere beobachtet hatte (Kap. 9.2), sieht in der »... lahmen Haltung des Kreuzes, ... als sei der Körper hier mit etwas beschwert ...« eine besondere »Beuteltierursache«, so daß die Beutelwölfe »... mit einer ständigen leichten Hockneigung im Hinterstück ...« laufen würden. Zeichnungen von MÜTZEL und SPECHT aus den Jahren 1893 bzw. 1894 entsprechen weitgehend dieser Beschreibung (s. Abb. 3), jedoch fand sich die extreme Haltung auf keiner Fotografie, so daß sie wohl recht selten auftrat. Ähnliche Beobachtungen kann der Betrachter des Filmstreifens aus dem Hobart-Zoo machen (MOELLER 1981b), mit hoher Wahrscheinlichkeit wurde das gefilmte Tier durch die Anwesenheit einer fremden Person (Kameramann) im Käfig stark beunruhigt und zum Aufstehen oder zum Laufen »animiert«. Im Gegensatz zu Hunden, Wölfen oder Schakalen, die beim Ducken des Hinterteils im Kniegelenk einknicken, wobei die Ferse hochsteht, erfolgte beim Beutelwolf vor allem eine Absenkung im Fersengelenk bis hin zum selten gezeigten Aufsetzen der ganzen Sohle (Kap. 5.4).

Schließlich seien die spärlichen Überlieferungen bezüglich der Lautäußerungen vom Beutelwolf vorgestellt. GOULD (1863) beschreibt einen kurzen gutturalen Schrei, der an Bellen erinnert. LESOEUF & BURRELL (1926) bemerken dazu: »Wenn er erregt ist, stößt er eine Folge rauher, hustenartiger Bell-Laute aus (husky, coughing barkes), beim Einatmen entsteht ein keuchendes Geräusch«. RENSHAW (1938) vernahm von dem letzten Londoner Tier niemals irgendwelche Laute, »... doch meinte der Pfleger, daß es bei Störungen fauchen oder grunzen würde«. Auf der Jagd ließen Beutelwölfe gelegentlich eine Art tiefes unterdrücktes Bellen hören (WEST 1852). SMITH (1909) beschreibt dagegen einen Ruf »... ähnlich dem Winseln junger Hunde«, und nach BROWN (1973) war ein eigentümliches und durchdringendes hohes »yip yip yip« oder ein nasales »yaff yaff yaff« zu hören. 1988 berichtete die seinerzeit 83jährige ALICE M. REID, Tochter des Kurators im Hobart-Zoo und Präparatorin der letzten Beutelwölfe, dem Verfasser, daß sich die seltenen Laute entfernt wie »khoff« angehört hätten.

Aufgrund seiner Hundegestalt — wohl auch wegen des Gefährlichkeit suggerierenden Namens — wurde der Beutelwolf in Zoologischen Gärten mit der gleichen Sorgfalt verwahrt wie ein plazentales Raubtier (Kap. 9.2), so daß keine ernsten Unfälle durch Bißverletzungen bekannt geworden sind. Lediglich der frühere Direktor des Sir Colin MacKenzie Sanctuary in Healesville im Staat Victoria, DAVID FLEAY, erlitt im Käfig des letzten Beutelwolfs im Hobart-Zoo aufgrund eigenen Verschuldens eine Bißverletzung: »... dieses mit Pferdefleisch ernährte Männchen hatte Appetit auf Abwechslung; als ich in seinem Käfig kniete, kam es heran und versuchte, mein Bein seiner Speisekarte zuzufügen« (FLEAY 1963) (Abb. 52).

Abb. 52: Karikatur vom Angriff eines Beutelwolfs auf DAVID FLEAY. Zeichnung: ANONYMUS, um 1987.

Die in der Literatur zitierten Fälle von »Angriffen auf einen Menschen« in freier Wildbahn sind nicht sehr glaubwürdig; z. B. soll 1830 in der Ortschaft Jerusalem ein Beutelwolf ein Kind »bei dessen Haaren gegriffen« haben. Zu Beginn des Jahres 1900 erschien in der Zeitung »Scottsdale North-Eastern Advertiser« ein Bericht, wonach Miss PRISCILLA MURRAY aus South Springfield (Nordost-Tasmaniens) Bißverletzungen von einem Beutelwolf am rechten Arm davontrug, als sie auf einer Bank vor dem Haus Wäsche wusch. Glücklicherweise war sie an der Bißstelle durch ihre Winterkleidung geschützt, doch als sie versuchte, das Tier fortzustoßen, wurde sie auch in die linke Hand gebissen. Nach der Gartenhacke greifend trat sie mit dem Fuß auf den langen Schwanz des Beutelwolfs. Als dieser mit der Hacke bedroht wurde, ließ er sie los und machte sich davon. Miss MURRAY hatte bemerkt, daß dem Angreifer ein Auge fehlte, und so meinte sie, er sei wohl alt gewesen und hatte Schwierigkeiten, seine »Winterration« zu bekommen. Sie blutete stark aus mehreren der etwa 32 Zahnmale, die sie noch viele Jahre später zeigte. Möglicherweise hielt die einäugige Kreatur den sich bewegenden Arm irrtümlich für ein kleines Tier, fügt TROUGHTON (1965) dem Bericht hinzu, da Beutelwölfe den Menschen üblicherweise meiden würden.

Mrs. LOUISA ANNE CHARLES MEREDITH (1852) bemerkt dagegen: » Wenn sie starken Hunger haben, greifen sie einen Menschen an ...«. Offenbar leitet sie ihre Vermutung von folgender Begebenheit her: »Vor einigen Jahren war ein Knecht damit beschäftigt, im dichten Gebüsch Pfähle vom »Teebaum« zu schneiden, als sich ihm ein alter Beutelwolf näherte und ihn fast angegriffen hätte, da er jedoch schwach und offensichtlich halb verhungert war, wurde er schnell niedergeschlagen und verwahrt. Der Mann brachte ihn nach Hause, wo er angekettet und gut gefüttert wurde und so einige Zeit lebte. Alt und fast zahnlos war das arme Tier nicht in der Lage gewesen, sich seine übliche Nahrung zu beschaffen und war deshalb so dreist und verzweifelt.«

Am 22. Mai 1872 erscheint im »Sydney Morning Herald« unter der Überschrift »Attacked by a Tasmanian Tiger« ein Bericht, wonach Mr. JAMES JONES auf dem Wege zu den Seen nahe einem Ort bekannt als Poolmarsh von einem riesigen Beutelwolf angefallen wurde, der aus dem Unterholz kam. Mr. JONES hatte einen großen Knüppel in der Hand und es gelang ihm, das Tier abzuwehren, doch wurde

Biologie und Verhalten 79

Abb. 53: Halbwüchsige Beutelwölfe im Hobart-Zoo um 1910. Foto: ANONYMUS (Beaumaris Zoo, Hobart), Tasmanian Museum and Art Gallery, in ANDREWS (1985).

er etwa eine halbe Meile von ihm verfolgt ... . Mr. JONES fügte hinzu, daß es der größte Beutelwolf war, den er je gesehen hatte, seine Höhe betrug etwa 1,5 m (5 ft) und er besaß eine dunkle Kragen(zeichnung) ... und war von einer anderen Art als der übliche Beutelwolf (!) (WHITLEY 1973).

Vor allem der letztgenannte Fall entbehrt jeder Glaubwürdigkeit, vielmehr zeigten sich die großen Raubbeutler — von wenigen Ausnahmen abgesehen (Kap. 9.2) — eher sanftmütig und von ruhigem Wesen (GUNN 1850, LE SOUEF & BURRELL 1926, CRANDALL 1964); RENSHAW (1938) berichtet aus dem Londoner Zoo, daß ein Exemplar »... vom Pfleger wenig Notiz nahm, wenn dieser das Gehege betrat«. Gelangten Beutelwölfe als Jungtiere in Gefangenschaft, »... waren sie folgsam und leicht zu zähmen« (SHARLAND 1939) (Abb. 53).

Mrs. ROBERTS, die langjährige Besitzerin des Beaumaris-Zoo/Hobart, lief zwischen ihren Pfleglingen umher, als handelte es sich um gutmütige Hunde (GUILER 1986). »Benjamin«, der letzte Beutelwolf in Gefangenschaft, ließ sich sogar streicheln und vermittelte eher einen geduldigen — vielleicht auch gleichgültigen — Eindruck (BERESFORD & BAILEY 1981). Auch untereinander waren Beutelwölfe friedlich (YENDALL 1982), von seltenen Ausnahmen wie in Washington einmal abgesehen (Kap. 9.2).

Gelegentlich wird die Frage gestellt, ob der Beutelwolf Tasmaniens Ureinwohnern ein Jagdbegleiter hätte sein können — gewissermaßen ein »Beutel-Jagd-Hund«. GRIFFITH (1972) bemerkt dazu: »Der Beutelwolf ist schwierig zu zähmen, so daß die Tasmanier ihn nicht wie einen Freund behandelten ...«, und MEREDITH (1852) teilt mit, daß ihr einige Fälle bekannt waren, »... in denen Jungtiere gehalten und freundlich aufgezogen wurden (notwendigermaßen angekettet); doch konnte man sich ihnen nie in Sicherheit nähern, nicht einmal diejenigen, die sie täglich fütterten; und so sind sie, im ganzen gesehen, wohl als Haustiere ungeeignet«.

> »... sie folgten der Fährte mit unermüdlicher Ausdauer ...«
>
> WEST (1852)

5.2 Jagdweise und Beutespektrum

Beutelwölfe jagten, SHARLANDs (1941) Angaben folgend, niemals in Rudeln sondern stets einzeln oder paarweise; auch wurden Weibchen mit ihren zwei oder drei halbwüchsigen Jungen beim Verfolgen von Wild beobachtet (WEST 1852). Spürten die Tiere ihrer Beute nach, dann waren sie so ausschließlich auf die Jagd konzentriert, daß sie Menschen nicht bemerkten (oder beachteten, wie der Verfasser meint). Diese Aussage von STEVEN SMITH (1981) beruht offenkundig auf der folgen-

Abb. 54: Zeichnung eines spürenden Beutelwolfs. Zeichnung: KUHNERT, in HACKE-KUHNERT um 1927.

den von Mrs. CHARLES MEREDITH (1852) beschriebenen Begebenheit: »Einmal, als ein Mann damit beschäftigt war, Rinder zusammenzutreiben, hörte er lautes Brechen im Unterholz, und ein großer Beutelwolf erschien aus dem Dickicht, er kam auf ihn zu, hielt einen Augenblick inne, um ihn anzusehen und folgte dann, seine Nase wieder auf den Boden senkend, wieder der Spur der Rinder ...« (Abb. 54).

»Wenn sie nachts jagen, befähigt sie ihr ausgezeichneter Geruchsinn, die schutzlosen (Beute)Tiere — im Dickicht der grasreichen Niederungen und im Buschwerk — vorsichtig zu beschleichen oder sie — in mehr offenem Hügelgelände und in bewaldeten Gebieten — aufzustöbern. Sie sind nicht besonders flink, sondern folgen der Fährte mit unermüdlicher Ausdauer ...« (WEST 1852). A. S. LESOUEF und HARRY BURRELL, zwei bekannte australischen Zoologen und hervorragende Kenner der einheimischen Fauna, haben in ihrem Standardwerk »The Wild Animals of Australasia« (1926) auch die Jagdweise des großen Raubbeutlers beschrieben: »Der Beutelwolf ernährt sich von Wallabies, kleinen Nagern und Vögeln. Ist ein Wallaby aufgestöbert, so wird es nicht nach Hundeart in halsbrecherischer Geschwindigkeit gehetzt, sondern der Verfolger trabt nur entlang der (Geruchs-)Spur, bis die Beute Anzeichen von Erschöpfung zeigt; dann beschleunigt er seine Gangart, stürzt herbei und sichert sich das Opfer. ... Er ist keineswegs schnell ...«. TROUGHTON (1965) hält es für wahrscheinlich, daß er Echsen (Agamen und Skinke) fing und wohl auch Schlangen (Verfasser). GOULD (1863) berichtet, daß der Beutelwolf unter den kleineren Vierfüßern des Landes arge Verwüstungen anrichtet, »... sowie unter dem Geflügel und anderen Haustieren der Siedler; nicht einmal Schafe sind vor seinen Angriffen sicher, gegen die man sich wegen der nächtlichen Lebensweise des Tieres so schwer zu schützen vermag ...«. In den mit Wald bestandenen »... abgelegenen Landstrichen ernährt er sich von Rotbauchfilandern, Rotnackenwallabies, Nasenbeutlern, Kurzschnabeligeln und (weiteren) kleineren Tieren«. An

Abb. 55: Beutelwolf überrascht ein Schnabeltier. Zeichnung: DOMBROWSKI aus MATSCHIE & LAMPERT (1897).

Abb. 56: Die Jagd auf einen ausgewachsenen »Forester«-Mann war wohl nur selten erfolgreich. Zeichnung: KUHNERT, um 1890.

Känguruh im Kampf mit Beutelwölfen.
Nach einer Originalzeichnung von W. Kuhnert.

anderer Stelle schreibt derselbe Autor: »Seine Angriffe auf Schafe erfolgen gewöhnlich bei Nacht, aber er streift auch am Tage umher, dann ist — vielleicht wegen des tagsüber mangelhaften Gesichtssinns (Kap. 5.1) — seine Fortbewegungsweise sehr langsam ...«. HARRIS (1808) fand im Magen des Männchens, das der wissenschaftlichen Erstbeschreibung zugrundelag, Reste eines Schnabeligels, womit belegt ist, daß dem großen Beutegreifer auch wehrhaftere Tiere zum Opfer gefallen waren. So hat die Jagd auf ein Schnabeltier trotz des Giftsporns der Männchen eine gewisse Wahrscheinlichkeit (SCHINZ 1827, BREHM 1877) (Abb. 55).

HARRIS nahm an, daß der Beutelwolf sich von »... Bürstenrattenkänguruhs ernährt und von verschiedenen kleinen Tieren, von denen es an diesen Orten wimmelt«, und WEST (1852) nennt neben Känguruhs und Bandicoots (Nasenbeutler) noch »Opossums« (=»Kletterbeutler«). Diese letztgenannten Baumbewohner mögen bei ihren gelegentlichen »Landgängen« überrascht worden sein; folgt man GUNNs (1850) Angaben, wonach ein Beutelwolfweibchen mit »katzenartiger Behendigkeit« kletterte und über zwei Meter hoch zu springen vermochte (Kap. 5.5), so darf man wohl annehmen, daß *Thylacinus* gelegentlich auch ein Kusu oder ein anderer

Biologie und Verhalten 83

Abb. 57: Unsicher ist, ob der Emu tatsächlich zur Jagdbeute des Beutelwolfs gehörte. Zeichnung: SPECHT, um 1890.

Baumbewohner auf niedrig stehenden Ästen zum Opfer gefallen war. SCHINZ (1827) erweitert die Nahrungspalette um Krabben, und ein Gewährsmann BREHMs (1877) vermutet aufgrund der großen Zahl geöffneter Muschelschalen, die man an den Stränden fand: »Muscheln und andere Weichtiere ... scheinen die Hauptmasse seiner Mahlzeit zu bilden ...«; es handelte sich jedoch um Hinterlassenschaften der tasmanischen Ureinwohner (ROTH 1899). Mit leichtem Vorbehalt sollte die von KUHNERT stammende Zeichnung »Beutelwölfe jagen Riesenkänguruh« betrachtet werden (Abb. 56); erwachsene Männchen vom »Forester«, der auf Tasmanien lebenden Unterart des Grauen Riesenkänguruhs, mögen aufgrund ihrer Wehrhaftigkeit und Körpergröße (40–66 kg) nur in Ausnahmefällen von Beutelwölfen gerissen worden sein. Bei derartigen Überlegungen sollte man jedoch berücksichtigen, daß ihrem scharfen Raubtiergebiß und der bemerkenswert kräftigen Kiefermuskulatur sogar ein kampferprobter Bullterrier erlegen war (Kap. 7).

»Die kleineren (Känguruh-)Formen ...«, bemerkt SHARLAND (1963), »... können kaum mehr als ein oder zwei Meilen davonlaufen, bevor sie ermüden, so daß Hunde sie leicht einholen ...«, und das waldbewohnende »Forester« ist ebenfalls »... kein Geschwindigkeitsfanatiker«, so daß Beutelwölfe mit der Ermüdungstaktik wohl Erfolg hatten. Nach Ansicht des Verfassers dürfte die schmale lange Schnauze von *Thylacinus* als Anpassung für das gezielte Ergreifen kleinerer und sehr beweglicher Beute entstanden sein, wie sie analog bei Füchsen, Schakalen und Kojoten angetroffen wird; auch der relativ lange Hals läßt sich dahingehend deuten (Kap. 4.3.4). So mögen dem Beutelwolf vor allem kleinere Warmblüter, gelegentlich wohl auch ein unvorsichtiger Beutelmarder oder junger Beutelteufel, zum Opfer gefallen sein. Aus der reichhaltigen Vogelfauna könnten beispielhaft der auf Tasmanien verbreitete Erdsittich *Pezoporus wallicus* und das Tasmanien-Pfuhlhuhn *Gallinula mortierii*, ein Verwandter des Teichhuhns, genannt werden, beide sind schlechte Flieger, so daß sie ebenfalls auf dem Speisezettel des Beutelwolfs gestanden haben dürften; trotz seiner Wehrhaftigkeit auch der Trauerschwan *Cygnus atratus* (s. Abb. 76), jedoch wohl nur äußerst selten der Emu *Dromaeus novaehollandia*, wie es SPECHT dargestellt hat (Abb. 57).

Insgesamt waren Beutelwölfe ausgesprochene Nahrungsopportunisten, wie die folgende Übersicht in Frage kommender Beutetiere (Säuger) von *Thylacinus* vor der Besiedlung durch Europäer zeigt (zusammengestellt nach Faunenlisten von LORD, 1928, SHARLAND, 1963 und GREEN, 1973; *durch Autorenhinweise belegt):

Kloakentiere Monotremata
Kurzschnabeligel, *Tachyglossus aculeatus**
Schnabeltier, *Ornithorhynchus anatinus* (gelegentlich an Land/im Flachwasser)

Beuteltiere Marsupialia
Marderbeutler, Dasyuria
  Swainson-Breitfußbeutelmaus, *Antechinus swainsoni*
  Hummock-Breitfußbeutelmaus, *Antechinus minimus*
  Rippsohlen-Schmalfußbeutelmaus, *Sminthopsis leucopus*
  Tüpfelbeutelmarder, Quoll, *Dasyurus viverrinus*
  Riesenbeutelmarder, *Dasyurus [Dasyurops] maculatus* (wohl nur Halbwüchsige)
  Beutelteufel, *Sarcophilus harrisi* (wohl nur Halbwüchsige)

Nasenbeutler, »Beuteldachse«, Peramelidae*
  Tasmanien-Langnasenbeutler, *Perameles gunni*
  Klein-Kurznasenbeutler, *Isoodon obesulus*

Kletter-, Ring- und Bilchbeutler (drei Familien)*
  Fuchskusu, *Trichosurus vulpecula* (eher zufällig am Boden)
  Tasmanien-Ringbeutler, *Pseudocheirus convolutor* (*peregrinus* ?)
  Zwergbilchbeutler, *Cercartetus nanus*
  Kleiner Zwergbilchbeutler, *Cercartetus lepidus* (*nanus*?)

Wombats, Plumpbeutler, Vombatidae
  Nacktnasenwombat, *Vombatus ursinus* (evtl. Jungtiere)

Ratten- und Echtkänguruhs (zwei Familien)*

Langnasen-Potoruh, *Potorous tridactylus*
Tasmanien-Bürstenrattenkänguruh, *Bettongia gaimardi**
Rotbauchfilander, *Thylogale billardierii**
Rotnackenwallaby, Bennettkänguruh, *Macropus rufogrisea* *
Östliches Graues Riesenkänguruh, »Forester«, *Macropus giganteus* (wohl meist Weibchen und Jungtiere)

Plazentale Säugetiere Placentalia

Nagetiere Rodentia (eine Familie auf Tasmanien) *

Östliche Sumpfratte, *Rattus lutreolus*
Tasmanien-Langschwanzmaus, *Pseudomys higginsi*
Neuhollandmaus, *Pseudomys novaehollandiae*
Dunkle Breitzahnmaus, *Mastacomys fuscus*
Schwimmratte, *Hydromys chrysogaster* (gelegentlich an Land/im Flachwasser)

Eingeführte wildlebende Säugetiere (ab 1804):

Kurzkopf-Gleitbeutler, *Petaurus breviceps*
Hausratte, *Rattus rattus*
Wanderratte, *Rattus norvegicus*
Hausmaus, *Mus musculus*
Wildkaninchen, *Oryctolagus cuniculus*
Feldhase, *Lepus capensis*
Hauskatze, *Felis silvestris* forma catus
Damhirsch, *Dama dama* (evtl. Jungtiere)

Haushunde sind offenbar nicht verwildert, zumindest bildeten sie wohl keine wildlebenden Populationen wie der Dingo; das gilt auch für Hausschafe.

Aus dieser Aufstellung ist ersichtlich, daß der Beutelwolf an der Spitze der natürlichen Nahrungspyramide stand (Abb. 58).

Sein Ausfall hatte mit hoher Wahrscheinlichkeit Veränderungen der Populationsstruktur seiner Beutetiere zur Folge, ähnlich wie das Dezimieren von Wolf und Luchs in der Holarktis drastische Einschnitte in Schneehasen-, Reh- und Elchbestände nach sich zog (MATJUSCHKIN 1978, ZIMEN 1987, BIBIKOW 1990). So berichten SHARMAN & FRITH (in GRZIMEK 1966), daß zwischen 1923 und 1955 über zwei Millionen Felle des Rotnackenwallabies aus Tasmanien ausgeführt wurden, und SHARLAND schreibt 1963, daß Wallabies »... have reached pest proportions«. Die Känguruhplage schmälerte die Nahrungsresourcen der Schafe erheblich und brachte den Eignern und damit auch der tasmanischen Wollindustrie große Verluste.

Wie an Skelett, Schädel und Gebiß gezeigt werden konnte, waren die größeren Beutelwölfe fast ausnahmslos männlich (Kap. 4). WEST (1852) stellt bei der Art einen

Abb. 58: *Thylacinus* und einige seiner Beutetiere: Im Uhrzeigersinn: 1 Uhr: Fuchskusu, 3: Breitfußbeutelmaus, 5: Graues Riesenkänguruh, 6: Potoruh, 8: Kurzschnabeligel, 9: Langschwanzmaus, 11: Langnasenbeutler. Zeichnung: FÄNDRICH.

ausgeprägten geschlechtsgebundenen Größendimorphismus fest: »... das Weibchen ist viel kleiner, aber behender und geschmeidiger in seinen Bewegungen als das Männchen.« Es liegt nahe, anzunehmen, daß die unterschiedliche Größe männlicher und weiblicher Tiere vorteilhaft war, da sie ein breiteres Beutespektrum abdeckten und seltener als Nahrungskonkurrenten auftraten, als es bei gleichgroßen Geschlechtspartnern der Fall gewesen wäre (Kap. 5.4). Die von WEST angeführte größere Behendigkeit der kleineren Weibchen wäre somit als Anpassung an das

Erbeuten der flinken Kleinkänguruhs und Nagetiere zu deuten, während männliche Beutelwölfe auch größere Tiere schlagen konnten.

Der nachweislich erste gefangene und von PATERSON (1805) beschriebene Beutelwolf (Kap. 2) hatte den Magen mit 2,3 kg Känguruhfleisch vollgestopft, das sind rund 11 % seiner Gesamtmasse von 20,4 kg (!); offensichtlich war *Thylacinus*, ähnlich vielen plazentalen Raubtieren, in der Lage gewesen, »auf Vorrat zu fressen«.

Aus dem Begleitschreiben GUNNs (1863) zum zweiten Londoner Paar (Mutter mit Sohn, Kap. 9.2) geht hervor, daß Beutelwölfe nur das fressen, was sie selbst getötet haben und zwar im frischen Zustand, »... so daß sie, nachdem sie ein Schaf getötet hatten, nie (oder sehr selten) zum Kadaver zurückkehrten, sondern ein anderes umbrachten. Folglich wurde es für unmöglich gehalten, sie mit Strychnin oder anderen Giften zu töten ... Ich (dagegen) habe gefunden, daß sie das Fleisch, mit dem sie versorgt wurden, gierig fraßen«. Frühen Berichten zufolge gingen Beutelwölfe durchaus an Kadaver (SMITH 1981). Da auch die Falle, in der das von HARRIS beschriebene Exemplar gefangen wurde, mit Känguruhfleisch beködert worden war, und da weiterhin mehrere Beobachter versicherten, der Tasmanische Tiger besuche regelmäßig die Küste, um im Strandbereich angespülte Fische oder Meeressäuger zu fressen (BOITARD 1845, SMITH 1981), handelte es sich wohl um eine wirkungsvolle Übertreibung der Schafeigner, die ihren Klagen über diesen »Schädling« bei der Regierung größeres Gewicht verleihen sollte. Unter diesem Gesichtspunkt sind wohl auch Berichte zu betrachten, wonach Beutelwölfe den Schafen lediglich das Blut aus den Halsvenen »saugen« (!) oder das Fett um die Nieren verschlingen würden (SMITH 1909), sowie, daß sie zunächst den Brustraum öffneten, um die blutgefüllten Gewebe ihrer Opfer zu fressen. Angaben, wie sie z. B. GUILER & MELDRUM (1958) über die besondere Art des Tötens bzw. den Zustand vom Riß eines Beutelwolfs machen (Kap. 8), sind nach Dafürhalten des Verfassers wertlos, da sie auf Beobachtungen n a c h 1936 basieren. Eine hohe Wahrscheinlichkeit kommt BROWNs (1972) Aussage zu: Wenn ein Känguruh oder ein Schaf gefangen wird, frißt der Beutelwolf — ähnlich wie der Beutelteufel — Fleisch und Knochen von innen aus, und das Fell bleibt zurück.

Augenzeugen, die sein gutes Schwimmvermögen und damit zusammenhängend das Erbeuten von Fischen in tieferem Wasser gesehen haben wollen, sind unglaubwürdig. Zwar war der Beutelwolf nach Aussage von Eingeborenen durchaus in der Lage, Flüsse zügig zu durchschwimmen (Kap. 5.4), doch hatte wohl der »seitlich abgeplattete Schwanz«, wie HARRIS (1808) fälschlicherweise beschrieb, bei einigen Autoren zu Assoziationen mit einem Ruderschwanz geführt (GUNN 1863) — mit einer entsprechenden Erweiterung des vermeintlichen Nahrungsspektrums.

Beutelwölfe suchten große Streifgebiete regelmäßig nach Beute ab, dabei legten sie Strecken von mehreren Meilen zurück (LORD 1928). »Des Tigers bevorzugte Jagdgründe ...«, führt SMITH (1909) aus, »... sind die offenen Ebenen zwischen den Wäldern ...«. Angesichts der Mühe, die das Erjagen seiner schnellen und/oder wehrhaften Beute erforderte, verwandelten die Siedler mit ihren Schafen und Hühnern die Insel Tasmanien geradezu in ein Schlaraffenland für Beutelwölfe, was mit Sicherheit Auswirkungen auf deren Bestandsdichte hatte (Kap. 7). Wurde ein Schaf getötet, so war selbst ein erwachsenes Beutelwolfpaar nicht in der Lage, die Fleischmenge zu bewältigen und mußte sie Beutelmardern und vor allem dem

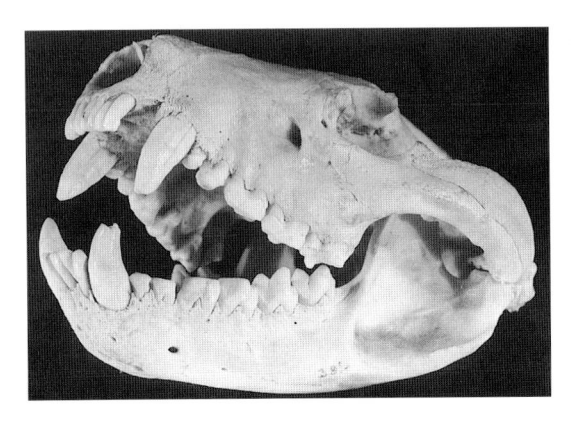

Abb. 59: Der Beutelteufel zeigt nicht nur im Gebiß Ähnlichkeiten mit einer Hyäne. Foto: MOELLER.

Beutelteufel überlassen (LORD & SCOTT 1924). Von dem letztgenannten gut waschbärgroßen Dasyuriden ist bekannt, daß er den verlassenen Riß des Beutelwolfs »abräumte«, wofür sich sein kräftiges Gebiß und die mächtige Kaumuskulatur vortrefflich eigneten (Abb. 59).

STEWART (1919) verdanken wir eine Angabe, wonach *Thylacinus* die Beute in seine Höhle schleppen solle, »... wo er tagsüber verborgen liegt«. Wohl aus diesem Bericht hergeleitet schrieb man ein mit Knochen halb gefülltes Verlies, worunter sich auch Überreste eines Kalbes befanden, den Aktivitäten eines »Tigers« zu: »... daß er gerade noch ein Kalb in seine Höhle schleppen würde, gibt eine gute Vorstellung von der Kraft dieses Viehs (the brute's strength)«.

In Zoologischen Gärten fütterte man Beutelwölfe mit Muskelfleisch verschiedener Wild- und Haussäugetiere sowie mit Geflügel, das sie wahllos annahmen (COLLINS 1973). Auffallend — und auch nur von e i n e m Gewährsmann GUNNS (1850) beobachtet — war ihre Abneigung gegen Wombatfleisch. GUNN ernährte seine Schützlinge (Kap. 9.2) über längere Zeit mit Hammelfleisch; sie bevorzugten Muskulatur mit Knochen und schienen an Leber, Lunge und Herz keinen Gefallen zu finden. Andererseits berichtet SMITH (1981) von einem tasmanischen Siedler, der über mehrere Monate hinweg drei halberwachsene Beutelwölfe mit abgehäuteten Wallabies gefüttert hatte, die mit Brust- und Baucheingeweiden verzehrt wurden; individuelle Nahrungspräferenzen gab es sicherlich auch bei dieser Art. In den meisten Zoos reichte man ihnen — wie bei größeren Raubtieren üblich — Rind- oder Pferdefleisch (GRZIMEK 1966). In Hobart erhielten sie Brocken von Rindfleisch oder morgens und abends je ein Kaninchen, das sie rasch und restlos verzehrten, wie NELSON (1973) den Tierpfleger FRANK DARBY zitiert; jedoch, wie GUILER (1986) in seinem umfassenden Beitrag über den Beaumaris-Zoo/Hobart schreibt, nachdem ihnen zuvor das Fell abgezogen wurde: Ein paar »Oldtimer« stellten die Theorie auf, daß der Rückgang des Beutelwolfs auch mit der Ausbreitung von Wildkaninchen zusammenhinge, »... da das Kaninchenfell im Eingeweide Klumpen (balls) bilde, die der Beutelwolf nicht verdauen konnte«. Miss REID, Tochter des letzten Kurators, widersprach dem jedoch. Auch an die Londoner Beutelwölfe wurden Kaninchen verfüttert (RENSHAW 1938); gelegentlich bot man ihnen eine lebende Taube an, die sie mit großem Geschick fingen (SMITH 1981). Zwei Fotos im Besitz

Biologie und Verhalten

Abb. 60 (oben): Gelegentlich erhielten Beutelwölfe im Zoo auch Haushühner. Foto: BURRELL, Australian Museum Sydney, in MOELLER (1993).

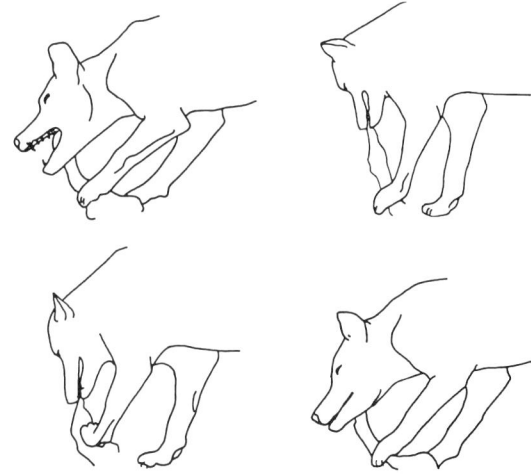

Abb. 61: Nahrungsaufnahme, gezeichnet nach Filmbildern. Zeichnungen: FLIEDNER, aus MOELLER (1981b).

des Australischen Museums/Sydney zeigen ein Exemplar beim Fressen eines Haushuhns, woraus hervorgeht, daß größere Vögel vor dem Fressen offenbar nicht gerupft wurden (Abb. 60). Vom Beutelteufel und anderen Beutelmardern ist diese — z. B. für viele Katzen typische — Verhaltensweise ebenfalls nicht bekannt (EWER 1969, MOELLER 1973b, 1988b).

Ein Filmstreifen enthält mehrere Einstellungen von der Nahrungsaufnahme des Beutelwolfs: Eine Rippe vom Rind (oder Pferd) liegt vor dem großen Raubbeutler. Dieser stemmt zunächst mit einer, dann mit beiden Vorderpfoten die Nahrung gegen den Boden, dann werden Fleischreste zwischen den klingenartig gegeneinander arbeitenden Backenzahnreihen — ähnlich der Brechschere eines Landraubtiers — abgeschert und zerkleinert (Abb. 61). Im Gegensatz zu Beutelteufel und Beutelmardern frißt *Thylacinus* im Stehen (FLIEDNER 1979, MOELLER 1973b, 1976, 1981b).

Abschließend sei noch auf eine Verhaltenskonvergenz des Beutelwolfs mit Carnivoren hingewiesen: CHARLES GOULD (in SHARLAND 1963) teilt in seinem Schreiben vom 21. 10. 1861 mit:»... es scheint, sie würden Schafe nicht nur zu Nahrungszwecken jagen, sondern auch zum Sport, da ein einzelner Tiger in einer Nacht eine beträchtliche Anzahl töten würde ...«; möglicherweise ist hier ein Hinweis auf den sog. »Blutrausch« erkennbar, den HEDIGER (1958) erklärt als »... eine kumulative Wirkung von zwei gleichzeitig von der Beute ausgehenden Reizen, nämlich Bewegung und Geruch. Dabei dominiert die Bewegung über den Geruch und wohl auch über den Geschmack von Blut und Fleisch. Dadurch wird der Beutegreifer ... immer wieder von der geschlagenen Beute ablassen, um sich auf die nächste, sich noch bewegende zu stürzen. Es kommt dabei zu einer wachsenden Steigerung, zu einem erregten Ausnahmezustand, der erst wieder abklingt, wenn sich in der Umgebung nichts mehr regt.«

Daß dieses Verhalten auch beim Beutelwolf auftrat, erhält durch entsprechende Beobachtungen am Beutelteufel (KREFFT in HECK 1912) und Tüpfelbeutelmarder sowie einer Pinselschwanz-Beutelmaus *Phascogale* (HEDIGER 1958) größere Wahrscheinlichkeit.

> »... der Beutelwolf besitzt äußerst starke mütterliche Instinkte ...«
>
> MARY GRANT ROBERTS in SMITH WOODWARDS (1910)

5.3 Fortpflanzung, Mutter–Kind–Verhalten

Obwohl Beutelwölfe auch über mehrere Jahre hinweg paarweise in menschlicher Obhut gelebt hatten (Kap. 9.2), wurden weder Begattung noch Geburt beobachtet. Angaben über das Fortpflanzungsgeschehen in freier Wildbahn sind recht vage; daher sollen, ungeachtet der geringen verwandtschaftlichen Nähe zu den anderen größeren Raubbeutlern (Kap. 3), deren Daten als Vergleich herangezogen werden. Analog zu Kängurus (STRAHAN 1995) oder Plazentatieren kann man davon ausgehen, daß auch bei Raubbeutlern die größte Art eine längere Tragzeit bzw. Entwicklungsdauer hatte.

Beobachtungen von Jägern und Fallenstellern lassen vermuten, daß erwachsene Beutelwölfe wenigstens zeitweise als Paare zusammen lebten und wohl auch gemeinsam auf Jagd gingen, denn wurde ein Tier getötet, so hielt sich sein Partner gelegentlich noch einige Zeit in der Nähe auf (GUILER 1985). Die Fortpflanzung war weitgehend saisonabhängig, obwohl man das ganze Jahr über Jungtiere beobachtet hatte (GUILER 1961b). Nach der eigentlichen (»intrauterinen«) Tragzeit von drei (LESOEUF & BURRELL 1926) oder — wahrscheinlicher — vier Wochen (Tüpfelbeutelmarder 21 Tage, Riesenbeutelmarder 21 Tage, Beutelteufel 31 Tage, MOELLER 1988b) wurden zwei bis vier Junge geboren und krochen, wie bei Marsupialia üblich, selbständig in den Beutel. Nach einer wiederum angenommenen Beutel- (»extraute-

Biologie und Verhalten 91

Abb. 62: Portrait eines jungen Beutelwolfs gegen Ende der Beutelphase. Foto: MOELLER (Original: Australian Museum, Sydney).

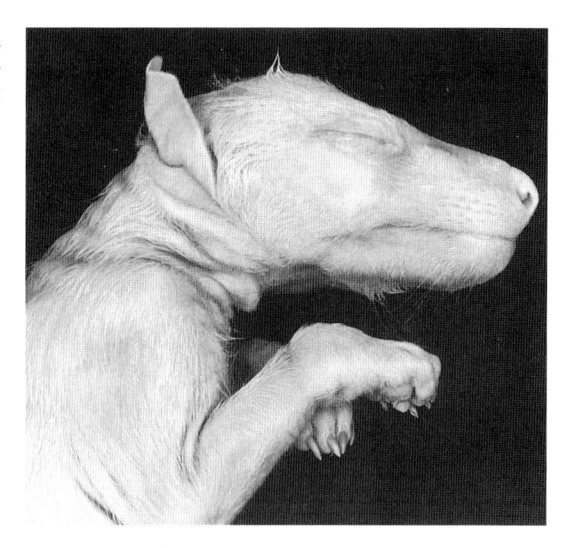

Abb. 63: Jahreszeitliche Verteilung von Jungtieren, es werden nur Nestlinge und Halberwachsene dargestellt (n = 107). Verändert nach GUILER (1961b).

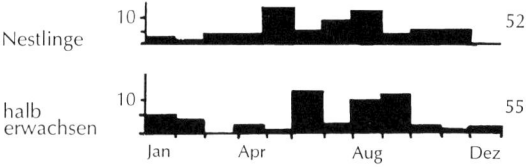

rinen«) Tragzeit von vier bis fünf Monaten (Tüpfelbeutelmarder 12–16 Wochen, Riesenbeutelmarder 17 Wochen, Beutelteufel 20–21 Wochen, MOELLER 1988b) — GUILER (1985) vermutet 130–140 Tage, GOULD (1863) nur drei Monate — legte die Mutter ihre Jungen in ein Nest oder in einer geschützten Mulde oder Höhle ab (Abb. 62); die Lagerzeit dürfte zwei bis drei Monate gedauert haben.

In seiner Untersuchung über die Fortpflanzungszeit stützt sich GUILER (1961b) auf Eingangsdaten von 152 jugendlichen Beutelwölfen; da für Beuteljunge die Regierungsstellen keine Prämien gezahlt hatten, liegen über ihre Verteilung auch keine Angaben vor. Während die meisten sehr jungen Tiere (»pups«) in den Monaten Mai, Juli und August abgeliefert wurden, folgten ebenfalls mit drei Maxima im Juni, August und September die Halbwüchsigen (»half grown«) (Abb. 63).

Daraus kann man schließen, daß die meisten Paarungen im tasmanischen Sommer (November–Februar) erfolgten, vier Wochen später die Geburten und vier bis fünf Monate darauf das Ablegen der Beuteljungen in ein Nest. In diesem Alter hatten die Jungen etwa die Größe von zweiwöchigen Wolfswelpen erreicht (ca. 700–800 g, Kap. 4.8) und waren der Mutter bei ihren Streifzügen zweifellos hinderlich; zunächst verließen sie den Beutel nur gelegentlich und wurden schließlich abgelegt. Drei Junge, deren »beutelträchtige« Mutter für einige Zeit im Käfig gehalten wurde, befanden sich in dieser Übergangsphase, bis man die Familie am 19. Januar 1863 nach London verschiffte. Auf seinem Anwesen gewöhnte GUNN (1863) wohl auch dieses Tier an die neue Umgebung und an Ersatznahrung, vor allem aber an die Nähe des Menschen (Kap. 9.2). Von ihm stammt auch die einzige Beobachtung über das Mutter-Kind-Verhalten des Beutelwolfs: »Wenn das Tier seine Jungen säugt, legt es sich wie ein Hund nieder, dabei zieht sich die Haut des Beutels zusammen, und die Jungen kommen so leicht(er) an die Zitzen. Ängstigen sich die Jungen, kriechen sie mit dem Rücken nach unten in den Beutel und werden dabei von der Mutter, die das Hinterteil senkt, unterstützt. Während sie ihren Körper gegen die Käfigwand drückt, ermöglicht sie den Kleinen, sich mit den Hinterbeinen abzustoßen und so in den Beutel zu gelangen ... Befanden sich alle Jungen im Beutel, dann hing dieser ganz tief herab und erinnerte an eine Mißbildung«.

Auch die drei Beuteljungen des am 3. September 1902 im Zoo Washington D.C. eingetroffenen Weibchens verließen bereits die mütterliche Bruttasche. In seinem Schreiben vom 26. August 1902 teilt der Tierhändler A. C. ROBISON aus San Franzisko mit: »Der Wolf ist eine Schönheit und die Welpen (kittens) sind hübsch. (Sie) spielen den ganzen Tag in der Kiste ...« (Der Verfasser bemerkte auf dem Rücken eines männlichen Beuteljungen (Kopf-Rumpflänge 23 cm) im Britischen Museum (Reg. 87.5.18.9) zwischen den dunklen Bändern eine ansprechende goldgelbe Färbung.).

Der amerikanische Maler GLEESON (Kap. 9.2) aquarellierte die Familie: Während ein Jungtier rückenabwärts — nur unvollkommen von der derben Haut bedeckt — im Beutel ruht, sind seine beiden Geschwister mit Fressen und Spielen beschäftigt. Das stark abgemagerte Muttertier beobachtet sie aufmerksam (Farbtafel oben). Ein Reporter der »Washington Post« betont in seinem Artikel vom 23. November 1902, daß sie bereits »zubereitete Nahrung aufnehmen« (HAMLET 1985, Kap. 9.2). Offenbar reichte die Milchnahrung nicht mehr aus, und man hatte ihre Jungen mit zerkleinertem Fleisch gefüttert.

Aus der Fülle von Felszeichnungen und -gravuren der Eingeborenen Australiens ist eine Beutelwolfdarstellung in Arnhem Land/Nord-Territorium (PARK 1986) für dieses Kapitel besonders aufschlußreich: Ein erwachsener Beutelwolf — deutlich an Kopf- und Körperumriß, Gliedmaßenproportionen sowie an Schwanzform und -länge erkennbar (die Querstreifen dagegen setzen sich über die Brust bis zum Hals fort und könnten, wie bei der sog. »Röntgentechnik« zu beobachten, Rippen andeuten), wird von einem Jungtier an der Schnauze berührt. Das Junge stellt sich auf die Hinterbeine, um die Mutter zu erreichen, dabei streckt es die Vordergliedmaßen nach vorn (Abb. 64). Nach Meinung des Verfassers könnte es sich um einen Beleg für Bettelverhalten handeln, das von Eingeborenen beobachtet wurde. Danach würgte wohl auch die Mutter im Magen aufbewahrte Nahrung für ihre Jungen hervor, wie es z. B. auch bei Hundeartigen üblich ist.

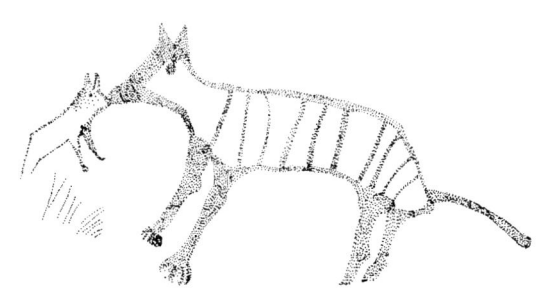

Abb. 64: Felszeichnung australischer Eingeborener (Aborigines); Füttern eines Jungtieres (?). Aus PARK (1986).

Biologie und Verhalten 93

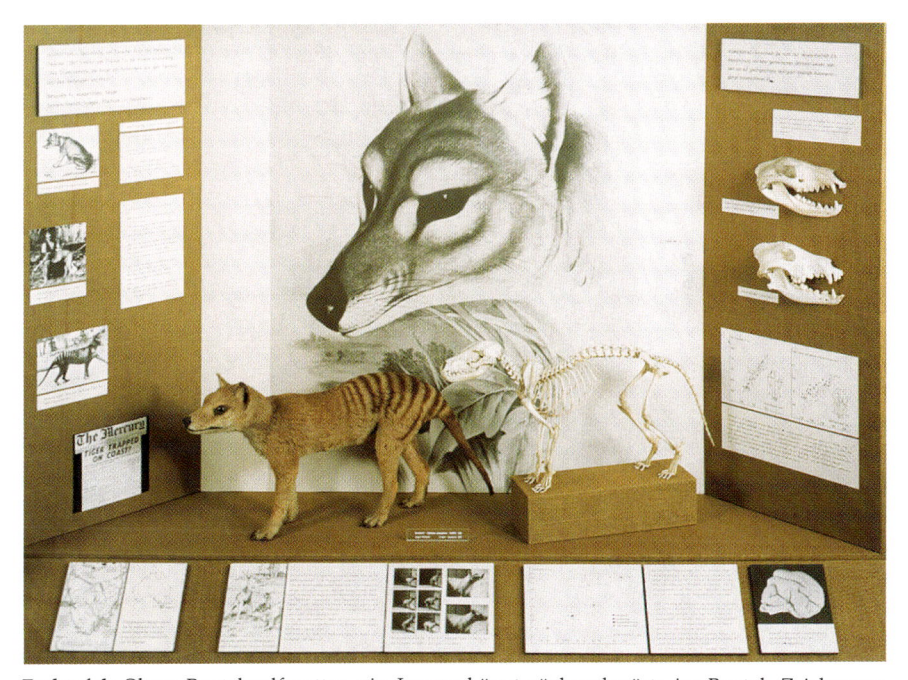

Farbtafel: Oben: Beutelwolfmutter, ein Junges hängt rückenabwärts im Beutel. Zeichnung: GLEESON (1902), in MANN (1910). Unten: In diesem Altersstadium folgten die Jungtiere noch iher Mutter. Schauvitrine im Zoologischen Museum der Universität Heidelberg (Kap. 9.3). Foto: HOLLATZ, in MOELLER & SPARING (1985).

Angaben des Tierpflegers BARTLETT im Zoo Washington D.C. zufolge, transportierte die Beutelwolfmutter Heu in ihrem Maul, offenbar in der Absicht, ihren Jungen ein Nestlager zu bereiten (COLLINS 1973). SHARLAND (1963) teilt mit, daß die Jungen »... in einem »Nest« von Gras und Laub abgelegt werden, in einer Felshöhle oder in der Abgeschiedenheit des Unterwuchses (scrub) ...«, während die Mutter oder beide Eltern (SMITH 1981) auf Beutesuche gehen. In diesem Zusammenhang ist der Bericht eines Gewährsmannes der Autoren LESOEUF & BURRELL (1926) von Interesse: »Ein Siedler wollte auf einem umgestürzten Baum einen Bach überqueren, als ein weiblicher Beutelwolf ihm den Weg versperrte, und er Mühe hatte, ihn zu vertreiben. Neugierig, den Grund für den Mut des Tieres kennenzulernen, durchsuchte er die Büsche am gegenüberliegenden Ufer und entdeckte zwei junge Beutelwölfe, die unter den herabhängenden Wedeln eines Baumfarnes in einer Mulde verborgen lagen.« PLOMLEY (1966) zitiert einen Tagebucheintrag von G. A. ROBINSON vom 21. November 1831, wonach dieser »... drei hübsche Junge ...« in einem Lager am Ostufer des Derwent-Flusses (Südost-Tasmanien) gefunden hatte.

Waren die Jungen weiter herangewachsen, folgten sie ihrer Mutter oder den Eltern auf den Jagdzügen (MEREDITH 1852); wie lange diese Phase dauerte, kann nur gemutmaßt werden (Farbtafel unten).

Mehrere Lichtbilder aus dem Beaumaris-Zoo/Hobart belegen, daß drei halberwachsene Beutelwölfe gemeinsam mit ihrer Mutter gefangen wurden. Mrs. ROBERTS hatte ein Foto an die Zoological Society nach London gesandt und kommentierte, daß die abgebildeten Tiere seit etwa acht Monaten bei ihr im Zoo leben würden (Abb. 65). Sie zeigten sich »... zahm und verspielt ... und die Mutter hätte sie gesäugt, bis sie nahezu so groß waren wie sie selbst, obwohl sie die ganze Zeit über rohes Fleisch genommen hätten«. Mrs. ROBERTS (in SMITH WOODWARDS 1910) be-

Abb. 65: Halbwüchsige Beutelwölfe mit ihrer Mutter im Hobart-Zoo. Foto: ANONYMUS, (Beaumaris Zoo, Hobart), Tasmanian Museum and Art Gallery, in ANDREWS (1985).

merkt noch, »... daß der Beutelwolf äußerst starke mütterliche Instinkte besitzen würde«. GRIFFITH (1972) hält es für wahrscheinlich, daß sie bis zu einem Jahr bei der Mutter geblieben waren, woraus man ableiten kann, daß die Art monöstrisch gewesen ist (s. auch GUILER 1985).

Angefügt sei noch eine irreführende Mitteilung aus dem Jahr 1869, die in der Zeitschrift »Der Zoologische Garten« erschien: Unter Verschiedenes (Miscellen) berichtet ERNST MARNO von der »Fortpflanzung des Beutelwolfs ..., beobachtet im Wiener Thiergarten 1866«. Aufgrund des wissenschaftlichen Namens *Phalangista vulpina* (ungültige Bezeichnung für den Fuchskusu *Trichosurus vulpecula*) wie auch aus dem weiteren Textverlauf erweist sich diese Angabe jedoch als Irrtum; der Wiener Tiergarten Schönbrunn hielt zu keiner Zeit Beutelwölfe (PECHLANER 1996).

»... der Tiger (Beutelwolf) ist keinesfalls so schnell, wie seine Erscheinung andeutet.«

MEREDITH (1852)

5.4 Aktivitätsmuster und Bewegungsweisen

HARRIS (1808) berichtet in seiner wissenschaftlichen Erstbeschreibung über auffallende Nickhautbewegungen »gleich einer Eule« (Kap. 2.5.1), was mit Sicherheit dazu beigetragen hatte, den Beutelwolf als »Nachttier« zu kennzeichnen. Mehrere zeitgenössische Angaben belegen ebenfalls, daß der große Raubbeutler bei Dämmerung oder Nacht auf Jagd ging (Zitate z. B. in GRIFFITH 1972 und GUILER 1985); dagegen bringen LORD & SCOTT (1924) zum Ausdruck, daß er strenggenommen kein Nachttier sei, auch GOULD (1863) bemerkt: »... er streift auch am Tag umher«. Einer Tagebuchnotiz ROBERT KNOPWOODS vom Juni 1805 zufolge waren die ersten Weißen, die einen Beutelwolf in freier Wildbahn gesehen hatten, drei Sträflinge, begleitet von ihren Hunden (Kap. 2). Mit hoher Wahrscheinlichkeit fand diese Begegnung nicht bei Dunkelheit statt, anders hätte die Fluchtdistanz des Raubbeutlers nicht auf 30 m angegeben werden können. Beobachtungen in Zoologischen Gärten weisen ebenfalls auf Tagaktivität (z. B. FRIEDEL 1890), so daß man vermuten kann, Beutelwölfe hätten, ähnlich wie andere vom Menschen stark verfolgte Tiere (z. B. der Rotfuchs), ihre Hauptaktivitäten gezwungenermaßen in die Nacht verlagert. Der Verfasser nimmt an, daß sich der große Raubbeutler als opportunistischer Jäger (Kap. 5.2) wohl in erster Linie nach den Aktivitätszeiten seiner Beutetiere gerichtet hatte.

Wie in Kapitel 4.1.1 bereits angesprochen, kennzeichnete der britische Anatom POCOCK (1926) wie auch weitere Autoren (z. B. LYDEKKER 1896, HILZHEIMER 1913) den Beutelwolf als Zehengänger. Dagegen äußert sich SCHINZ (1827) differenzierter, nämlich, »... daß, nach der Nacktheit der Hinterfüße (gemeint sind die Plantarpolster; Kap. 4.1.1) zu urteilen, ... wohl oft die ganze Hintersohle auf den Boden gesetzt wird«. Unterstützung erhält diese Ansicht durch mehrere bildliche Darstellungen: Der Maler GUSTAV MÜTZEL (in CLAUDE 1996, S. 36) sowie W. H. LIZARS ko-

Thylacinus cynocephalus.

Abb. 66: Beutelwolf als Sohlengänger. Stich: LIZARS, in WATERHOUSE (1841).

lorierter Stahlstich (»Handbuch der Marsupialia« von WATERHOUSE 1841) stellten Beutelwölfe plantigrad, d. h. im Sohlengang, dar (Abb. 66).

Schließlich konnte anhand eines Filmdokuments, das der Verfasser auswertete, eindeutig belegt werden, daß *Thylacinus* tatsächlich im Sohlengang schreitet: »… Hebt das Tier den linken Hinterfuß und den rechten Vorderfuß, so ruht der Körper auf dem linken Vorderfuß und der g a n z e n S o h l e des rechten Hinterfußes; auch ist die Trittfläche der fußenden Vorderpfote länger als auf anderen Fotos, so daß auch deren hinterer Polsterbereich den Boden berührt« (MOELLER 1968a).

Das rechte Knie- und das linke Ellenbogengelenk sind stark angewinkelt, Kopf und Schwanz bleiben gestreckt (Abb. 67). Da im weiteren Verlauf der betreffenden Filmszene der Beutelwolf heftig gegen den Gehegezaun springt, hinter dem ein Mensch das Tier reizt, handelt es sich offensichtlich um ein geducktes »Anpirschen« an den Störenfried. Daraus kann gefolgert werden, daß der Beutelwolf zumindest gelegentlich — wahrscheinlich beim Beschleichen seiner Beute im dichten Buschwerk — den Sohlengang ausführte. In diesem Zusammenhang sei nochmals auf die bodennahe Ferse bei beunruhigten Beutelwölfen verwiesen (Kap. 5.1). Die übliche Fortbewegung erfolgte jedoch nach unseren Kenntnissen digitigrad, d. h. im Zehengang, was auch POCOCKs (1926) Interpretation — die Kürze der Tasthaare betreffend — entspricht (Kap. 4.2.1).

Über die eigentlichen Gangarten vom Beutelwolf berichten mehrere Autoren, z. B. schreibt LYDEKKER (1896), daß sich die Beutelwölfe tagsüber in einer langsamen Gangart bewegt hätten; nach einem Artikel aus der Tageszeitung »Der Telegraf« (nach SCHLAWE 1966) »… trabte …« das Paar im Berliner Zoo »… unentwegt im Käfig auf und ab«. In einer Beschreibung der Jagdweise erfahren wir schließlich,

Biologie und Verhalten 97

Abb. 67: Sohlengang eines Beutelwolfs (Filmbilder in Folge, seitenverkehrt: Text entspricht den Fotos). Aus MOELLER (1968a).

daß Känguruhs keineswegs — nach Hundeart — in halsbrecherischer Geschwindigkeit gejagt wurden, sondern »... der Verfolger trabt der Geruchsspur entlang ...« und »... er ist keineswegs schnell, es fehlt ihm die leichte Gangart der Caniden. Normalerweise trabt er oder fällt ... in einen schleppenden Galopp (ambling canter)« (GOULD 1863). Unter der »leichten Gangart der Caniden« versteht der Autor wohl den federnden Trab von Wolf oder Kojote.

Obwohl die Kürze des o. g. 16 mm-Filmstreifens und die für Bewegungsstudien recht ungünstigen Bildeinstellungen kaum allgemeingültige Schlüsse zulassen, wurde dennoch versucht, das Fußungsschema, d. h. das Schrittmuster — und damit eine Einordnung in ein Gangartenschema — zu ermitteln. Zur Verfügung standen zwei Filmsequenzen mit je einem vollständigen Bewegungszyklus. Nach Bestimmung der Bildzahl, die einen vollständigen Bewegungszyklus repräsentiert, wur-

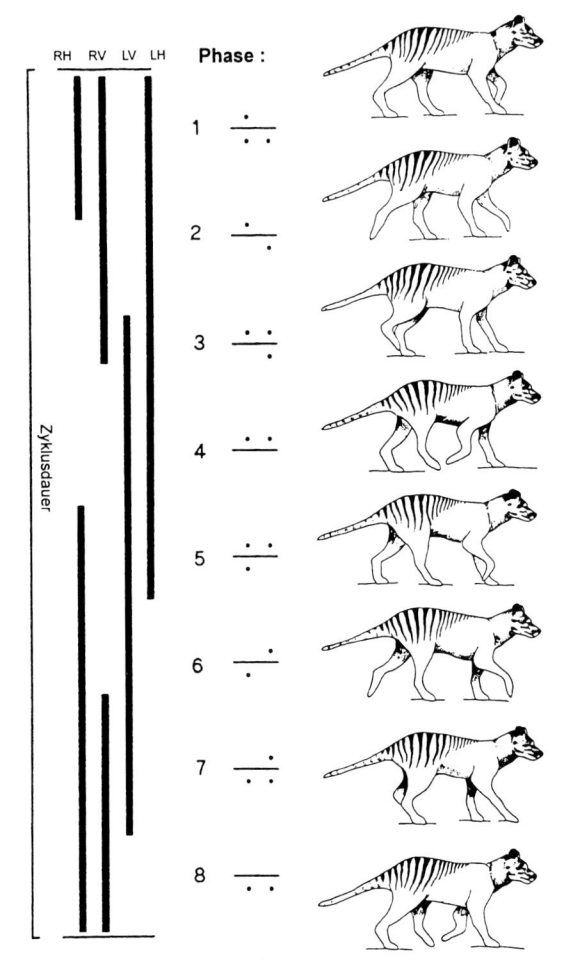

Abb. 68: Bewegungs- (links) und Fußungsschema (Phase 1–8) (Mitte und rechts). Zeichnung: DRÖS, Daten aus MOELLER 1981b).

den alle Phasen auf Transparentpapier überzeichnet. Aus der Aufnahmegeschwindigkeit (16 Bilder/sec) und der Bildzahl eines Zyklus (7–10) berechnet sich dessen Dauer, der reziproke Wert ist die Frequenz. Folgende zwei Parameter sind von Bedeutung:

1. Ein Fußungsschema dokumentiert die Folge des Abhebens bzw. Aufsetzens der einzelnen Extremitäten; jede Veränderung der Gliedmaßenkonstellation wird darin eingetragen. Dabei entsprechen Striche der Bewegungsrichtung (dem Körper) des Tieres, und Punkte den fußenden Gliedmaßen; vom Boden abgehobene Gliedmaßen werden nicht dargestellt (HILDEBRAND 1966).

2. Das Bewegungsschema entspricht einer quantitativen Erweiterung des Fußungsschemas: Die Stützperioden jeder Gliedmaße werden in ein fortlaufendes Zeitdiagramm eingetragen. Ein Balken symbolisiert die Fußungsphase, eine Unterbrechung desselben die Hebephase. Daraus lassen sich — getrennt für jede Extremität

Tab. 5: Werte für die Stützkonstellationen.

	Zyklus 1	Zyklus 2
Vierbeinstützen	0,0 %	0,0 %
Dreibeinstützen	50,0 %	35,7 %
Zweibeinstützen/diagonal	22,2 %	42,9 %
Zweibeinstützen/lateral	27,8 %	21,4 %
Einbeinstützen	0,0 %	0,0 %
Nullstützen	0,0 %	0,0 %

Tab. 6: Gangartenvariable.

	Zyklus 1	Zyklus 2
Gangartenvariable a = x (Abszisse)	62,5 %	58,9 %
Gangartenvariable b = y (Ordinate)	23,6 %	30,4 %
Gangartenvariable c (V/H)	0,96	0,94

— Dauer und prozentualer Anteil der einzelnen Stütz- und Hebephasen am Gesamtzyklus ermitteln (Tab. 5), weiterhin die absoluten und relativen Werte von Vier-, Drei- und Zweibeinstützen (Abb. 68).

Wenn auch die beiden untersuchten Zyklen dasselbe Fußungsschema zeigen, deuten die Bewegungsschemata sowie die Frequenzwerte (= f, von Zyklus 1 = 0,89, von Zyklus 2 = 1,14) doch auf einen Unterschied in der Geschwindigkeit hin. Diese Abweichungen spiegeln sich auch in den Anteilen der Stützperioden und den prozentualen Verteilungen der Stützkonstellationen wider: So ist bei steigender Geschwindigkeit der zeitliche Anteil der Zweibeinstützen gegenüber den Dreibeinstützen höher; bei Zyklus 2 haben die diagonalen Zweibeinstützen den größten Anteil, beim langsameren Zyklus 1 die Dreibeinstützen. Laterale Zweibeinstützen finden sich in beiden Fällen mit annähernd gleicher Häufigkeit. Vorder- und Hintergliedmaßen stützen annähernd gleich lange (vgl. Gangartenvariable c in Tabelle 6); man spricht in diesem Fall von »uneingeschränkt symmetrischen Gangarten« (HILDEBRAND).

Die so ermittelten Parameter gestatten einen Vergleich mit anderen Gangarten und entsprechenden Gangarten bei weiteren Säugetieren. Da der gefilmte Beutelwolf in dem relativ kleinen Gehege eine Kurve beschreibt und sich im Anschluß an den jeweils verwerteten Zyklus schräg auf die Kamera zu bewegt, entsteht eine perspektivische Verzerrung, so daß die Parameter Raumgewinn und Geschwindigkeit nicht exakt zu ermitteln sind.

Symmetrische Gangarten (wobei die Gliedmaßen der linken und der rechten Körperhälfte eine Stützkonstellation zeigen, die um eine halbe Zykluslänge versetzt ist) lassen sich — nach HILDEBRAND — mit Hilfe zweier Größen berechnen: Faktor a ist die Dauer der Stützperioden aller Gliedmaßen, ausgedrückt in % des Gesamtzyklus; Faktor b errechnet sich aus der prozentualen Dauer des Intervalls zwischen dem Aufsetzen einer Hinter- und der gleichseitigen Vordergliedmaße, gemittelt von beiden Körperseiten.

| b [%] | Zwei Schrittzyklen des Beutelwolfs |

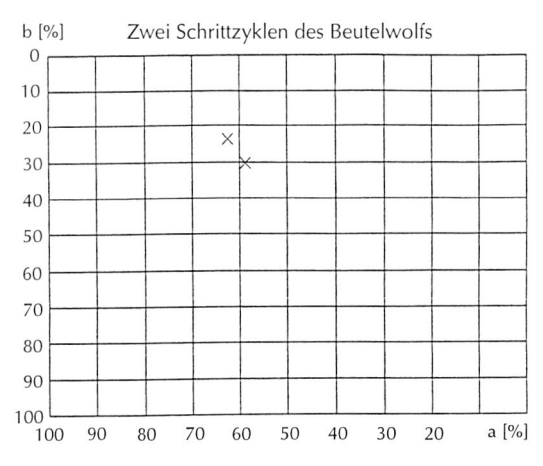

```
b [%]    Zwei Schrittzyklen des Beutelwolfs
  0
 10
 20
              ×
 30
              ×
 40
 50
 60
 70
 80
 90
100
   100  90  80  70  60  50  40  30  20   a [%]
```

Abb. 69: Kartesisches Koordinatendiagramm nach HILDEBRAND (1966) mit eingetragenen Daten vom Schritt eines Beutelwolfs (nach DRÖS 1994). Ordinate (b) zwischen 20 % und 30 % = gewöhnlicher Schritt, zwischen 30 % und 40 % = trabähnlicher Schritt; Abszisse (a) zwischen 50 % und 60 % = schnell, zwischen 60 % und 70 % = mäßig schnell. Zeichnung: DRÖS, nach HILDEBRAND (1966), Daten aus MOELLER (1981b).

Trägt man die ermittelten Werte (x/y) in ein kartesisches Koordinatendiagramm ein, so erhält man für die beiden Zyklen verschiedene Aussagen (Abb. 69): Die Gangart in Zyklus 1 wird als »mäßig schneller gewöhnlicher Schritt« definiert, d. h. eine langsamere Gangart mit höherem Anteil an Dreibeinstützen; in Zyklus 2 läuft der Beutelwolf im »schnellen trabähnlichen Schritt«; hier handelt es sich um eine raschere Gangart mit höherem Anteil an diagonalen Zweibeinstützen.

Diese beiden Gangartenmuster sind bei Säugetieren weit verbreitet (HECKNER-BISPING 1993, 1995, 1996, 1997). DRÖS (1994), dem der Verfasser auch die Erstellung und Berechnung der Beutelwolfdaten verdankt, beobachtete bei den von ihm untersuchten Wildcaniden, daß hier paßähnliche Schrittgangarten überwiegen. Vergleicht man die beim Beutelwolf ermittelten Schrittypen mit denen, die beim Wolf vorherrschen, so zeigen sich deutliche Unterschiede: Alle daraufhin untersuchten Wolfsunterarten (*Canis lupus pallipes*, *C. l. pambasileus*, *C. l. tundrarum*) bevorzugen Schrittformen mit paßähnlichem Charakter, vor allem den »mäßig schnellen paßähnlichen Schritt«; diese Tendenz ist bei den größeren nordamerikanischen Unterarten noch ausgeprägter als beim kleinen Persischen Wolf *C. l. pallipes*. Die beim Beutelwolf auffälligen diagonalen Zweibeinstützen, die vor allem bei der rascheren Variante einen hohen Prozentsatz an den verschiedenen Stützkonstellationen einnehmen, sind bei *Canis lupus* selten oder fehlen völlig; andererseits kommen beim Wolf während der langsameren Gangarten durchaus Vierbeinstützen vor.

Die zwischen Beutelwolf und Wolf (bzw. anderen Wildcaniden) auftretenden Unterschiede im Lokomotionsmuster lassen sich mit hoher Wahrscheinlichkeit auf die eindrucksvollen Längenunterschiede der Gliedmaßen zurückführen (Kap. 4.3.4). Der »schnelle trabähnliche Schritt«, die bei *Thylacinus* beobachtete raschere Gangart, ist eher typisch für Füchse, während sie bei den übrigen Caniden nicht auftritt. Füchse ernähren sich wie andere »opportunistische Jäger« überwiegend von Kleintieren (DRÖS 1994). Während bei Wölfen und Afrikanischen Wildhunden (*Lycaon pictus*) die Entwicklung ausdauernder und raumgreifender Bewegungsformen in offenem Gelände Selektionsvorteile gehabt haben dürfte, erwiesen sich für das Aufsuchen und Fangen kleiner Beutetiere vermutlich trabähnliche und rasche Schrittfolgen, wie sie in der Fuchsgruppe vorherrschen, als flexibler und damit

Biologie und Verhalten 101

Abb. 70: Oben: Die gezeigte »Känguruh-Haltung« (Filmbild, Dauer ca. 1/10 sec) suggeriert eine hüpfende Fortbewegungsweise. Aus MOELLER (1968a). Unten: Die aufrechte Haltung wurde verursacht durch eine Person, die den Beutelwolf reizte. Aus MOELLER (1981b).

erfolgreicher. Diese Aussage von DRÖS findet im Beutespektrum von *Thylacinus* (Kap. 5.2) eine gewisse Entsprechung.

Eine für räuberisch lebende Säugetiere ungewöhnliche Fortbewegungsart ist das »bipede Hüpfen«; die zu einer Unterfamilie der Beutelmäuse (Sminthopsinae) gehörende Gattung der Springbeutelmäuse *Antechinomys* zeigt trotz ihres Namens diese Gangart nicht (VALENTE 1995). J. GRANT zitiert 1831 in seinem Artikel »Bemerkung über den Van Diemen's Land Tiger« eine Passage aus dem letztjährigen »Hobart Town Jahrbuch«, wonach der Beutelwolf, »…wenn er rennt, wie ein Känguruh springt, doch nicht mit solch einer Geschwindigkeit« (laut STANBURY & PHIPPS 1980 stammt diese Angabe von SCOTT 1829) (Abb. 70).

Diese von zahlreichen Autoren (z. B. HEDIGER & HEDIGER-ZURBUCHEN 1964) wiederholte Behauptung erhält durch den Bericht eines Schäfers eine neue Interpretationsmöglichkeit: »Als die Beutelwölfe (von Hunden) in den Schnee getrieben wurden, liefen einige von ihnen, im Versuch, die Jäger irrezuführen, auf ihren Hinterbeinen davon; so hinterließen sie nur zwei Fußabdrücke statt vier« (MATTINGLEY 1946). Dreht man einmal die Informationsinhalte des Satzes um, so wurden zunächst zwei statt vier Fußabdrücke beobachtet, — hier könnten die größeren Hinterfüße bei rascher Fortbewegung die Vorderfußabdrücke überlaufen und unkenntlich gemacht haben, und im weichen tieferen Schnee wären dann auch nur die känguruhartig-langgestreckten Sohlenpolster (der Hinterfüße) gut erkennbar, so daß man vielleicht von der Fährte der Beutelwölfe (»im Versuch, die Jäger irrezuführen«) auf das Känguruh-Hüpfen geschlossen hatte. Bei rascher Gangart und größerer Entfernung war wohl auch kaum zu entscheiden, ob die Beutelwölfe mit den Pfoten ihrer langen Vorderbeine den Boden überhaupt berührten. GRIFFITH (1972) äußert sich zur Möglichkeit des bipeden Hüpfens beim Beutelwolf kritisch und meint, »... daß (es) im Hinblick auf die weit hinten stehenden Hintergliedmaßen und den weit vorn liegenden Körperschwerpunkt unwahrscheinlich sei«. Aufgrund der geringen Gliedmaßenlänge, der Kürze vom Mittelfuß und der mäßigen Länge des Fersenbeinfortsatzes (Kap. 4.3.4) sowie der von Fotos und Zeichnungen (CUNNINGHAM 1982) ableitbaren schwachen Schenkelmuskulatur kommt der Verfasser — entgegen früher geäußerten Vermutungen (MOELLER 1968a, 1988) — zum gleichen Schluß.

Dessenungeachtet waren Beutelwölfe im Klettern und Springen recht geschickt, wie aus GUNNs erstem Schreiben an die Zoological Society of London von 1850 hervorgeht. Darin werden die Beobachtungen einer »vertrauenswürdigen Person« wiedergegeben, die ein frischgefangenes *Thylacinus*-Weibchen, eingesperrt in einem kleinen Haus, abholen sollte, »... sie war außerordentlich gewandt und sprang vom Boden bis zur Höhe der Wände 1,8–2,4 m (6–8 ft) und von Querbalken zu Querbalken nahe unter dem Dach mit der Behendigkeit einer Katze«. Hier bietet sich eine Deutung der in Kapitel 4.3.4 ermittelten Körperproportionen an, in denen der Beutelwolf Ähnlichkeiten nicht mit einem Hund oder einer Hyäne, sondern vielmehr mit einer »normalen Katze« seiner Größenklasse, nämlich dem Nebelparder aufweist. Kletterversuche des Beutelwolfpaares, das Anfang des 20. Jhdts. im Berliner Zoo lebte, werden auch in einem Artikel der Zeitung »Telegraf« von 1961 erwähnt (nach SCHLAWE 1966).

Faßt man die Besonderheiten der Fortbewegungsweisen von *Thylacinus* zusammen, so scheinen sich eher katzenähnliche als hundeartige Lokomotionsmuster zu finden. Brustbeinlänge, Gliedmaßenproportionen und der spezielle Bau von Hand und Fuß des Beutelwolfs (Kap. 4.3.4), die geringe Weite der inneren Nasenöffnungen (Kap. 4.3.2) und schließlich die geringe Herzmasse (Kap. 4.6) sprechen gegen seine Charakterisierung als raschen Läufer; die Schrittanalyse im Vergleich mit dem Wolf und schließlich die Berichte früher Beobachter bestätigen dies. Offenbar verlief die Evolution nicht — wie bei plazentalen Carnivora anderer Kontinente — in Richtung eines Hunde- bzw. eines Katzentyps, sondern auf dem relativ kleinen, artenarmen Kontinent Australien entwickelten sich als höchste Körpergrößenstufe eines Raubtiers nur Beutelwölfe mit Merkmalen von beiden Familien. (Die Existenz eines Beuteltigers oder die angebliche Carnivorie von *Thylacoleo* sollen hier nicht diskutiert werden.) Unvoreingenommene Beobachter, wie z. B. FRIEDEL (1890), geben dem Ausdruck: »... als sei das Tier aus verschiedenen Arten gewissermaßen zusammengestellt.« Der beim Beutelwolf ausgeprägte Größenunterschied zwischen den Geschlechtspartnern verhinderte möglicherweise auch die Entwicklung unterschiedlich großer Arten (z. B. Wolf/Kojote bzw. Füchse, Afrikanischer Wildhund/Schakale, Löwe bzw. Tiger/Leopard); somit stand das weite Beutespektrum einer Art zur Verfügung, und interspezifische Konkurrenz wurde weitgehend vermieden (Kap. 5.2). Der Beutelteufel dagegen als nächst-kleinerer Verwandter kann als ökologisches Pendant zu den Hyänen Tropisch-Asiens und Afrikas betrachtet werden mit beeindruckenden Übereinstimmungen in Körper-, Schädel- und Zahnbau (MOELLER 1968a, 1973d, 1988b).

Über das Schwimmvermögen vom Beutelwolf erhalten wir Kenntnis durch MILLIGAN (1853): »Die Eingeborenen berichten, daß dieses Tier ein äußerst kraftvoller Schwimmer sei; während er schwimmt, hält er den Schwanz gestreckt und bewegt ihn so, wie es Hunde oft tun, ... Nase, Augen und (der) obere Teil des Kopfes sind das einzige, was oberhalb der Wasserlinie üblicherweise zu sehen ist«. Das galt wohl kaum für stark strömende Gewässer: Ein Gewährsmann SHARLANDS (1939) beobachtete einen Beutelwolf, der in einen Fluß gestürzt war und trotz heftigen Sträubens mitgerissen und herumgewirbelt wurde, und das Ufer wohl nicht erreicht hatte. SCHINZ (1827) vermutet eine an Bisamratten erinnernde Fortbewegungsweise: »... der Schwanz ist an der Spitze nackt (wovon weder PATERSON, 1805 noch HARRIS, 1808 etwas bemerkt haben), übrigens zusammengedrückt (hier folgt er dem vielzitierten Fehler von HARRIS), und von der Wurzel an etwas breit, es scheint sicher, daß er ihn zum Schwimmen brauche«. Diese irrige Annahme wird z. B. auch von dem Romanschreiber ERLE WILSON (1953) übernommen und verarbeitet.

»Untersuchungen ... weisen auf Baumsavannen oder
lichte Wälder ... hin ...«

Eric Guiler (1961a)

6 Lebensraum und Verbreitung

Im ersten Kapitel seines Standardwerks »Tasmanian Wildlife« macht SHARLAND (1963) auch Angaben über die Biotope des Beutelwolfs. »Sein natürlicher Lebensraum«, schreibt der erfahrene Wildbiologe, »waren stets rauhe, abwechslungsreiche Landschaften gewesen, die sich zum Weideland hin öffneten, wo Känguruhs und Wallabies auf wildem Grasland Futter suchten oder von den frischen Trieben des »Knopfgrases« (button grass), das nach einem Flächenbrand gekeimt war, angelockt wurden« (Abb. 71).

»Da hier Nahrung in beliebiger Menge zur Verfügung stand, war der Tiger häufiger in Tälern und Flußniederungen zu finden, die für Pflanzungen urbar gemacht worden waren, als z. B. in den nördlichen Bezirken, entlang der Ostküste, im Nordosten, am Clyde und an anderen Flüssen, von wo frühe Siedlungen belegt sind, und wo Schafe leichter zu erbeuten waren als heimisches Wild. Er kam von den zerklüfteten Hügeln herab, tauchte aus dem undurchdringlichen Busch auf oder schlich durch ein Felslabyrinth an einem halbverborgenen Flußlauf entlang,

Abb. 71: Typisches »Beutelwolfland« auf Tasmanien. Aus GUILER (1991).

Abb. 72: Der Zeichner hielt sich wortgetreu an die Vorgabe, wonach Beutelwölfe die »rauhen Gebirgslandschaften« bewohnt hatten. Zeichnung: KRETSCHMER, in BREHM (1865).

um bei Dämmerung bis tief in die Nacht hinein zu jagen. Schafe waren seine Beute oder kleinere Säuger, die, wie er, sowohl bei Dämmerung als auch in der Dunkelheit auf Nahrungssuche gingen.«

Mit Ausnahme der Landstriche am Arthur-Fluß und die (Vieh-)Weidegründe um den Berg Pieman waren die unbesiedelten westlichen Regionen Tasmaniens als Lebensraum für ein Raubtier dieser Art wenig geeignet. Das letzte Exemplar, das 1933 in eine Falle geriet, kam aus dem Florentine Valley, wenige Meilen westlich vom Mount Field Nationalpark. »Es war dieses urwüchsige Tal, einem zerklüfteten Areal vorgelagert, das mit verfilztem Dickicht (grim scrub) bedeckt ist und sich bis zur Westküste ausbreitet, aus dem die meisten »tiger« stammten, die an den früheren Hobart-Zoo gingen.« (SHARLAND 1963).

GUNN (1863) bemerkt, Beutelwölfe kommen in »... den abgelegeneren Teilen der Kolonie vor« — womit er die seinerzeit unbesiedelten bzw. unerschlossenen Gebiete meinte — »und hinauf bis zu den Spitzen unserer Berge mit einer Höhe von 4 000 ft (ca. 1 220 m üNN)«; BOITARD (1845) schreibt, daß sie tiefe Felshöhlen bewohnen würden, und von BRETON (1846) stammt der Hinweis, wonach Beutelwölfe »... an bestimmten Orten recht häufig seien« (Abb. 72).

GUILER (1961a) faßt die ihm bekannte Literatur zusammen: »Offensichtlich wurde der Beutelwolf in allen Landschaftstypen gefangen von der Küste bis zu den Bergen, jedoch stammt die größte Zahl aus den trockeneren Teilen Tasmaniens. Untersuchungen der Umgebung, in denen viele Fänge erfolgten, weisen auf Baumsavannen (savannah woodland) oder lichte Wälder mit nahe gelegenen felsigen Erhebungen (outcrops), wo sich die Tiere tagsüber verbergen ...«

Hilfreich bei der Rekonstruktion seiner ursprünglichen Verbreitung sind die zahlreichen Ortschaften, Brücken, Hügel und andere Orte, die seinen Namen tragen; wenig aussagekräftig dagegen erscheinen dem Verfasser Ortsangaben der zahlreichen nach 1936 erfolgten »Sichtungen«, wie sie SMITH (1981) zum Gegenstand einer umfangreichen Untersuchung machte; ist doch durch einschlägige Pressemeldungen allgemein bekannt, wo die »Beutelwolf-Gebiete« liegen, so daß es dort auch zu vermehrten Hinweisen kommt.

Aus den voranstehenden Informationen rekonstruierten mehrere Autoren die ehemalige Verbreitung des Beutelwolfs. Der Verfasser bevorzugt die von DIXON (1989) veröffentlichte Karte, da sie weitgehende Übereinstimmungen mit der von MARLOW (1962a) gezeichneten Verbreitung der Hartlaubwälder (sclerophyll forests) aufweist (Abb. 73).

»Der Sclerophyll forest«, definiert BASIL C. MARLOW, »hat ein mehr offenes Laubdach. Eukalypten sind vorherrschend und es gibt eine geschlossene Strauchschicht (shrub layer). In niederen Lagen, wo die Feuchtigkeit höher ist, wird die Strauchschicht dichter und kann Baumfarne und Palmen enthalten.« Diese Vegetationsform ist der feuchte Hartlaubwald, in höheren Lagen — im trockenen Hartlaubwald — ist die Strauchschicht weniger dicht. Dagegen waren die eigentlichen Regenwaldgebiete im Westen der Insel kein geeigneter Lebensraum für die Art.

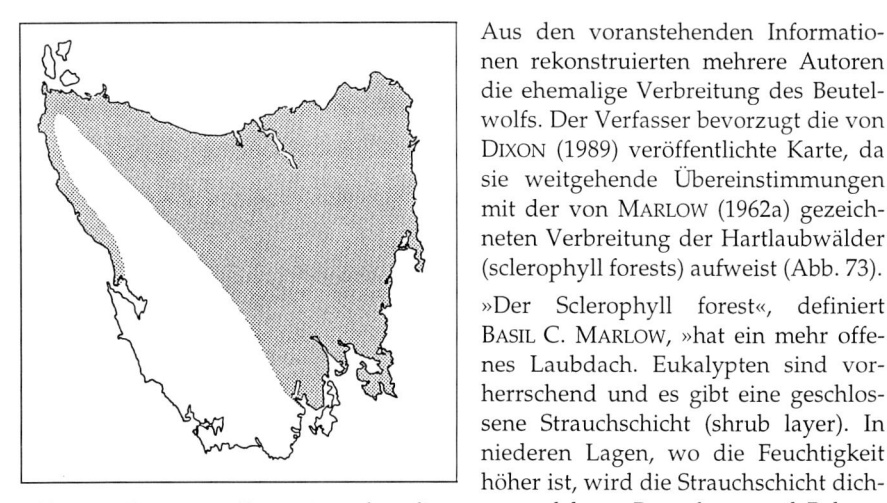

Abb. 73: Karte von Tasmanien; ehemaliges Verbreitungsgebiet des Beutelwolfs schraffiert. Aus DIXON (1989).

Aussagen über die Verbreitung des Beutelwolfs auf dem Festland sind aufgrund der Zufälligkeit von Fossilfunden sehr lückenhaft. Ähnliches gilt für Felsmalereien der Aborigines; diese können wegen der z. T. recht widersprüchlichen Artbestimmung (CLEGG 1978) kaum verwendet werden. VAN DEUSEN (1963) entdeckte fossile Überreste von *Thylacinus* in einer Kalksteinhöhle im östlichen Hochland Neuguineas (Kap. 3).

»... and the wolf gave one sharp, fox-like bite, ...«

LeSouef & Burrell (1926)

7 Feinde und Krankheiten

Im folgenden soll der Frage nachgegangen werden, welche Faktoren — die Verfolgung durch den Menschen einmal ausgenommen — die Bestände des Beutelwolfs reguliert hatten. Wie in Kapitel 3 ausgeführt, veränderte sich die Körpergröße der Art über längere Zeitabläufe hinweg nicht, so daß es, vielleicht abgesehen vom Dingo (Kap. 7.1), dem vielfach als »Carnivoren« betrachteten Beutellöwen *Thylacoleo carnifex* (Abb. 74) sowie *Ekaltadeta*, einem Raub-Känguruh, die beide das Festland bewohnten (ARCHER 1984, in ARCHER & CLAYTON 1984), kaum Feinde gab, wenn man von dem über 5 m lange Riesenwaran (*Megalania prisca*) (HECHT 1975) absieht.

Da der Beutelwolf vor Besiedlung durch Europäer auf dem Festland ausgestorben war (Kap. 8), können nur über die Tasmanische Form Aussagen gemacht werden.

Erwachsene Beutelwölfe hatten auf der Insel wahrscheinlich keine Feinde, gelegentlich mag ein unbewachtes Jungtier während der Abliegephase einem Beutelteufel, Riesenbeutelmarder oder Keilschwanzadler zum Opfer gefallen sein. Die eigentliche Gefahr jedoch drohte der Art durch Hunde der weißen Fallensteller, Schafhirten und Siedler (s. auch McORIST 1993); so berichtet WILLIAM PATERSON in der »Sydney Gazette and New South Wales Advertiser« vom 21. April 1805, daß ein Beutelwolf von Hunden getötet worden war (Kap. 2), und die »Hobart Town Gazette« gibt 1823 folgende Begebenheit wider: »Vor einigen Nächten wurde eine

Abb. 74: *Thylacoleo* war ein mutmaßlich räuberisch lebender Riesenkuskus. Aus ARCHER (1988).

Hyäne (Beutelwolf), ein Tier, das man so selten sieht in der Kolonie, in einem Schafgehege des Ehrenwerten G. W. GUNNING am Coal River angetroffen. Vier Känguruhhunde, die man auf sie gehetzt hatte, weigerten sich zu kämpfen, und sie hatte ein Lamm angefallen; als ein kleiner brauner Terrier der schottischen Rasse eingesetzt wurde, packte dieser sofort das Tier, und nach einem heftigen Kampf war der Terrier zur Überraschung aller Anwesenden erfolgreich, indem er seinen Gegner tötete.« Doch nicht immer ging der Kampf zugunsten der Hunde aus, wie ein Jagderlebnis von HUGH S. MACKAY (in LESOUEF & BURRELL 1926) beweist: »Ein Bullterrier wurde einmal auf einen Beutelwolf gehetzt und drängte ihn in eine Nische in den Felsen. Dort stand der Wolf (Beutelwolf), mit dem Rücken zur Wand, bewegte seinen Kopf hin und her und beobachtete den Terrier, während dieser versuchte, aus verschiedenen Richtungen einzufallen. Schließlich kam der Hund näher und der Wolf führte einen scharfen Biß in der Weise eines Fuchses aus, riß dabei ein Stück sauber aus dem Schädel des Hundes heraus, und dieser fiel mit hervorquellendem Gehirn tot zur Seite.«

Mögen die Auseinandersetzungen mit dem Jagdgefährten des Menschen auch oft unentschieden ausgegangen sein, anders als der Verfasser für das australische Festland annimmt (Kap. 7.1), zogen sich die Beutelwölfe der verhältnismäßig kleinen Insel — beunruhigt durch streunende Hunde — in wildärmere Gebiete zurück, wo ihre Lebensbedingungen schlechter waren.

Krankheiten, die den größten Raubbeutler befielen, werden von BROWN (1909, in BERESFORD & BAILEY 1981) erwähnt: »Es gibt ... bestimmte historische Beweise dafür, daß eine räudeartige Krankheit, die zu Beginn unseres Jahrhunderts offensichtlich Beutelteufel- und Wombatbestände dezimierte, auch die Beutelwölfe befallen hatte.« Andere Autoren vermuten eine staupeähnliche (distemper like) seuchenartig auftretende Erkrankung, welche die größeren Raubbeutler — also auch Beutelteufel und Beutelmarder — stark dezimiert hatte (SKEMP 1958, LESTER 1983). GUILER (1985) schränkt ein: »... es ist klar, daß Staupe als Hundekrankheit Beutelwölfe nicht befallen konnte, doch mag eine Krankheit mit ähnlichen Symptomen zu ihrem plötzlichen Niedergang über ganz Tasmanien beigetragen haben«. McORIST (1993) hält eine durch *Toxoplasma gondii* verursachte Toxoplasmose bei Raubbeutlern für wahrscheinlicher. Mrs. ROBERTS berichtet in ihrem Tagebuch von zwei im Beaumaris-Zoo gehaltenen Exemplaren, die — nachdem sie im Käfig merkwürdig umhergesprungen waren — plötzlich starben (Kap. 9.2).

GUILER (1985) schreibt von den letzten Beutelwölfen im Hobart-Zoo, daß ein sechsjähriges Tier einer Nierenerkrankung erlag, und bei dem 1935 gestorbenen Männchen diagnostizierte der Veterinär eine Lungenentzündung. Diesbezügliche Unterlagen im »Smithonian Archiv« standen dem Verfasser zur Verfügung: Von den Beutelwölfen, die zwischen 1902 und 1909 im National Zoological Park Washington D.C. gelebt hatten, starb ein über sieben Jahre altes weibliches Exemplar an »fettiger Leberdegeneration« und »die Nieren waren blaß und weich«. Bei einem zweieinhalbjährigen Männchen, das ebenfalls als Beuteljunges in den Zoo gelangte (Kap. 9.2), lautete die Diagnose »haemorrhagische Enteritis«, der gesamte Verdauungstrakt war entzündet und der Kot enthielt Blut; die gleiche Todesursache wird für ein weiteres männliches Exemplar angegeben, und auch das Muttertier starb nach über zwei Jahren im Zoo an einer akuten Darmentzündung. Zusätzlich fand man bei ihr in allen »muskulären Strukturen des Körpers enzystierte Larvenformen eines nichtidentifizierten Bandwurms«. RANSON (1905) bestätigt Bandwurmzysten, die er sogar im Herzmuskel gefunden hatte; die von ihm beschriebene »neue Art« *Dithrydium cynocephali* wurde später als die bereits bekannte *Anoplotaenia dasyuri* erkannt, die z. B. auch beim Beutelteufel parasitiert. SPRENT (1971,1972) schließlich beschreibt den Spulwurm *Cotylascaris thylacini* von einem Beutelwolf im Londoner Zoo; später identifiziert er jedoch den Parasiten als Taubenspulwurm *Ascaridea columbae*, der mit der Nahrung übertragen wurde, und zieht den Artnamen zurück. Nach MAWSON (1973) fand man den Nematoden *Nicollina* auch beim Beutelwolf. Während der Filmaufnahmen im Hobart-Zoo (MOELLER 1981b) kratzte sich ein Exemplar ausgiebig, ein Hinweis auf Haut- bzw. Fellparasiten. Der Floh *Uropsylla tasmanica*, 1879 bei einem Beutelwolf im Tiergarten von Launceston entdeckt, lebt jedoch ebenfalls nicht wirtsspezifisch, sondern kommt bei mehreren Beutelmardern (*Dasyurus*) und dem Beutelteufel (*Sarcophilus*) vor (MARDON 1981). An gegerbten Häuten von *Thylacinus* fand PEARSE (1981) sogar noch getrocknete Larven einer verwandten Flohart.

Was die Endoparasiten (London und Washington) betrifft, so mögen sie mit der Fleischnahrung oder durch Infektion mit Eiern bzw. Dauerstadien früherer Käfigbewohner übertragen worden sein. Es ist sehr wahrscheinlich, daß Beutelwölfe auch in freier Wildbahn von Eingeweideparasiten befallen wurden.

»The Dingo probably contributed to the demise of the Thylacine ...«

CORBETT (in STRAHAN 1995)

7.1 Verdrängung durch den Dingo

Nahezu ausnahmslos wird das Verschwinden des Beutelwolfs auf dem Australischen Festland mit dem Auftreten des Dingos *Canis lupus* forma familiaris (Abb. 75) in ursächlichen Zusammenhang gebracht. Der Dingo ist — wie heute allgemein als sicher gilt — ein vor ca. 8 000 Jahren (CLAUDE 1996; nach CORBETT in STRAHAN 1995 vor nur ca. 4 000 Jahren) eingeführter und später verwilderter Haushund, der, da er zu den hochevoluierten plazentalen Raubtieren gehört, seinen Nahrungskonkurrenten verdrängt und schließlich ausgerottet haben soll (SMITH 1909, DAHL 1923, HESSE 1924, RAVEN 1929, ALLEE 1949, SHARLAND 1950, FOX 1951, MARLOW 1962, GRZIMEK 1966, RENSCH 1972, THENIUS 1972, u. a.). Die Insel Tasmanien wurde vom Dingo nicht erreicht, deshalb — so die Lehrmeinung — konnte der größte Raubbeutler nur dort überleben und wurde erst durch gezielte Verfolgung seitens des Menschen ausgerottet (Kap. 7.2).

Als einziges, diese Theorie stützendes Merkmal kann nach Meinung des Verfassers die geringere Reproduktionsrate des Beutelwolfs gegenüber dem Dingo angeführt werden. Die Wurfgröße von *Thylacinus* betrug im Mittel drei, die von *Canis* durchschnittlich fünf Junge bei einem Wurf pro Jahr (MARLOW 1962, CORBETT in STRAHAN 1995) (Kap. 5.3). Dieser Verdrängungstheorie sollen einige Überlegungen entgegen-

Abb. 75: Nach der »Verdrängungstheorie« soll der Dingo den Beutelwolf auf dem Festland ausgerottet haben. Foto: ADAM (Original: Zoologisches Museum der Universität Heidelberg).

gestellt werden: MAYR (1967) definiert Konkurrenz als das gleichzeitige Angewiesensein zweier Arten auf dieselben wesentlichen und nur in beschränktem Ausmaß vorhandenen Vorräte der Umwelt (wie Nahrung oder ein Platz zum Leben, zum Verbergen oder zur Fortpflanzung). Prüfen wir diese Kriterien an den vermutlichen Kontrahenten Dingo und Beutelwolf, so muß zuvor einschränkend bemerkt werden, daß der Nachweis für eine Konkurrenz — sofern sie überhaupt bestanden hat — außerhalb unserer unmittelbaren Beobachtungsmöglichkeit liegt. Daher sind wir bei der Untersuchung dieser Frage auf Analogieschlüsse, also auf das Heranziehen »gegenwärtiger Verhältnisse« (d. h. die Zeit um 1850) angewiesen.

1. Der Beutelwolf war keineswegs stenök; er bevorzugte auf Tasmanien die mehr offenen Landschaften, kam aber auch in felsigen Gebieten, an Flußufern und an den Meeresküsten sowie im »Busch« vor (Kap. 6). Auch der Dingo bewohnt offene Landschaften und lichte Wälder, also ebenfalls verschiedenartige Lebensräume (MARLOW 1962). Nach der MAYRschen Kennzeichnung ist daher eine Lebensraumkonkurrenz wenig wahrscheinlich, da »ein nur in beschränktem Ausmaß vorhandener Platz zum Leben etc.« kaum angenommen werden kann.

2. Die Aktivitätszeiten überschnitten sich zum Teil, denn Beutelwölfe jagten tagsüber wie auch bei Dämmerung (SMITH 1909, LESOEUF & BURELL 1926, HARMAN 1949) (Kap. 5.4), während Dingos bevorzugt am Tage auf Beutefang gehen (MARLOW 1962).

3. Aus dem letztgenannten Hinweis ergeben sich mit hoher Wahrscheinlichkeit unterschiedliche Nahrungsspektren. Vor Ausbreitung der Schafzucht in Tas-

Feinde und Krankheiten

Abb. 76: Beutelwölfe waren opportunistische Jäger; gelegentlich mochte ihnen sogar ein Trauerschwan zum Opfer gefallen sein. Zeichnung: KULL, in CLAUDE (1996).

manien erbeutete *Thylacinus* in der Hauptsache kleinere Känguruhs und andere Warmblüter (Kap. 5.2). In Gefangenschaft ernährte man Beutelwölfe wie plazentale Carnivoren. Nach MARLOW & NEWSOME (1987) besteht die Nahrung des Dingos aus Känguruhs, Wallabies, Kaninchen und Ratten, also größeren bis mittelgroßen Säugern. Für die beiden Nahrungsopportunisten (Abb. 76), die dazu noch weit umherschweif(t)en, kann daher nach MAYR eine Nahrungskonkurrenz wohl nur in sehr beschränktem Ausmaß angenommen werden.

4. Auf Neuguinea, wo rund 11 000 Jahre alte Funde vom Beutelwolf bekannt wurden (VAN DEUSEN 1963), starb er ebenfalls aus, obwohl der Australien-Dingo auf dieser Insel fehlt. Hält man an der Verdrängungstheorie fest, so müßte man eine Konkurrenz durch den ca. 9 kg schweren Neuguinea-Dingo oder Hallstromhund annehmen, der *Thylacinus* schließlich erlegen wäre.

5. Aus Datierungen der Knochenfunde von Dingo und Beutelwolf läßt sich ableiten, daß beide Arten in Australien mehrere Tausend Jahre nebeneinander lebten, wovon z. B. TYNDALE-BISCOE (1973) ableitet, daß der Dingo nicht für das Verschwinden des Beutelwolfs verantwortlich gemacht werden kann.

6. Beutelwölfe haben ein kleineres Gehirn als Dingos. Die Hirnhöhlenkapazität (ein vielfach verwendetes Maß für die Hirngröße) vom Beutelwolf beträgt 54,4 ml = 55,3 g (n = 30) (MOELLER 1968a, 1970), Dingos haben ein 91,2 g schweres Gehirn (n = 10) (SCHULTZ 1969). Der Meinung, daß Säugetiere mit einem höheren Entwicklungsniveau (Neencephalisationsgrad) auch eine bessere »phylogenetische Überlebensfähigkeit« besäßen, wurde jedoch von STARCK (1965) deutlich widersprochen.

7. CORBETT (in STRAHAN 1995) gibt als Extremwerte für die Körpermasse vom Dingo 9,6–24 kg an, was einem Mittel von ca. 16,8 kg entspräche. ROUNSEVELL & MOONEY (in STRAHAN 1995) nennen für den Beutelwolf Werte von 15–35 kg, im Mittel 25 kg (Kap. 4.1). Auch bei Zugrundelegen der Schädellänge, und nur dieses Vergleichsmaß steht in ausreichender Anzahl zur Verfügung, wird der Canide vom Raubbeutler deutlich übertroffen: 13 von STOCKHAUS (1965) gemessene Dingoschädel hatten eine Basilarlänge von 179,3 mm (= Mittelwert, Max. 210,0 mm, Min. 160,0 mm); SCHULTZ (1969) ermittelte für 10 Dingoschädel eine mittlere Basallänge von 176,6 mm; 33 vom Verfasser ausgewertete Beutelwolfschädel maßen 197,0 mm (= Mittelwert, Max. 234,0 mm, Min. 173,0 mm) (MOELLER 1968a). Die Schädel der tasmanischen Beutelwölfe sind um etwa 10 % größer als die der Dingos. Die pleistozänen Formen vom Festland übertrafen nach neueren Erkenntnissen den rezenten Beutelwolf an Größe nicht (Kap. 3). Auch der Dingo hat keine Größenwandlung erfahren (RIDE 1970). Diese Angaben bestätigen die geringere Körpergröße des Caniden.

8. Es ist zwar belegt, daß das erste Exemplar von *Thylacinus*, welches Europäer zu Gesicht bekamen, von Hunden getötet wurde (Kap. 2) (Abb. 77), andere Autoren berichteten jedoch auch von Beutelwölfen, die sich gegenüber Jagdhunden erfolgreich zur Wehr gesetzt hatten (Kap. 7).

9. Dingos jagen vielfach in Familiengruppen, was auch bei direkten Auseinandersetzungen mit dem Beutelwolf vorteilhaft gewesen sein könnte. Von *Thylacinus* ist nicht nur bekannt, daß halbwüchsige Junge ihre Mutter begleitet hatten, sondern auch, daß Paare gelegentlich gemeinsam auf Beutefang gingen (Kap. 5.2, 5.3).

Zusammenfassend läßt sich feststellen: Beutelwolf und Dingo zeigen Überschneidungen im Aktivitätsmuster und damit wohl auch im Beutespektrum. Auf Neuguinea, wo der Dingo nicht vorkommt, starb der Beutelwolf ebenfalls aus. Beutelwolf und Dingo lebten nachweislich wenigstens zweitausend Jahre nebeneinander auf dem Festland (jüngste Funde von *Thylacinus* auf dem Festland weisen ein Alter von ca. 2 000 Jahren auf). Eine Verdrängung durch Konkurrenzunterlegenheit des

Feinde und Krankheiten 113

Abb. 77: Vielfach stöberten Jagdhunde den Beutelwolf auf und brachten ihn gelegentlich zur Strecke. Foto: ANONYMUS (um 1912), Tasmanian Museum and Art Gallery, in ANDREWS (1985).

Beutelwolfs ist daher wenig wahrscheinlich. Da Beutelwölfe — insbesondere erwachsene Männchen — größer als Dingos und erheblich größer als Hallstromhunde waren, und sich gegen dem Dingo vergleichbare Hunde geschickt zu wehren wußten, dürften sie nur bei direkten Auseinandersetzungen einem Dingorudel unterlegen gewesen sein.

Im Analogieschluß sei auf die Situation steppenbewohnender Raubtiere Afrikas verwiesen: Leopard und Gepard, Tüpfelhyäne und Wildhund (*Lycaon*) haben — trotz weitreichender Überschneidungen von Lebensraum und Beutespektrum — zu einem mehr oder weniger ausgeglichenen Verhältnis gefunden; offensichtlich aufgrund unterschiedlicher Beutefangstrategien und durch Meideverhalten. Die Bauplandifferenzen zwischen den vier genannten Carnivoren sind denen zwischen Beutelwolf und Wolf/Dingo ähnlich (Kap. 4.3.4) und spiegeln sich auch in Fortbewegungsweise und Jagdmethode (Kap. 5.2 und 5.4) wider. Sie lassen vermuten, daß es eine gewisse Zeit nach Eindringen des Dingos in »Stammgebiete« vom Beutelwolf zu einer Duldung oder Meidung der beiden Beutegreifer untereinander gekommen war. Diese sind jedenfalls wahrscheinlicher als die Annahme einer Verdrängung.

Die Frage nach der Ursache für das Verschwinden des Beutelwolfs auf Neuguinea und dem australischen Festland kann derzeit nicht beantwortet werden; großräumige klimatische Änderungen in den letzten Jahrtausenden mit dramatischen Auswirkungen auf Flora und Fauna werden diskutiert.

Das Aussterben der Borhyaeniden (eine Familie carnivorer Beuteltiere mit hyänen- und hundeähnlichen Formen) in Südamerika, das ebenfalls mit dem Eindringen plazentaler Raubtiere in ursächlichen Zusammenhang gebracht wird, erfährt eine gewisse Einschränkung, da »... bereits vorher ein davon unabhängiger Rückgang eingesetzt zu haben scheint« (THENIUS 1969). Der Sichtweise einer generellen Unterlegenheit der Marsupialia beim Zusammentreffen mit Plazentatieren wurde vom Verfasser bereits früher deutlich widersprochen: Zunächst muß betont werden, daß eine bemerkenswerte Zahl von Beuteltieren Tropisch-Amerika (Kap. 3) wie auch umgekehrt über 60 Arten bis zu 1 kg schwerer Langschwanzmäuse die australische Faunenregion bewohnen, ohne daß auch nur ein Fall von Konkurrenzunterlegenheit belegbar wäre. Weiterhin führte der Mensch Marsupialia in Europa wie auch eine Vielzahl plazentaler Säuger in Australien ein, und es ist nicht ersichtlich, daß auch nur eine endemische Beuteltierart durch diese Fremdbürger aufgrund von Konkurrenz durch stellenäquivalente Plazentatiere in ihrem Bestand bedroht wäre (MOELLER 1975).

»OUR COTS ARE FENCED WITH WIRE AND WE SLUMBER WHEN WE CAN AND WE FIGHT THE WOLVES AND TIGERS WHICH INFEST VAN DIEMEN'S LAND«

AUS: »THE POACHER« VON O'LOCHLAINN IN BERESFORD & BAILEY (1981)

7.2 Ausrottung

Fragt man nach den Ursachen des Aussterbens vom Tasmanischen Beutelwolf, so lautet die Meinung der Autoren nahezu einhellig, daß seine Überfälle auf Schafe und der anschließende Vernichtungsfeldzug zum Verschwinden der Art geführt haben, oder — um es in den Kategorien ZISWILERs (1965) auszudrücken — »Tod wegen Bejagung durch den Menschen«. Gemeint ist hier der Weiße, der europäische Siedler, wobei häufig unbeachtet bleibt, daß Tasmanien bereits mehrere Jahrtausende vor Ankunft der Europäer (Kap. 2) von dunkelhäutigen Menschen bevölkert war, den Tasmaniern (Abb. 78).

Diese zum Kreis der Melanesiden gehörenden Ureinwohner machten auf alle genießbaren Tiere Jagd, und zu ihrer Nahrung gehörte wohl auch der Beutelwolf (SMITH 1981).

Daß Beutelwölfe in den Anfängen der Kolonie so selten waren — in den ersten 17 Jahren des Bestehens der Siedlungen wurden lediglich vier Tiere bekannt (PARK 1986) —, mag mit der Bejagung durch Eingeborene in Zusammenhang stehen; schließlich waren die neuseeländischen Moas ebenfalls vor Ankunft der Weißen

Abb. 78: Portrait eines Tasmaniers. Aus ROTH (1899).

ausgerottet worden (DUFF 1957). MOONEY (in MORGAN 1992) schätzt (!) den Bestand der Art vor Beginn der Besiedlung durch Europäer auf 1 500–2 000 Tiere (für 1900 hält er eine Gesamtzahl von 500 für wahrscheinlich).

In den ersten zwei Jahrzehnten der jungen Kolonie reichte die Ernährung der Menschen durch Versorgungsschiffe aus England keinesfalls aus, so daß Känguruhfleisch zur Hauptnahrung der rasch anwachsenden Zahl von Siedlern und Strafgefangenen wurde; hauptamtliche »Kangaroo shooter« drangen in immer entlegenere Gebiete vor, um den immensen Fleischbedarf zu decken (HUGHES 1987). Damit entzog man den Beutelwölfen in zunehmendem Maße ihre bevorzugte Beute und darüber hinaus auch ihren Nutznießern, den auf das Vertilgen von Aas spezialisierten Beutelteufeln, so daß sich die beiden Raubbeutler immer tiefer in den Busch zurückzogen. Im Analogieschluß sei eine Untersuchung von GREEN (1965) genannt. Hier werden eindringlich die Folgen für Beutegreifer aufgrund der Populationseinbrüche vom Kaninchen geschildert.

Kaum waren um 1830 ihre frühesten menschlichen Verfolger weitgehend vernichtet oder umgesiedelt, drohte ihnen durch Jäger und Fallensteller eine weit ernstere Gefahr: Beutelwölfe wie auch ihre kleineren Verwandten (Beutelteufel und zwei Arten der Beutelmarder) plünderten regelmäßig die Fallen der Trapper und machten sich über die leichte Beute her. Als Antwort auf die unbrauchbar gemachten Felle von Fuchskusu, Pademelon und Wallaby (zwei Känguruharten) »... begannen Fallensteller erst ihre Arbeit, nachdem sie vergiftete Fleischbrocken ausgelegt hatten, denn es galt, das Gebiet von den unliebsamen Raubtieren zu »säubern«. Über die Jahre hinweg, als Fallenstellen für den professionellen Buschläufer einträglich war, müssen Hunderte von Beutelwölfen auf diese Weise vernichtet worden sein« (SHARLAND 1963).

Um 1820 begann sich ein weiteres Unheil abzuzeichnen; aus bescheidenen Anfängen der Schafhaltung erwuchs bald eine blühende Woll- und Fleischindustrie mit einem unstillbaren Hunger auf Weideland. Die saftigen Grasfluren der feuchten Ebenen im Süden und Osten der Insel waren geradezu prädestiniert für den Weidebetrieb mit Schafen. Der Konkurrenz durch Känguruhs, den früheren Nutzern, wurde man rasch Herr, indem man sie kurzerhand abschoß. Einige Populationen mögen sich, durch fortwährende Verfolgung vertrieben, in die lichten Wälder zurückgezogen haben, doch mit hoher Wahrscheinlichkeit bewirkte der Wechsel in weniger geeignete Lebensräume zunächst einen Rückgang der Känguruhbestände.

Dennoch, in der folgenden Zeit überstanden Beutelwölfe (und wohl auch Beutelteufel, die vor allem Lämmer erbeutetet hatten) diesen Wechsel im Nahrungsangebot zunächst recht gut, wie ihre anwachsende Zahl deutlich zeigt (GUILER 1985). Doch rasch sahen die Siedler ihre Existenz wegen der immer häufigeren Angriffe auf die einzige Einkommensquelle gefährdet. Selbsthilfe durch bezahlte »Tiger shooter« erbrachte nicht den gewünschten Erfolg, und so erwirkten sie bei ihrer Interessenvertretung, der Van Diemen's Land Company, mit Hilfe ausgesetzter Abschußprämien eine wirksamere Dezimierung (Abb. 79).

EDWARD CURRS »Letter Book, Van Diemen's Land Company« von 1830 enthält folgendes Memorandum: »Der Inspektor (superintendent) der Hampshire & Surrey

Abb. 79: Erfolgreicher Beutelwolfjäger mit seiner »Trophäe«. Foto: ANONYMUS (1869), Tasmanian Museum and Art Gallery, in BERESFORD & BAILEY (1981).

Hills Niederlassungen ist autorisiert, folgende Belohnungen für die Vernichtung von schädlichen Tieren in diesen Bezirken auszugeben: Für jede männliche Hyäne (Beutelwolf) fünf Schilling (S.), für jede weibliche mit oder ohne Junge sieben, die Hälfte der genannten Preise für männliche und weibliche (Beutel-)Teufel und wilde Hunde (verwilderte Haushunde). Wenn 20 Hyänen getötet worden sind, wird die Belohnung für die nächsten 20 auf sechs bzw. acht S. angehoben, und danach wird nach jeweils sieben weiteren getöteten Tieren zusätzlich ein S. pro Kopf gewährt bis die Belohnung für jedes Männchen 10 S. beträgt und 12 S. für jedes Weibchen.«

Zusätzlich machte den Beutelwölfen und ihren ursprünglichen Beutetieren (Kap. 5.2) die zunehmende Landnahme schwer zu schaffen. CHARLES GOULD (in BERESFORD & BAILEY 1981) gesteht in einem Brief an seinen Vater eigenes Verschulden über die Lage im Derwent-Tal ein: Die zunehmende Zahl an Beutelwölfen um Marlborough wurde von den Farmern als Folge »... meines Ausräucherns aus ihren Verstecken im Hinterland während meiner Expeditionen und der Vernichtung ihrer Nahrungstiere (angesehen), so daß sie in die besiedelten Gebiete getrieben wurden.«

1836 stellte die Van Diemen's Land Company erstmals für den hauptamtlichen Fallensteller eine Hütte zur Verfügung; er sollte im Bezirk Woolnorth die »Tigerplage« eindämmen. 1840 setzte die Gesellschaft folgende Kopfgelder aus: Sechs S. für jedes abgelieferte Stück bei weniger als 10 »Skalps« und 10 S. pro Stück bei mehr als 10. Das war zu einer Zeit, als zwei Pfund einem guten Wochenlohn entsprachen (GUILER 1961a). Insgesamt zahlte die Regierung für 2 040 erwachsene und 144 junge Beutelwölfe Belohnungen aus und die Van Diemen's Land Company für weitere 84 Tiere. R. BROWN (1972) erfährt anläßlich eines Interviews mit HARRY WAINWRIGHT, daß dessen Vater, der »Tiger WAINWRIGHT«, 1897 oder 1898 wahrscheinlich 118 Beutelwölfe gefangen hatte. Ein »Oldtimer« erzählte GRIFFITH (1972), daß um 1900 angeblich ein Team von zwei Fängern in nur vier Monaten die Prämien für 300 Beutelwölfe einsammelte. Diese Berichte mögen stark übertrieben sein, dennoch, der große Raubbeutler fand bald keinen sicheren Ort mehr, und bereits 1863 warnt GOULD: »Wenn die verhältnismäßig kleine Insel Tasmanien stärker bevölkert sein wird, ... werden sich die Bestände dieses einmaligen Tieres rasch verringern, ... und es wird dann über ihn — wie vom Wolf in England und Schottland — gesprochen werden«, als von einem Tier der Vergangenheit«. Doch GOULD sah auch die Situation der Farmer: »... obwohl dies ein bedauerlicher Umstand ist, können für den Wunsch, die Insel von einer so belastenden Kreatur zu erlösen, weder Schafhirt noch Farmer gescholten werden«. Der vom Beutelwolf — und anderen Räubern — angerichtete Schaden war tatsächlich in jenen Tagen nicht tolerierbar. Allein in der Station Surrey Hills gingen im Laufe von 14 Jahren 147 Schaftötungen auf das Konto des Beutelwolfs (Abb. 80). Es soll jedoch nicht verschwiegen werden, daß die doppelte Zahl wildernden Hunden zugeschrieben wurde (GUILER 1961a), ohne daß man diese mit dem gleichen Eifer verfolgt hätte.

In einem Artikel der Zeitung »The Mercury« um 1880 beklagt sich Farmer EDWARD O. COTTON aus Kelvedon an der Ostküste: »Die Raubzüge von Tigern in den äußeren Bezirken haben in letzter Zeit stark zugenommen. Verursacht durch was auch immer, Tatsache ist, daß die Beutelwölfe so zahlreich und zerstörerisch werden, daß eine Menge Kronland (Kolonie) aufgegeben wurde und sehr viel mehr wird

Zahl der getöteten Schafe

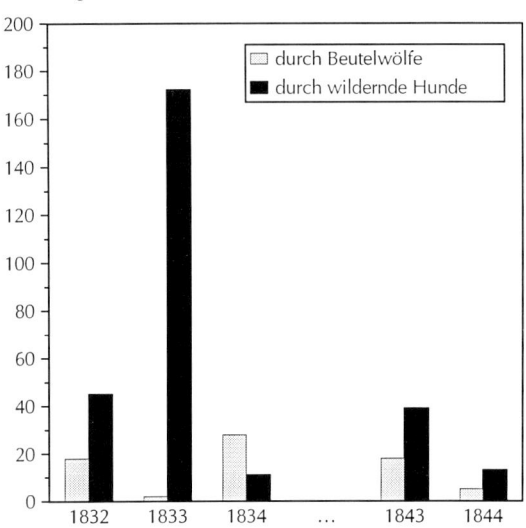

Abb. 80: Die im Bezirk Surrey Hills durch Beutelwölfe und wildernde Hunde getöteten Schafe, am Beispiel von fünf Jahren. Nach Daten von GUILER (1961).

noch verloren gehen. Es geziemt sich für Schafeigner, gemeinsame Sache zu machen gegen den gleichen Feind, (nämlich) sich in »Tiger-Bezirke« zu formieren und eine Stiftung zu gründen, aus der eine ausreichend hohe Belohnung für Tigerköpfe ausbezahlt werden kann.« Der Verfasser dieses Artikels macht sich weiter stark für eine Unterstützung seitens der Regierung und argumentiert, sofern sich Tiger auf Kronland befänden, sie damit auch »Kronland-Tiger« wären (und damit könne auch über sie verfügt werden). Die Kampagne der Farmer, die Beutelwolfbestände zu vernichten, fand 1885 ihren Höhepunkt in einer Bittschrift, die dem Landesparlament überreicht wurde: »Wir meinen, Beutelwölfe und andere zerstörerische Tiere bedeuten für unsere Herden einen solchen feindlichen Eingriff (inroad), daß viele von uns fürchten, wir werden das von uns besiedelte Kronland verlassen und damit auch die Schafhaltung aufgeben müssen.« Die Petition erhielt politische Unterstützung, und im darauffolgenden Jahr (1886) setzte JOHN LYNE für den Bezirk Glamorgan durch, daß 500 Pfund für die Bekämpfung des Beutelwolfs bewilligt wurden. Er machte folgende Rechnung auf: Wenn 100 Schafe im Jahr von einem Beutelwolf gerissen würden, wären das jährlich 30 000 bis 40 000 Schafe, so daß ganze Herden in den Abgrund gingen, wobei mehr Tiere verstümmelt als getötet würden. Während der Parlamentsdebatte vom 4. November 1896 drohte ein Mitglied den Regierungsstellen mit einem Mißtrauensantrag, wenn sie in diesem Falle versagten. Immerhin hätten Schafeigner in den Bezirken Avoca und St. Paul 20 Prozent ihrer Herden verloren. Zwar machten sich einige Opponenten über die Furcht ihres Mitbürgers lustig und wandten ein, daß es wohl nicht »Tiger-Plünderungen« waren, die zum Verlassen von Kronbesitz führten, sondern eher der niedrige Wollpreis, und daß die Beutelwölfe gegenüber früheren Zeiten wohl kaum zugenommen haben könnten. Mit dem knappen Ergebnis von 12 Befürwortern und 11 Gegnern stimmte man für eine 21 Jahre während Kampagne gegen die Art (BERESFORD & BAILEY 1981). Anläßlich einer erneuten Parlamentsdebatte — wegen

Geldmangels wurde der Beschluß nochmals vertagt — beschwor JOHN LYNE wiederholt ein Schreckgespenst herauf, nämlich, daß es in der Kolonie 700 000 Schafe zuwenig gäbe, was dem Beutelwolf anzulasten sei (Abb. 81).

Doch gab es bei den Schafeignern selbst an der Ostküste durchaus auch andere Stimmen: »Wenn es tatsächlich so viele von ihnen (Beutelwölfe) gäbe, hätte Schafhaltung schlechte Aussichten ..., doch hören wir von ihnen zur Zeit wenig«, äußerte LOUISA ANNE MEREDITH (1880) in »Tasmanian Friends and Foes« (BERESFORD & BAILEY 1981). Ein anderer Farmer meldete sich im »The Mercury« vom 30. Oktober 1884 zu Wort: »Da sie mit einer guten Falle einigermaßen leicht zu fangen seien ...«, sah er weniger im Beutelwolf, sondern vielmehr in den »duffer«, den Schafdieben, ein weit größeres Problem, denn von denen würden 50 bis 100 Schafe in einer Nacht gestohlen, »... während Beutelwölfe wohl kaum mehr als ein Schaf pro Nacht töten würden« (BERESFORD & BAILEY 1981) (Abb. 82).

Abb. 81: Oft wurde der Beutelwolf als existenzbedrohende Bestie betrachtet. Filmbild aus MOELLER (1981b).

Als schließlich am 29. Februar 1888 auch von Regierungsseite das Belohnungssystem eingeführt wurde, bot man ein Pfund (heute ca. DM 200; Kap. 9.1) für jeden erwachsenen und 10 Schilling für jeden jugendlichen Kadaver; die erste Auszahlung erfolgte zwei Monate darauf am 28. April. Einen Monat später setzte die Glamorgan Herden-Schutzgemeinschaft (Stock Protection Association) an der Ostküste Prämien in doppelter Höhe aus mit der Maßgabe, daß die Regierung Belohnungen in gleicher Höhe zahlen müßte; diese Forderung wurde vom zuständigen Minister angenommen. Nach einem Maximum von 172 ausgezahlten Prämien im Jahre 1900 er-

Abb. 82: Die Einstellung der Siedler zum Beutelwolf war bis in jüngste Zeit zwiespältig. Zeichnung: ANONYMUS, in »New Scientist«, Juni 1986.

Zahl der getöteten und
gefangenen Beutelwölfe

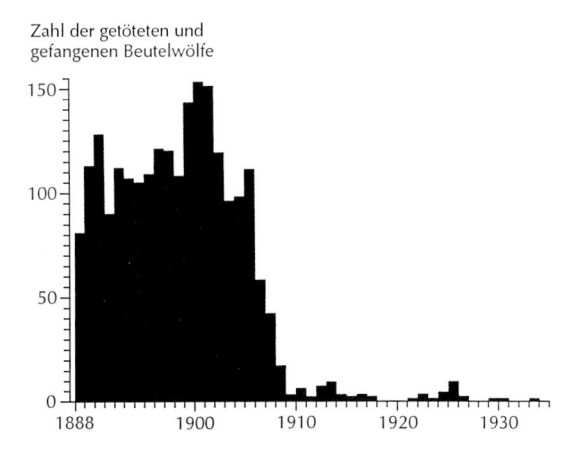

Abb. 83: Bestandsrückgang des Beutelwolfs, dokumentiert an Hand der getöteten und gefangenen Tiere; (1888–1909 Prämienzahlungen). Aus CLAUDE (1996).

folgte ein dramatischer Rückgang der Beutelwolfbestände (s. auch Kap. 9.2, Abb. 106), so daß die Van Diemen's Land Company 1914 die Zahlungen einstellte (Abb. 83). In diesem Jahr wurden nur noch drei Skalps abgeliefert.

Schließlich sei eine gelegentlich zitierte Angabe über die stattliche Anzahl von 3 482 Häuten/Fellen vom Beutelwolf genannt, die angeblich zwischen 1878 und 1893 von einer Londoner Firma für die Herstellung von Westen gekauft worden waren (GRIFFITH 1972). Vergleicht man diese Menge mit der Gesamtzahl von 2 184 abgelieferten Tieren (bzw. deren abgeschlagene Köpfe), für die zwischen 1888 und 1909 von Regierungsseite Prämien ausbezahlt wurden, erscheint sie unglaubhaft hoch, selbst unter der Annahme, daß man einen Teil der geschossenen oder in Fallen gefangenen Tiere abgehäutet hatte, und diese in der Zahl von 3 482 Fellen enthalten waren. Wahrscheinlich erlag GRIFFITH einem Irrtum, denn in einem Artikel der Australischen Botschaft (Bonn) schreibt ANONYMUS (1960): »Der Pelz war niemals wertvoll wegen des schlechten Felles«. GUILER (1991) berichtet dagegen: »Die Häute (Felle) wurden in Hobart für etwa 3 Pfund 18 Schilling verkauft ...« Für die Fertigung von Mützen und Westen erscheint dem Verfasser ein Stückpreis von etwa DM 600 (nach heutigem Wert) unverhältnismäßig hoch.

Die letzte Prämie seitens der Regierung wurde am 5. Juni 1909 ausgezahlt (BERESFORD & BAILEY 1981). Obwohl für jeden ersichtlich war, daß die Art ihrem raschen Niedergang entgegeneilte, setzten Fallensteller und Jäger unbeirrt ihren Vernichtungsfeldzug fort, wenn auch mit abnehmendem Erfolg.

Am 13. Mai 1930 ist es dann schließlich soweit: WILFRED — genannt »WIF«–BATTY, ein junger Farmersohn aus Mawbanna in Tasmaniens Nordwesten, erlegt den letzten Beutelwolf. Die Regionalzeitung »The Advocat« berichtet am 14. Mai: »Der Marodeur war gestern recht kühn, denn als Mr. BATTY mit seiner Familie beim Mittagstisch saß, bemerkte ihn (den Beutelwolf) sein kleines Mädchen, als es durch das Fenster in den Hof nach den Hühnern schaute. Mr. BATTY und sein Sohn WILFRED griffen sofort nach ihren Gewehren und, obwohl sich das Tier aus dem Staube machte, war letzterer (WILFRED) erfolgreich, indem er es verwundete, und es wurde bald erledigt« (Abb. 84).

Feinde und Krankheiten 121

Abb. 84: WILFRED BATTY aus Mawbanna erschoß den letzten Beutelwolf in freier Wildbahn. Foto: ANONYMUS (1930), Tasmanian Museum and Art Gallery, in BERESFORD & BAILEY (1981).

Obwohl zu diesem Zeitpunkt noch niemand ahnen konnte, daß es sich um einen der letzten seiner Art handelte, brachte die Zeitung das höchst seltene Ereignis in reißerischer Aufmachung:

> »EIN ZERSTÖRERISCHES TIER« / »Hyäne in Mawbanna getötet«
>
> »Gestern herrschte in Mawbanna große Aufregung, als ein Beutelwolf geschossen wurde ... Das Tier war mit einer Körperlänge (wohl Gesamtlänge) von 1,9 m ein ausnehmend großes Exemplar seiner Art. Im Mawbanna-District hatte eben diese Hyäne für eine Menge Ärger gesorgt, weil sie Geflügelpferche verwüstete und auch einige Kinder in Schrecken versetzte (Sic lupus ex fabula!) ... Auf Mr. SUNDQUISTs Grundstück drang das Tier vor wenigen Tagen in eine Hütte ein; dort lagerten mehrere Leute. Einer der Männer wandte sich um, sah, wie es Essen aus der Bratpfanne schnappte, und da er es für einen Hund hielt, versuchte er es hinauszubefördern. Als er gewahr wurde, daß der Eindringling eine Hyäne war, bekam er einen heftigen Schreck und sprang rasch zur Seite, als er ihn anknurrte. Ein zweiter Mann warf einen Stiefel nach der Bestie, die kräftig hineinbiß und sich davonschlich.«

Epilog

Einen Monat vor diesem Ereignis, am 8. April 1930, wurde der Beutelwolf »teilweise unter Schutz« gestellt, d. h. nur während der vermuteten Fortpflanzungszeit im Dezember, und erst sechs Jahre später, zwei Monate bevor das letzte bekannte Exemplar im Hobart-Zoo starb, verkündete die »Tasmanian Government Gazettes« (14. Juli 1936), daß die Art gesetzlich geschützt sei (SHUKER 1993). 1950 erklärte die »International Union for the Protection of Nature« den Beutelwolf zu einer der 14 seltensten Tierarten; 1965 verbot der »British Board of Trade« seinen Import, und im Juni 1973 untersagte die australische Regierung seine Ausfuhr ... (BERESFORD & BAILEY 1981). Die IUCN (International Union for Conservation of Nature and Natural Resources) zählt den Beutelwolf seit 1982 zu den ausgestorbenen Tieren. Obwohl die Art — laut Auskunft des WWF Australia (Commonwealth Endangered Species Protection Act 1992) — als ausgestorben gilt, steht sie im Washingtoner Artenschutzübereinkommen auf Anhang I und gilt nach U. S. ESA (Endangered Species Analysis) als bedroht (Herrn Dr. G. MERZ, WWF Deutschland, danke ich für diese Information). Ihre Isis-Nummer lautet: 530 140 200 201 500 1001 (HONACKI 1982).

> »... the animal is often the subject of ill-informed and sensational journalism.«
>
> BERESFORD & BAILEY (1981)

8   Fußspuren, Sichtungen und Expeditionen

Als 1936 der Beutelwolf »Benjamin« in einem tasmanischen Zoo starb, war sich niemand der Tragweite dieses Ereignisses bewußt; der Zusatz einer vom Stadtrat am 16. September verlesenen diesbezüglichen Meldung (Kap. 9) besagt nämlich, daß »... Bemühungen seitens des Superintendenten angezeigt seien, einen weiteren Tiger bis zu einem Entgelt von 30 Pfund pro Tier (für den Zoo) zu beschaffen«. Trotz der extremen Seltenheit der Art — sechs Jahre waren seit dem letzten belegten Abschuß vergangen — wähnte man, durch Aussetzen einer genügend hohen Belohnung, noch einen Beutelwolf beschaffen zu können. Auch im Mutterland der ehemaligen Kolonie dachte man nicht anders: 1953, also 22 Jahre nachdem das letzte Exemplar im Londoner Zoo gestorben war, erging in Vorbereitung der Krönungsfeierlichkeiten von Königin Elizabeth II ein Gesuch der Zoological Society of

Abb. 85: »Benjamin« erreichte das Rekordalter von etwa 13 Jahren. Foto: FLEAY (1933, Beaumaris Zoo, Hobart), Tasmanian Museum and Art Gallery, in PARK (1986).

London an den Fauna Board Hobart nach mehreren Beuteltieren, um eine »Krönungskollektion« zusammenzustellen; die Wunschliste enthielt auch einen Beutelwolf; man glaubte offensichtlich noch, diese Rarität aus dem entlegenen Winkel des Empire der erwarteten Besuchermenge präsentieren zu können (GUILER 1985).

Eine weitere Tatsache spiegelt die Sorglosigkeit der Verantwortlichen — oder eher die seinerzeit geringe Bedeutung des Beutelwolfs — wider. Zunächst ist man sich aufgrund mangelnder Dokumentation bis heute der Identität von »Benjamin« nicht ganz sicher (Abb. 85). War der letzte Beutelwolf ein Überlebender der 1924 in den Zoo gelangten »Mullins cubs«, was GUILER (1985) für gegeben hält, oder handelte es sich, wie PARK (1986) schreibt, um das 1933 im Florentine Valley gefangene Tier, das an den Hobart-Zoo verkauft worden war? Dort fehlen jedoch jegliche Unterlagen. Die zweite Annahme ist unwahrscheinlich, denn ROBERT BROWN schreibt 1973 über diesen Beutelwolf: »... this male was at the zoo for a few months before it died« (= 1934). Ungeachtet des o. g. Belegs geben Autoren als Todesjahr des letzten Tieres 1933 (RIDE 1970, SMITH 1982) bzw. 1934 (GRIFFITH 1972) an.

»Mit dem Jahr 1936 endete die Ära der gesicherten Angaben ...«, schreiben BERESFORD & BAILEY 1981, »... und die der Spekulation und Gerüchte begann«. Auslösend mag die erste Fleming Expedition gewirkt haben. Da der Franklin Bezirk als Schutzgebiet für die Tierwelt Tasmaniens vorgesehen war, wurde das folgende Unternehmen auch vom »Animals and Birds Protection Board« (später im NPWS, National Parks and Wildlife Service, aufgegangen) organisiert. Am 28. November 1937 machten sich der Infanterist (trooper) A. L. FLEMING und der Landvermesser L. WILLIAMS in den kaum besiedelten Westen Tasmaniens auf; sie erreichten den Cardigan Fluß und schließlich den Berg Frenchman's Cap; nahe dem Franklin-Fluß stießen sie auf Fährten von Beutelwölfen, laut FLEMINGs Angaben »... an elf verschiedenen Stellen ... dort müssen wenigstens vier verschiedene Tiere die Spuren gemacht haben« (FLEMING 1939). Im November des folgenden Jahres war FLEMING nochmals unterwegs, wieder unterstützt durch den Protection Board; doch diesmal begleitete ihn neben vier weiteren Männern einer der erfahrensten Wildbiologen des Landes, MICHAEL SHARLAND, der bereits 1932 die Gegend um den Frenchman's Cap durchstreift hatte. Sie überquerten die Flüsse Jane, Franklin und Lodden und erreichten schließlich den Südbuchenwald des Thirknell-Wildbaches. Hier, südöstlich des ersten Expeditionszieles, konnten sie einige Gipsabgüsse von Beutelwolffährten abnehmen. FLEMINGs Bericht an den Board sowie SHARLANDs Ausführungen (1939) zufolge waren genügend Fußspuren entdeckt und gesichert worden, um das Überleben des Beutelwolfs zu belegen. Die Expeditionsteilnehmer hatten zwischen der King Williams Range und den Hügeln des Jane-Flusses ein Gebiet von 2 000 km^2 durchstreift. Die dritte Suchexpedition führte den damaligen Leiter des Healesville Sanctuary/Victoria, DAVID FLEAY, an den Jane- und den Erebus-Fluß. Zwischen November 1945 und März 1946 legte er im Collingwood-Gebiet Schleppspuren mit dem Fleisch frischgetöteter Tiere und stellte mehrere Fallen, doch waren seine Bemühungen, einen Beutelwolf für den Healesville-Zoo zu fangen, erfolglos. Vielen der von FLEMINGs zweiter Expedition stammenden Stahlbügelfallen, die mit Schinken, lebenden Hühnern oder Enten geködert worden waren, fielen Beutelteufel und Beutelmarder wie auch Fuchskusus bzw. Ringbeutler (»possums«) und Känguruhs zum Opfer, — auf den »Tasmanian tiger« gab es jedoch keine Hinweise.

Dennoch berichtet FLEAY (1946), am Calder Paß einen merkwürdigen Schrei gehört zu haben, »... der an das kurze scharfe Knarren (creak) einer Tür erinnerte und völlig andersartig war als jegliche Rufe eines Säugetiers oder Vogels, die ich je gehört hatte«. Bald darauf fanden er und seine Begleiter im feuchten Boden Spuren und schließlich noch die Reste eines in einer Falle gefangenen Rotnackenwallabies, das — nach FLEAYs Meinung — von einem Beutelwolf gefressen worden war. Diese euphorischen Berichte blieben nicht unwidersprochen, einige der Fährtenausgüsse hielten genaueren Untersuchungen von ERIC GUILER und G. K. MELDRUM (1958) nicht stand, sondern wurden als Wombatspuren identifiziert.

Im Juni des Jahres 1956 erhielt das Lager der Optimisten erneuten Auftrieb: Passagiere eines Hubschraubers fanden bei Hibbs Beach, an der unbewohnten Südwestküste Tasmaniens deutlich im Sand erkennbare Fußspuren angeblich vom Beutelwolf. Als im Januar des folgenden Jahres Kapitän JIM FERGUSON, Pilot der Australian National Airways (ANA), und zwei Ingenieure langsam über den Strand der Birthday Bay flogen, konnten sie beobachten, wie ein gelbbrauner Hund mit Tigerstreifen den Strand entlangtrottete. Nach FERGUSONs Angabe hatte er die Größe eines Schäferhundes (Alsassion dog) und sein langer Schwanz war gerade nach hinten gestreckt. Eine Woche später schließlich wurde von einem weiteren ANA-Piloten MAX HOLYMAN und seinem Passagier J. GRABOWSKY ein ähnliches Tier gesichtet. Sie trieben es mit dem Hubschrauber um einen Sandhügel, während GRABOWSKY es zu fotografieren versuchte (BERESFORD & BAILEY 1981). Spätere Untersuchungen des Fotos ergaben, daß es tatsächlich ein Hund war (GRZIMEK 1967). Daraufhin plante die Animals and Birds Protection Board im zeitigen Jahr 1957 eine Suchexpedition, der sich die beiden Mediengiganten Life Magazin und Walt Disney-Productions mit Fotografen und einem Filmteam anschließen wollten. Geplant war, einen Beutelwolf zu fangen, ihn zu fotografieren, wissenschaftliche Daten zu sammeln und ihn wieder freizulassen. Es wurde bereits ein Fangkäfig entworfen, und die Planungen, ein größeres Areal im »tiger country« einzuzäunen, liefen auf vollen Touren. Da mehrere Mitglieder erkrankten, wurde das Projekt mehrmals verschoben und schließlich aufgegeben.

ERIC GUILER, wohl der prominenteste Wissenschaftler, der sich um den Beutelwolf bemühte, untersuchte im selben Jahr im Tal des Derwent-Flusses ein gerissenes Schaf. Er schließt aus Art und Weise, wie das Tier getötet, geöffnet und angefressen wurde, auf einen Beutelwolf. Im selben Gebiet geriet jedoch ein großer wildernder Haushund in eine Falle. In einem 1968 gegebenen Interview behauptet GUILER, daß mit Sicherheit 20 Paare leben würden, und daß er 20 Orte kennen würde, von denen er regelmäßig Berichte erhielte ... (BERESFORD & BAILEY 1981).

Das größte Aufsehen von allen Sichtungen erregte wohl der Bericht der Angler BILL MORRISON und LAURIE THOMPTON, die im August 1961 in Sandy Cape/Westküste lagerten. Sie hörten, wie sich irgendein größeres Tier an ihrem Vorratskorb vor dem Zelt zu schaffen machte, und THOMPTON streckte es mit einem Knüppel nieder. Am nächsten Morgen fanden sie einen jungen Beutelwolf — tot. Unglücklicherweise war der Kadaver verschwunden, als sie am folgenden Abend zum Camp zurückkehrten ... Da später mehrere Einzelheiten von beiden Personen sehr unterschiedlich dargestellt wurden (BERESFORD & BAILEY 1981), verliert der Bericht stark an Glaubwürdigkeit (Abb. 86).

Abb. 86: Weltweites Aufsehen erregte dieser Bericht von zwei Anglern im August 1961.

Nach diesem von der Presse (»The Mercury«, 18. August 1961) gehörig aufgeblähten Ereignis lebte im Oktober 1963 der Plan des Protection Board für eine weitere Suchexpedition wieder auf, und die Staatsregierung stellte 2 000 Dollar zur Verfügung; Leiter war Dr. ERIC GUILER. Es wurden 700 Fallen entlang einer Linie am Green's Creek im Sandy Cape gestellt, weitere 800 Fallen im äußersten Nordwesten von Woolnorth (Südwest-Tasmanien). Es handelte sich um Fußfallen, die keine Verletzungen verursachen sollten; alles wurde von GUILER sorgfältig überwacht. Im April des folgenden Jahres führte man ein weiteres Fangprogramm in der Nähe von Balfour durch. Wie GUILER (1966) eingestand, erwiesen sich die Unternehmungen insgesamt als Fehlschlag, denn es wurden lediglich Wallabies, Wombats und Beutelteufel gefangen. Dennoch verlor er seinen Optimismus nicht: »... zweifellos existierte der Tasmanische Tiger ..., jedoch machen die örtlichen Schwierigkeiten sowie unannehmbar hohe Kosten die Arbeit unmöglich« (BERESFORD & BAILEY 1981).

In der Folgezeit gab es neue »Sichtungen«, und weitere Expeditionen wurden in »sichere Beutelwolf-Gebiete« durchgeführt. Bemerkenswert ist der Fund eines Lagers (Schlafplatz); die dort gefundenen und an GUILER gesandten Haare wurden

Fußspuren, Sichtungen und Expeditionen 127

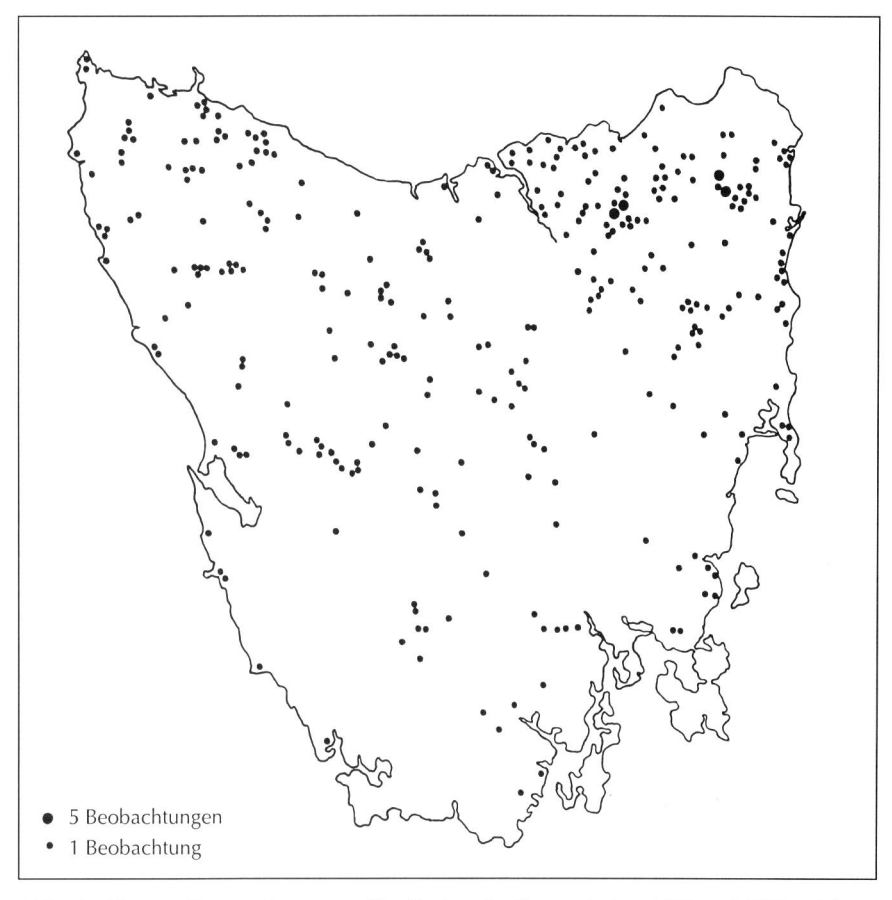

- ● 5 Beobachtungen
- • 1 Beobachtung

Abb. 87: Die von STEVEN SMITH erstellte Karte mit allen zwischen 1936 und 1980 erfolgten (wahrscheinlichen) Sichtungen. Aus SMITH (1981).

jedoch eindeutig als einem ausgestopften Exemplar aus dem Tasmanischen Museum in Hobart zugehörig erkannt. In den Jahren 1968–1972 waren Scharen von Amateuren unterwegs; sie durchzogen die einsamsten Landstriche des Inselstaates, doch wurden sie insgesamt Opfer ihrer Leichtgläubigkeit. Nachdem der World Wildlife Fund — heute Worldwide Fund of Nature — (WWF) im Oktober des Jahres 1979 dem Tasmanischen National Park and Wildlife Service (NWPS) für eine wissenschaftliche Untersuchung über den Verbleib des Beutelwolfs 55 000 Dollar übergab, wurde der Zoologe STEVEN SMITH, seinerzeit Student an der Universität von Tasmanien, mit der Aufgabe betraut, eine detaillierte systematische Studie über den derzeitigen Status des großen Raubbeutlers sowie möglichst umfangreiche Ermittlungen über seine Biologie und Verbreitung zu erstellen. SMITH (1981) erfüllte die ihm gestellte Aufgabe mit großer Sorgfalt, unter der Leitung von ERIC GUILER wurde mit Hilfe automatischer Kameras eine großflächige Suche durchgeführt (WILFORD 1980). Zahlreiche wildlebende Tiere wurden fotografiert, jedoch kein

Beutelwolf. Dennoch schließt sein Bericht: »... noch gibt es eine Chance, daß dieses faszinierende Tier bis zum heutigen Tag überlebt hat«.

Müßig zu erwähnen, daß auch die bisher kostspieligste Expedition, für die der Unternehmer PETER WRIGHT 250 000 Dollar ausgab (WESTON 1984) (oder — wie man 1988 dem Verfasser gegenüber formulierte — »verschwendete«), ergebnislos verlief. Die intensive Suche konzentrierte sich auf das Areal nahe dem Adelaide-See im zentralen Hochland Tasmaniens.

In jüngster Zeit wurde sogar der Versuch unternommen, aufgrund der gehäuften »Sichtungen« durch Computersimulationen die Existenz des Beutelwolfs zu beweisen (ANONYMUS 1990); reißerische Artikel über angebliche Beobachtungen beflügeln also aufs neue die Phantasie einiger unermüdlicher Optimisten (Abb. 87).

Mit letzter Sicherheit wird sich wegen der weiten unbewohnten Landstriche mit dichter Vegetation und tiefen Felsschluchten wahrscheinlich nicht feststellen lassen, ob der Beutelwolf tatsächlich verschwunden ist. Daß Zurückhaltung angebracht ist, zeigt die spektakuläre Wiederentdeckung der neuseeländischen Takahé und des Quastenflossers *Latimeria*. (Die Riesenralle *Notornis hochstetteri* hatte man bereits für ausgestorben erklärt, doch entdeckte man 1948 noch eine Restpopulation; *Latimeria* wurde zunächst 1938 vor der Südostküste Südafrikas entdeckt; erst 14 Jahre später fand man sie auf den Komoren-Inseln nordwestlich von Madagaskar). Die Wahrscheinlichkeit, noch lebende Exemplare des großen Raubbeutlers zu finden, ist jedoch äußerst gering (Abb. 88).

Abb. 88: »Sperr' mal die Köter weg, Vater, da kommt schon wieder einer von diesen Typen aus der Stadt.« Diese Karikatur kennzeichnet sowohl die Hoffnung auf Wiederentdeckung des Beutelwolfs wie auch den Spott über die zahlreichen Amateure. Aus: Express, 06. 08. 1966.

Als abschließende Würdigung des Themas »Sichtungen« sollen zwei diesbezügliche Kommentare von tasmanischen Psychologen zitiert werden: »... es kann eine Menge geschehen zwischen dem beobachtenden Auge und dem aufnehmenden Gehirn« (WALTER SLAGHINS, Dept. of Psychology, University of Tasmania); und »Was wir sehen, ist eine Funktion früher gemachter Erfahrungen, ... wir sehen eher, was wir zu sehen wünschen, was wir zu sehen erwarten ...« (Dr. HARRY STANTON, University of Tasmania, in MORGAN 1992). Eine plausible Begründung für die kaum noch überschaubare Fülle von Sichtungen hat GREG MORGAN gegeben: »Wir haben den Beutelwolf im Wappen unseres Staates verewigt sowie im Namen mehrerer Städte und Gemeinden, indem wir über 30 Plätze nach ihm benannten. ... Bestätigt man sein Aussterben, so würde das unsere schlimmsten Befürchtungen ... rechtfertigen. Lebt der Beutelwolf jedoch, so könnten die Vorwürfe abgeschwächt werden gegen die Tasmanier, die sich tief beschämt fühlen über nicht mehr gutzumachende Zerstörungen im Ökosystem der Insel ...«

Fußspuren und »Tiger sightings« wurden jedoch auch vom australischen Festland gemeldet. SHERIDAN (1871) beschreibt eine Begegnung mit einem Lebewesen, das keinem bisher bekannten Raubtier Australiens ähnelt. Dieses katzenartige Tier mit stumpfer Schnauze von der Größe eines Leoparden wurde von TROUGHTON (1965) mehr oder weniger kritiklos als eigene Art aufgeführt, wenn auch ohne wissenschaftlichen Namen (Abb. 89).

Abb. 89: Zeichnung der mutmaßlichen »Beutelkatze« vom Festland. Zeichnung: BURTON (1956), in ARCHER & CLAYTON (1984).

Da es sich stets um »Berichte von Augenzeugen« handelt, also wiederum um Sichtungen, und kein einziges Foto existiert, könnte man diesen Komplex unter der Rubrik »Phantasietiere« ablegen (oder es handelte sich um einen Leoparden, der aus einer kleinen Tierhaltung oder einem Zirkus entwichen war), wenn nicht in den letzten Jahren ein bemerkenswerter Gestaltwandel, nämlich von einer Beutelkatze zum Beutelwolf stattgefunden hätte; je hoffnungsloser die Situation auf Tasmanien erschien, desto stärker verlagerten sich die Spekulationen auf den Kontinent. 1967/68 erfolgte ein förmlicher Boom von Sichtungen. HARRIS (1968) schreibt, daß im Staat Victoria an 35 verschiedenen Orten zwischen Coorong und Nelson mehr als 100 Personen behaupteten, einen Beutelwolf gesehen zu haben: Ein »... hundeähnliches Tier mit gestreiftem Körper und einem känguruhähnlich sich allmählich verjüngendem Schwanz« (SMITH 1981). Dieser »Ozenkadnook Tiger« wurde sogar in HARRIS' Artikel (1968) abgebildet: Das Foto zeigt einen Haushund mit breiten weißen Streifen auf dem Vorderkörper, und da auch der hintere Rückenbereich weiß war, handelt es sich offenbar um einen Lichteffekt und nicht — wie vermutbar wäre — um eine Art Stromung (Kap. 4.2.2). 1973 wurden im Longland Gap Areal im Atherton Tableland/Nordqueensland eine Anzahl weiterer hundeartiger Tiere mit gestreiftem Körper gesichtet. Schließlich beobachtete man im Grenzgebiet zwischen Victoria und Neusüdwales angeblich eine »Gruppe von acht Beutelwölfen, ein Weibchen mit ihren Beuteljungen eingeschlossen«. In einem weiteren schildernswerten Fall wurde der Verfasser um sein Urteil gebeten: Es handelt sich um mehrere Farbfotos aus dem Südwesten Westaustraliens von KEVIN CAMERON, die in der Zeitschrift »New Scientist« im April 1986 abgebildet wurden (DOUGLAS 1986). Sie konnten eindeutig als Fälschung erkannt werden, da die Schatten eines Baumes, deutlich erkennbar, einen längeren Zeitraum zwischen beiden Aufnahmen belegen. Offensichtlich benutzte man ein Museumspräparat, dessen Schwanz schräg nach oben ragt (s. Abb. 121 oben), und schob es in ein — die übrige Gestalt verbergendes — Erdloch; das letzte Körperdrittel wurde aus zwei verschiedenen Blickwinkeln fotografiert, so daß der Beutelwolf in dieser Position längere Zeit verharrt haben müßte ... Leider wurden CAMERONs angebliche Beobachtungen und die Fotos unkritisch weitergegeben, wie ein Artikel in der Zeitschrift Oryx vom Juli 1986 belegt: »Camerons Sichtung ist die erste, die von einem fotografischen Beweis gestützt wird ... australische (Festland-) Beutelwölfe erhalten ihren ersten Beleg« (ANONYMUS 1986).

Ganz offensichtlich haben jüngere Funde mumifizierter Beutelwölfe in ausgezeichneter Erhaltung, deren Bilder in der Presse verbreitet wurden, zum Aufleben von »Sichtungen auf dem Kontinent« beigetragen (z. B. GREENWELL 1994).

»Thylacines in captivity did not provide much
entertainment.«

ERIC GUILER 1985

9 Beutelwölfe in Menschenhand

Nachweislich lebten im Laufe von 86 Jahren ca. 68 Beutelwölfe in 11 Zoologischen Gärten (und zwei Menagerien) Europas, der USA und Australiens (Tab. 7). Diese Zeitspanne wird von zwei Nachrichten markiert: Am 14. Mai 1850 bestätigt D. W. MITCHELL, Sekretär der Londoner Zoologischen Gesellschaft, daß »... die Menagerie durch die wohlbehaltene Ankunft zwei lebender Exemplare von *Thylacinus cynocephalus* bereichert wurde«; das zweite ist eine Notiz aus der Versammlung des Stadtrats (City Council) in Hobart/Tasmanien vom 16. September 1936, sie lautet: »Tiger starb am vergangenen Montagabend, dem 7. des Monats, und der Körper wurde dem Museum übersandt« (BERESFORD & BAILEY 1981).

Tab. 7: Beutelwölfe in Zoologischen Gärten sowie Menagerien = (), + bedeutet dort gestorben. (Daten von SMITH 1981, GUILER 1985, PADDLE 1993, EDWARDS 1996b und Verfasser)

	Zeitspanne	Anzahl der Tiere	Verbleib
Australien/Tasmanien			
Adelaide	1886–1903	ca. 8	+
Melbourne	1864–1931	ca. 15	6 → London
Sydney	1885–1924	3	+
(Hobart/Wilmot)	1843–1846 (?)	3	?
Hobart/Beaumaris	1910–1936	ca. 16	4 → London, 1 → Sydney, 3 → Melbourne
(Launceston)	1879–1900 (?)	ca. 3	?
Europa/USA			
Antwerpen	1912–1914	1	+
Berlin	1864–1908	4	+
Köln	1903–1910	2	+
London	1850–1931	20	1 → Berlin, 2 → Paris, 1 → New York
Paris	1886–1891	2	+
New York	1902–1919	4	+
Washington	1902–1909	5	+
gesamt:	1843–1936	ca. 86	18 exportiert

THYLACINE de Harris. *THYLACINUS* Harrisii. *Temm.*
(Terre de Diémen.)
A. Tête osseuse vue de profil. B. Maxillaire inférieur.

Abb. 90: Dieser Stahlstich gehört mit zu den ältesten Darstellungen des Beutelwolfs; unnatürlich kurz sind die Beine. Stich: PRÊTRE, in LESSON (1830).

Abzüglich der 18 exportierten und deshalb zunächst doppelt gezählten Beutelwölfe (letzte Spalte) beläuft sich die Gesamtzahl auf 68.

Bald nach Entdeckung des Beutelwolfs gelangten mehrere Exemplare oder ihre Häute, Skelette und konservierten Eingeweide in die großen Naturhistorischen Museen Europas; G. P. HARRIS, der im Frühjahr 1807 die Art wissenschaftlich beschrieb, sandte das dem Text zugrundeliegende Exemplar — den sog. Typus — in die britische Hauptstadt (dieser ist jedoch verschollen; Kap. 2). In Paris, Leiden und London, den damaligen Hochburgen naturwissenschaftlicher Forschung, untersuchten Kapazitäten wie M. GEOFFROY ST. HILAIRE (1810), TEMMINCK (1827), OWEN (1841,1843), CRISP (1855) sowie FLOWER (1865, 1867) und GERVAIS (1869) Skelett, Schädel, Gehirn und Gebiß der neuen Art, und in den Werken von LESSON (1830) und WATERHOUSE (1841) wurden Abbildungen von der äußeren Erscheinung des Beutelwolfs veröffentlicht (Abb. 90).

Die erstmals im Londoner Zoo zur Schau gestellten Beutelwölfe mögen bei vielen Besuchern Erstaunen ausgelöst haben: Ein Zebra-Hund, der den Schafzüchtern im fernen Vandiemensland (seit 1853 Tasmanien) das Leben schwermachte, war schon eine Merkwürdigkeit. Obschon keine Reaktionen auf diese Exoten seitens der Zoobesucher überliefert sind, darf man davon ausgehen, daß Giraffen, Löwen und Elefanten eher geeignet waren, die Bürger der britischen Metropole zu begeistern.

Die 1828 eröffneten »Zoological Gardens« am Regent's Park waren nicht zuletzt angelegt worden, um die große Anzahl wertvoller Tiergeschenke an die Royal Zoological Society aus allen Teilen des Empire lebend zu halten, bevor man sie den

— gelegentlich schon wartenden — Anatomen überließ. Im Zoo konnten sie dem Bürger wie auch dem Wissenschaftler erste Eindrücke vermitteln von ihrer Gestalt, von der Art der Nahrungsaufnahme und ihren Bewegungsweisen. Neuartige oder nur ungenügend bekannte Tierformen waren Malern und Kupferstechern, später auch Fotografen lebendes Modell, und so entstanden in Zoologischen Gärten oftmals die ersten bildlichen Darstellungen einer Art. Schließlich mußten die Präparatoren nicht länger nach Skizzen, die vom Sammler vielfach in aller Eile vor Ort angefertigt worden waren, oder nach eigenem Gutdünken ihre Dermoplastiken gestalten. Bald füllten die Präparate in großer Zahl Schauschränke und Galerien des ehrwürdigen British Museum of Natural History, wo sie wiederum dem interessierten Laien als Anschauungsobjekte dienten; nach London gelangte auch der »erste« präparierte Beutelwolf (RENSHAW 1938). Bevor jedoch ein in der Menagerie gestorbenes Tier in die geübten Hände der Präparatoren gelangte, war es auf den Seziertischen der Royal Surgery (Chirurgie/Anatomie) und in den Studierzimmern der Anatomen und Taxonomen Gegenstand wissenschaftlicher Studien. Was anschließend nicht den öffentlichen Schausammlungen zugeführt wurde, kam — in Alkohol oder Formaldehyd sorgfältig konserviert (Abb. 91) sowie als Skelett, Schädel und Fell oder Balg — in die Magazinräume der noch heute größten zoologischen Sammlungen Europas.

Auch die ersten im Zoo gestorbenen Beutelwölfe gelangten ins Britische Museum. Der damalige Anatom EDWARDS CRISP untersuchte und bearbeitete das 1853 verendete Männchen: »Ich nehme an, es ist das einzige Stück, das in diesem Land bisher seziert wurde ...«. Zwei Jahre später erscheint in den Abhandlungen der Zoologischen Gesellschaft London die erste anatomische Studie über den Beutelwolf: »On some points relating the anatomy of the Tasmanian Wolf (*Thylacinus*) ...«. Neben minutiösen Maß- und Masseangaben ist an dieser Untersuchung der Vergleich mit dem Afrikanischen Wildhund *Lycaon pictus* hervorzuheben (Kap. 4.1).

Je seltener die Art wurde, desto größer war die Nachfrage der Museen in Europa und den USA nach jeglichem Material vom Beutelwolf. Ein Artikel in der tasmanischen Tageszeitung »The Mercury« vom 16. 07. 1875 kennzeichnet den »Bedarf« an Landwirbeltieren von der Insel. Unter der Schlagzeile »Gepökelte Teufel« — gemeint sind zur Konservierung in Salz eingelegte Beutelteufel — lesen wir, daß der Londoner »Großhändler JAMRACK« (Tierhändler JAMRACH leitete Mitte des 19. Jahrhunderts eines der führenden Handelsunternehmen in Großbritannien; HAGENBECK 1909) in einem Schreiben an den in Hobart ansässigen Pelzhändler OMANT um 12 »striped wolves« (Beutelwölfe) nachsucht und pro Exemplar vier Pfund Sterling (heute ca. DM 780, s. Kap. 9.1) anbietet; weiterhin 12 Beutelteufel *Sarcophilus*, 12 Schilling pro Tier, 24 Schnabeligel *Tachyglossus*, 10 Schilling für jeden, und 12 Wombats *Vombatus* à 12 Schilling. »... Alle diese Tiere benötige ich in totem Zustand, eingelegt in starke Salzlake ... Sowie das Tier geschossen ist, öffnen Sie den Magen, aber belassen alle Eingeweide im Körper, gestatten nur der Flüssigkeit (Blut und Lymphe) abzufließen, füllen den Magen mit grobem Pökelsalz und legen es in ein gutes dauerhaftes Faß. Wenn das Faß mit Tieren gefüllt ist, schicken Sie es ... zu Kapitän COPPING ...«. An lebenden Tieren wünschte JAMRACH neben Grauen Riesenkänguruhs (»Forester«) und Nacktnasen-Wombats noch diverse Vogelarten. Der Verfasser des Zeitungsartikels bemerkt abschließend: »... Wenn

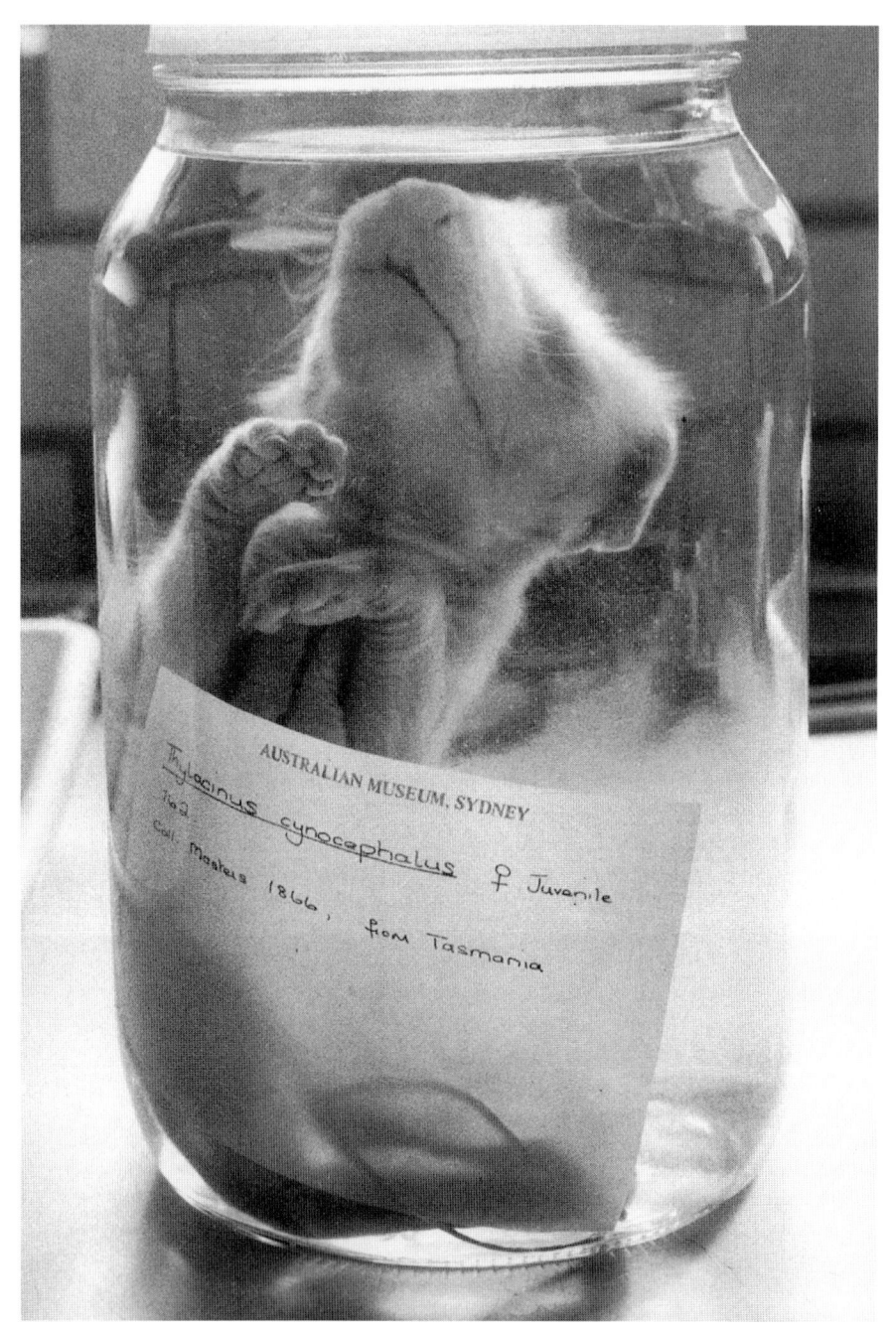

Abb. 91: In Alkohol konserviertes Beuteljunges von *Thylacinus*. Foto: MOELLER (Original: Australian Museum, Sydney).

man dieses großzügige Angebot in Erwägung zieht, mag man dem wohl zustimmen, denn, da unsere Känguruhs allmählich verschwinden, werden viele Schäfer dem Wunsch ihrer Herren den Schafeignern nachkommen, eher Beutelwölfe und Beutelteufel zu töten und einzusalzen, anstatt unser äußerst wertvolles Wild (Forester-Känguruh und Rotnacken-Wallaby) in eine Großmetzgerei zu bringen« (ANONYMUS 1875).

Auch ein Schreiben von RICHARD OWEN, seinerzeit Professor in London und international anerkannter Anatom, das am 2. September 1847 vor der Tasmanian Society verlesen wurde, gibt den dringenden Wunsch nach anatomisch verwertbarem »Material« wieder; OWEN bat um konservierte »Gehirne von *Thylacinus* und *Dasyurus* (dem Teufel der Kolonisten) ... Ein geöffneter Schädel, eingelegt in hochprozentigen Alkohol, würde die erforderlichen guten Umstände (Qualität) gewährleisten ...« (OWEN 1847).

9.1 Was kostete ein Beutelwolf?

Die im Jahre 1888 für Beutelwölfe eingeführten Abschußprämien waren für tasmanische Buschläufer und Fallensteller ein guter Nebenverdienst, erbrachte doch die Jagd auf den verhaßten Schädling, der so viele ihrer Fallen mit Kusus und Wallabies plünderte, finanziellen Ausgleich: Ein Pfund Sterling (s. Tab. 8) pro abgeliefertem Kopf zahlten die Regierungsstellen (Kap. 7.2); das entsprach um die Mitte des 19. Jahrhunderts etwa einem durchschnittlichen Wochenlohn (GUILER 1985). Auch komplette Tiere standen hoch im Kurs: Bereits 1875 bot der Londoner Tierhändler JAMRACH für den Kadaver eines Beutelwolfs vier Pfund Sterling (Kap. 9), 40 Jahre später war der Preis auf das Fünffache gestiegen. Um 1915 zahlten Museen für ein Skelett bereits 10 Pfund. Das Zoologische Museum der Universität Zürich erwarb 1869 das Präparat eines männlichen Beutelwolfs für 265 Schweizer Franken (heute ca. DM 2 650) vom Naturalienhändler G. A. FRANK, der in London und Amsterdam Niederlassungen hatte (CLAUDE 1996). LUDWIG HECK konnte 1902 ein Paar lebender Exemplare vom Tierhändler REICHE für den Berliner Zoo erwerben, »... nicht allzu teuer ...« für 2 000 Mark (HECK 1912); ein Jahr später mußte der Kölner Zoo für seine beiden männlichen Tiere 300 und 800 Reichsmark aufwenden (NOGGE 1992).

Abb. 92: Für seinen ersten Beutelwolf bezahlte der New Yorker Bronx-Zoo 1902 etwa DM 3 600. Foto: Zoological Society, New York.

Abb. 93: Das letzte Exemplar, das nach Europa gelangte, repräsentiert mit einer Summe von DM 16 500 den höchsten Betrag, der je für einen Beutelwolf bezahlt wurde. Foto: BOND, ca. 1926, Zoological Society, London. Aus: EDWARDS 1996a.

Nach heutigem Wert sind das DM 6 000, DM 900 und DM 2 400. CARL HAGENBECK verkaufte 1902 den ersten Beutelwolf an den New Yorker Bronx-Zoo für 1 200 Mark (DM 3 600); vergleichsweise wurde für einen im Monat zuvor abgegebenen Nebelparder *Neofelis nebulosa* die gleiche Summe eingetragen (HAGENBECK 1995) (Abb. 92).

Nach einer Mitteilung von EDWARDS (1996b) betrug der vom Melbourne Zoo angegebene Wert für zwei 1891 an London abgegebene Beutelwölfe je 80 Pfund. 1901 sank der entsprechende Betrag für ein Tier auf 55 Pfund (von HAGENBECK erworben) und 1902 auf 30 Pfund (von Tierhändler JAMRACH gekauft). 1912 war der Preis jedoch wieder auf 40 bzw. 50 Pfund für je ein Männchen angestiegen (vom Hobart-Zoo erworben), und 1926 bezahlte der Londoner Regent's Park Zoo für das letzte Tier, das Australien verließ, die außerordentliche Summe von 150 Pfund (Abb. 93).

In einem anderen Fall ist die »Handelsspanne« eines Beutelwolfs bekannt: Während der Londoner Zoo im September 1911 an Mrs. ROBERTS 30 Pfund Sterling zahlte, mußte der Bronx-Zoo wenige Monate darauf bereits 80 Pfund inklusive Transportkosten aufwenden (SMITH 1981). Mrs. ROBERTS, Besitzerin des Hobart-Zoo/Tasmanien, entlohnte um 1910 ihre Fänger mit acht Pfund für ein lebendes Tier — der Verkaufswert betrug dagegen 25 Pfund; sieben Jahre später lag bereits der Ankaufswert bei 20 Pfund. Anfang der zwanziger Jahre, als der Zoo bereits von der Stadt Hobart verwaltet wurde, konnte ein Beutelwolf für 25 Pfund erworben werden und man erzielte beim Verkauf 40 bis 50 Pfund. Für eine Mutter mit drei halberwachsenen Jungen bezahlte der Hobart-Zoo 1924 an Tierfänger MULLINS 55 Pfund (ca. DM 6 000) (Kap. 9.2). Der Tauschwert war ebenfalls beachtlich: Um 1910

Tab. 8: Wertevergleich nach Auskunft der Deutschen Bundesbank Frankfurt/M., Oktober 1996 (Methode a: historische Wechselkurse nach Kaufkraftvergleich)

Englisches Pfund	Jahr (Folge wie im Text)	Deutsche Mark 1996	für
1	ca. 1890	195	pro Kopf
4	1875	780	pro Kadaver
20	1915	2 600	pro Kadaver
10	1915	1 300	Skelett
80	ca. 1890	15 600	lebend
55	1901	11 000	lebend
30	1902	ca. 6 000	lebend
40– 50	1912	ca. 6 000–7 500	Handelsspanne lebend
150	1926	16 500	lebend
30– 80	ca. 1910	ca. 5 100–13 600	Handelsspanne lebend
8– 25	ca. 1910	1 360–4 250	Handelsspanne lebend
20	1917	2 600	lebend
25–40 (50)	1920	3 000–4 800 (6 000)	Handelsspanne lebend
10	ca. 1910	1 700	lebend

entsprach ein Beutelwolfpaar (sowie 20 Wallabies) dem Wert eines Elefanten, und für drei »Tasmanische Tiger« erhielt der Hobart-Zoo sogar einen Eisbären (Kap. 9.2). WAGNER (1940/41) berichtet, daß derselbe Zoo »... zwei Beutelwölfe gegen ein Paar Leoparden bei einem ... Händler eingetauscht hatte«. Auch die Zoologischen Museen setzten den Wert eines »Native Tiger« recht hoch an; einem Bericht der Royal Society of Tasmania von 1872 zufolge bot Dr. HAAST aus Christchurch/ Neuseeland für einen Beutelwolf »... einige komplette Skelette von Moas« (ANONYMUS 1872), und nach SHARLAND (1950) zahlten Australische Universitäten bis 50 Pfund für einen Schädel.

GEOFFROY SMITH schreibt 1909, daß die von einem Händler in Launceston ausgesetzte Belohnung von 10 Pfund für einen lebenden »Tiger« wegen der Mühe, einen geeigneten Käfig zu beschaffen, sowie wegen des Transports auf unwegsamen Straßen wenig verlockend war und daher meist erfolglos blieb. »Der Schafhirt stand sich weit besser, wenn er dem gefangenen Tier lediglich den Kopf abschlug und diesen beim anschließenden Ritt durch den Bezirk mitnahm, ... von den dankbaren Herdenbesitzern konnte er dann ein Mehrfaches der offiziellen Abschußprämie kassieren.« »Schließlich ...«, bemerkt SHARLAND (1963) zu diesem Thema, »... wenn die duftenden Überreste einen Zustand erreicht hatten, der kein weiteres Erheischen von Belohnung erlaubte, lieferte man sie bei der nächsten Polizeistation ab, wo die Regierungsprämie ebenfalls noch ausgezahlt wurde«.

»So ein Thier ist nichts für's Publikum ...«
Anonymus 1864, nach Leutemann 1867

9.2 Beutelwölfe in Zoologischen Gärten

Welche Bedeutung hatten Beutelwölfe für den Zoobesucher, und welche Informationen konnten durch sie vermittelt werden? Da der Laie vielfach noch heute Beuteltiere mit Känguruhs gleichsetzt, kam dem Beutelwolf — ähnlich wie Beutelmarder, Fuchskusu oder Wombat (Heck 1912) — die wichtige Aufgabe zu, die Formenvielfalt der Marsupialia zu veranschaulichen (Abb. 94).

Vor allem war er aufgrund der bemerkenswerten Ähnlichkeit mit einem Hund eindrucksvolles Beispiel für die konvergente Entwicklung bei Beutel- und Plazentatieren (Kap. 1). Daher stand bei seinem Erwerb das Motiv der Belehrung wohl im Vordergrund; weiterhin mag der Wunsch vieler Zoodirektoren nach »Vervollständigung der Tiersammlung« eine Rolle gespielt haben, und schließlich handelte man auch nach dem Grundsatz »Je seltener, desto besser«. Tatsächlich waren Beutelwölfe um die Jahrhundertwende bereits rar (Knottnerus-Meyer 1905); dessenungeachtet lag der große Raubbeutler in der Gunst des Zoopublikums weit hinten (Kap. 9.2.1).

Die ersten in der L o n d o n e r   M e n a g e r i e — und damit überhaupt in einem Zoo außerhalb Australiens — gehaltenen Beutelwölfe erreichten die Metropole am 16. Mai 1850 (Abb. 95). D. W. Mitchell, Sekretär der »Zoological Society of London«, schreibt 1853, daß man sie nur selten lebend fängt, oder, »... sofern sie gefangen werden, sie in den Fallen tötet, so daß es Mr. Gunn und Dr. Grant nur unter größ-

Abb. 94: Beuteltiere im Berliner Zoo um 1864; Zusammenstellung des Malers Heinrich Leutemann; von li/u.: Ratten-, Bennett- und Riesenkänguruh, mi/o.: Fuchskusu, Beutelgleithörnchen und Nacktnasenwombat, re/o.: Beutelwolf, Beutelteufel, Nordopossum und Tüpfelbeutelmarder. Aus Leipziger Illustrierte Zeitung, 1866/67, nach Schlawe (1966).

Abb. 95: 1850 kam das erste Beutelwolfpaar nach London .... Zeichn.: J. WOLF aus GUNN (1850).

ten Schwierigkeiten und dem Aussetzen beträchtlicher Belohnungen möglich war, sie für die Gesellschaft zu sichern«. Wie GUNN in seinem Schreiben vom 29. Dezember 1849 der Gesellschaft mitteilt, wurden die Tiere auf dem dreimastigen Segelschiff »Stirlingshire« nach London verschifft, und er selbst nahm Kapitän CHRISTOPHER GWATKIN das Versprechen ab, der wertvollen Fracht »... seine höchste persönliche Sorgfalt und Aufmerksamkeit ...« zukommen zu lassen. »Ich habe 12 fette Schafe für die Beutelwölfe ... als Vorrat auf See mit an Bord gegeben ...«, schreibt GUNN, »... und für ihre sichere Ankunft in London alle erdenklichen Vorkehrungen getroffen!« Bereits seit sechs Monaten bewohnte das Weibchen einen Käfig auf seinem Anwesen in Launceston/Tasmanien, »... und es war schließlich so zahm geworden, daß es zuließ, durch die Stangen seines Gefängnisses den Kopf kraulen oder sich anderswo berühren zu lassen, ohne irgendwelchen Unwillen zu zeigen oder gereizt zu sein«. Das Männchen, das GUNN seinem Freund JAMES GRANT aus Launceston verdankte, wurde erst im November, einen Monat vor der Abreise, gefangen und sogleich dem Weibchen zugesellt, mit dem es sich gut verstand. Weniger vertraut war es mit der Anwesenheit von Menschen, deshalb, führt der Autor weiter aus, ließ er den Käfig an einen Weg stellen, der von seinen Bediensteten täglich benutzt wurde, und wo auch seine Kinder spielten. Beide Tiere stammten vom Oberlauf des St. Patricks-Flusses, etwa 50 Kilometer nordöstlich von Launceston und wurden dort in einer Falle gefangen (GUNN 1850).

Wie aus dem Londoner Zooführer von 1853 hervorgeht, der neben dem ausführlichen Text einen Holzschnitt des Paares enthält, fanden die Beutelwölfe Unterkunft in den »Terrassen-Käfigen« (Terrace dens) neben Leoparden und Pumas, Hyänen und verschiedenen Bären (Abb. 96).

Abb. 96: ... und fand Unterkunft in den Terrassenkäfigen, einer Raubtieranlage (Nr. 18). Aus Zooführer London, 1857.

Dieses auch vom Dach her begehbare Gebäude für große Raubtiere stand seinerzeit unmittelbar südlich vom »Glockenturm«. Hier lebten das Männchen drei und das Weibchen sieben Jahre. »Der Tasmanische Wolf ist ein fleischfressendes Beuteltier ...«, belehrt der Zooführer die Besucher, »... das in der Tierwelt Australiens dieselbe Aufgabe hat wie Löwe und Tiger innerhalb der größeren Vierfüßer Afrikas und Asiens«. Ein dritter Beutelwolf kam im April 1856 nach London und war in Ermangelung einer geeigneteren Bleibe zunächst in den »Vulture cages« (Geiervolieren) (Zooführer 1857), später auch in Käfigen nahe den »Känguruh-Hütten« (Zooführer 1863) untergebracht. Mit acht Jahren und sieben Monaten — davon fünf Monate in Berlin — erreichte dieses Männchen den Haltungsrekord aller Beutelwölfe außerhalb Australiens. Eine Beutelwölfin, die 1863 in den Londoner Garten gelangte, verdient besonderes Interesse, da sie beutelträchtig gefangen worden war. Während der Eingewöhnungszeit in Launceston konnte GUNN einige Beobachtungen zum Mutter-Kind-Verhalten niederschreiben (Kap. 5.3). Leider fielen zwei ihrer Jungen den Strapazen der langen Reise zum Opfer; eines hatte wohl überlebt, denn in den Eingangslisten des Londoner Zoo vom 2. Mai 1863 wird

Abb. 97: H. C. RICHTER schuf die wohl bekannteste Farblithographie in London. In GOULD (1863).

neben der Ankunft des erwachsenen Weibchens die eines männlichen Tieres bestätigt (EDWARDS 1996b). Wahrscheinlich wurde der Halbwüchsige separiert und der seit 1856 im Zoo lebende Beutelwolfmann dem Weibchen zugesellt, denn GOULD konnte eigenen Angaben zufolge »ein schönes Paar« beobachten. Dieses diente H. C. RICHTER, einem Illustrator von JOHN GOULDS großartigem Werk »The Mammals of Australia« (1863), als Modell, und der Künstler schuf die wohl bekanntesten Farblithographien vom Beutelwolf: Eine ausgezeichnete Kopfstudie vom Männchen (s. Farbtafel, unten) und eine weitere von beiden Tieren in Totalansicht (Abb. 97).

Als einziger Autor berichtet GOULD von einem Exemplar, das sich in einem Zoo äußerst scheu verhielt: »... wenn es erschreckt wird, rast und springt es mit großem Ungestüm in seinem Käfig umher«. HECK (1912) erklärt Verhaltensunterschiede bei Zootieren generell damit, daß »... die persönlichen Schicksale und Erfahrungen bei der Gefangennahme ... das Benehmen im späteren Gefangenenleben ... beeinflussen«. Solch ein prägendes Ereignis beschreibt MEREDITH (1852): Ein Schafhirt hatte einen jungen Beutelwolf mit der Schlinge gefangen und zog mit ihm von Farm zu Farm, um den üblichen Tribut an Geld oder Tabak entgegenzunehmen, der »... stets für einen getöteten oder gefangenen Tiger entrichtet wurde. Er hatte das Tier mit Kette und Halsband gesichert und immer, wenn es weiterbefördert werden sollte, stülpte er sehr geschickt einen kräftigen Sack über Kopf und Schulter des Tieres, schob die Hinterbeine nach und band ihn zu. Mir tat dieses unglückliche Tier in der Seele leid ...«, doch, fährt die Autorin fort, »... als ich sanft über seinen Rücken strich (nachdem ich so vorsichtig gewesen war, seine großartigen Zähne mit einem Stück Fleisch zu beschäftigen), lief ich Gefahr, daß meine Hand abgebissen würde. Ich bekam für diesen Beutelwolf einen Platz in Sir Eardley Wilmots Menagerie in Hobart; jedoch widerstanden seine unzähmbare Wildheit und sein unbändiges Wesen allen Bemühungen, ihn gesittet und zahm zu machen ...«.

Abb. 98: Beutelwolf im Außengehege des North Mammal House. Foto: SETH-SMITH (ca. 1914), Zoological Society, London, aus MOELLER 1968b.

Bezüglich der klimatischen Umstellung von Beutelwölfen schildert GUNN in seinem Brief vom 12. November 1850 die winterlichen Witterungsbedingungen auf Tasmanien mit strengem Frost und über Wochen liegendem Schnee, »... folglich kann ich mir vorstellen, daß ihnen das Londoner Klima nicht wesentlich schadet«. Später schränkt er jedoch seine Aussage ein, indem er den Waldreichtum Tasmaniens anführt, wodurch die Beutelwölfe im Winter eine gute Zuflucht hätten, denn »... die Kälte (hier) unterscheidet sich durchaus vom britischen Klima« (GUNN 1863).

Nach vierzehnjähriger Pause — das letzte Tier war 1870 gestorben — kam ein weiteres Paar in den Londoner Garten. Kurz zuvor hatte die Nachricht, daß die Art ausgestorben sei, große Bestürzung ausgelöst, und so war man hocherfreut, von Mr. W. L. CROWTHER in Launceston ein nahezu erwachsenes Paar erwerben zu können. RENSHAW (1938), seinerzeit Dozent an der Universität Manchester, erinnert sich, daß »... sie in ausgezeichnetem Zustand bei einer Kaninchendiät gediehen«. Das Männchen war nach seinem Tode Grundlage für eine Studie über Gehirn und Scrotumtasche durch BEDDARD (1891) (Kap. 4.2.3, 4.4). Bis 1931 lebten, wenn auch mit Unterbrechungen, 13 weitere Beutelwölfe im Regent's Park-Zoo (Tab. 9). Sie bewohnten die »Kangaroos' Sheds and Paddock« (Hütten und Gehege) (Zooführer 1904), das »Faultier- und Ameisenbären-Haus« (Zooführer 1909), das »Lemur House« (Zooführer 1913) und schließlich das »North Mammal House« (Zooführer 1928, 1930) (Abb. 98). Zwei Paare waren lediglich für kurze Zeit eingestellt: Die Tiere Nr. 8 und 9 kamen nach einmonatigem Londoner Aufenthalt in die Menagerie von Paris und ein Männchen (Nr. 10) ging nach zwei Monaten zurück an den Liverpooler Tierhändler und Deponenten W. CROSS (Verbleib unbekannt); das dazugehörige Weibchen starb bereits nach acht Tagen im Zoo. Mehrere Fotos aus der Zeit um 1914 dokumentieren den schlecht verheilten Knochenbruch am

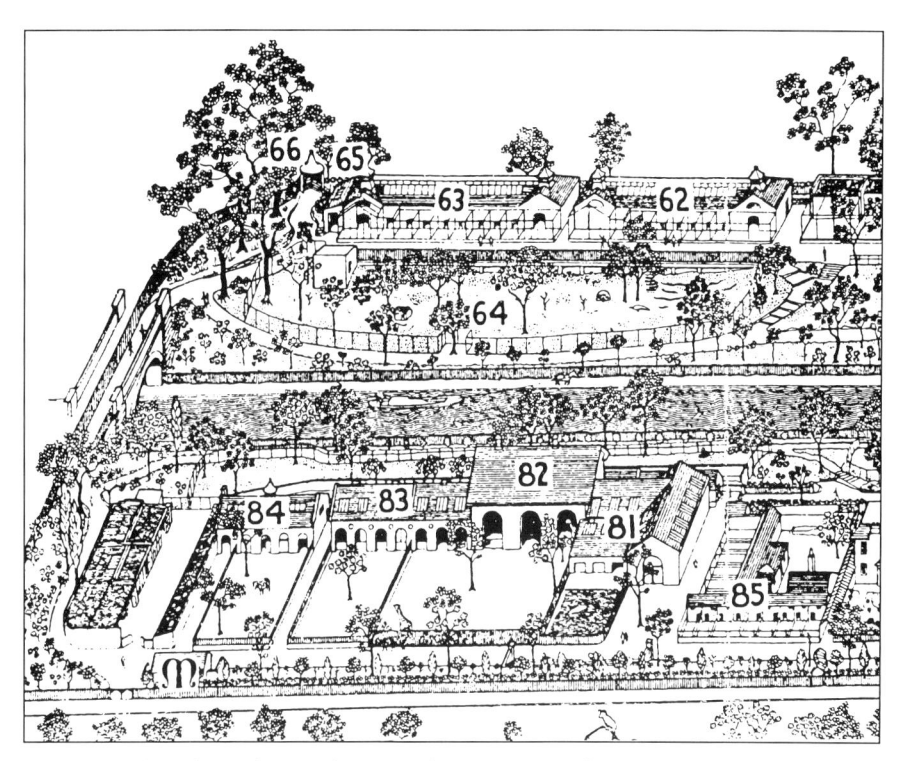

Abb. 99: Außengehege des North Mammal House. Die Ziffern 62/63 kennzeichnen beide Trakte dieser Käfiganlage im Nordwesten des Zoos. Aus Zooführer London, 1930.

rechten Vorderlauf eines Beutelwolfs — offenbar verursacht durch eine Schlagfalle (s. Abb. 116).

Das letzte Exemplar — ein Weibchen — hatte man am 26. Januar 1926 durch M. C. BRUCE CHAPMAN (HARMAN 1949) vom Hobart-Zoo (EDWARDS 1996b) für den Rekordbetrag von 150 Pfund Sterling erworben; es bewohnte bis zum 9. August 1931 ein Gehege im »North Mammal House« jenseits des Regent's Kanals (Abb. 99). Überzählige Tiere gingen an andere Tierhaltungen: Je einen männlichen Beutelwolf erhielt der New Yorker Bronx-Zoo und der Zoologische Garten Berlin.

In den gerade 20 Jahre alten Berliner Zoo, seinerzeit noch als »Zoologischer Garten bei Berlin« außerhalb der Stadt gelegen, kam der erste Beutelwolf im Juni 1864. Da er schon recht alt war — zuvor hatte er über acht Jahre im Regent's Park gelebt —, vertrug er offenbar die Umstellung schlecht und starb bereits im November desselben Jahres. Untergebracht war dieses Exemplar neben Leopard und Jaguar, Streifenhyäne und Wolf in dem Käfigkomplex »Offener Thierbehälter in fünf Abtheilungen«, bis 1869 im Südosten des Zoos gelegen, nahe der heutigen Grenzmauer zur Budapester Straße. Nach KLÖS & KLÖS (1990) »... ein Holzhaus, dessen Vorderfront aus Eisengittern bestand ...«, und das den Raubtieren nur in der warmen Jahreszeit als Unterkunft diente. HEINRICH MÜTZEL (1797–1868, Vater des Berliner Tiermalers GUSTAV MÜTZEL) bildet 1849 diese Anlage »Für reißende

Abb. 100: »Offener Thierbehälter in fünf Abtheilungen« im Zoologischen Garten Berlin. Hier lebte das erste Exemplar von *Thylacinus* vier Monate. Zeichnung: H. MÜTZEL, aus KLÖS & KLÖS (1990).

Thiere« ab — im Vordergrund der Schildkrötenteich (später die südöstliche Bucht des neugeschaffenen Neptun-Teiches) (Abb. 100). »Der Führer im Zoologischen Garten zu Berlin« von 1864 widmet seiner Beschreibung etwa eine halbe Seite: »... Statur und Größe sind ziemlich wie bei einem jungen Wolfe oder Jagdhunde, auch gleicht der Kopf demjenigen eines Hundes, ... Die Lebensweise weicht wenig von der ihm verwandter Raubthiere ab; ... Nachts ist er wild und gefährlich, am Tage scheu und muthlos.« Dieser männliche Beutelwolf, dessen Fell als gelungenes Präparat im Museum für Naturkunde der Humboldt-Universität zu Berlin ausgestellt ist, gab Anlaß zum ersten für ein Zootier geradezu vernichtenden Kommentar über den Schauwert der Art. Der Leipziger Tiermaler, Illustrator und Schriftsteller GOTTLOB HEINRICH LEUTEMANN (1824–1905) (VOLLMER 1992), dem wir eine Kopfstudie dieses Exemplars verdanken (s. Abb. 94), berichtet nach SCHLAWE (1963) in der Zeitschrift »Die Gartenlaube«, daß »... einmal von höherer Stelle geäußert wurde: So ein Thier ist nichts für's Publikum, das muss todt sein und gehört ins

Abb. 101: Ähnlich mag der erste Beutelwolf dem Berliner Zoopublikum präsentiert worden sein. Foto: ANONYMUS (Beaumaris Zoo, Hobart), Tasmanian Museum and Art Gallery, in ANDREWS (1985).

Museum ... und siehe, der Beutelwolf war allerdings so aufmerksam, sich baldmöglichst danach zu richten, es verging eine kaum nennenswerthe Zeit, da war er auch schon todt« (Abb. 101). Wie der Verfasser vermutet, stammt diese Bemerkung von Zoodirektor Prof. KARL PETERS, seinerzeit auch Direktor des Zoologischen Museums.

Ungeachtet des geringen Haltungserfolges bemühte sich PETERS' Nachfolger HEINRICH BODINUS um Ersatz und erwarb 1871 ein weiteres wiederum männliches Exemplar, das etwa zwei Jahre mit verschiedenen Großkatzen und anderen Carnivoren das »Große Raubtierhaus« von 1870/71 bewohnte. So ermöglichte auch dieser Beutelwolf den unmittelbaren Vergleich mit plazentalen Raubtieren und bot ein lehrreiches Beispiel für die parallele Evolution von Beutel- und Plazentatieren (Kap. 1). Dennoch dürfte nicht zuletzt wegen seiner attraktiven Nachbarn das breite Publikum an dem unscheinbaren »Zebra-Hund« kaum besonderen Gefallen gefunden haben (Kap. 9.2.1). Nach seinem Tode vergingen rund 30 Jahre, bis man den inzwischen selten gewordenen Raubbeutler wieder lebend zu sehen bekam. Geheimrat Prof. Dr. LUDWIG HECK, der den Zoo 43 Jahre geleitet und ihm weltweites Ansehen verschafft hatte, erwarb 1902 ein Paar vom Tierhändler REICHE. Diese Beutelwölfe lebten ebenfalls im »Großen Raubtierhaus«, das Weibchen bis 1905 und sein Partner weitere drei Jahre (H. G. KLÖS 1995) (Tab. 9). Die Tiermaler WILHELM KUHNERT (1865–1926), GUSTAV MÜTZEL (1839–1893) (VOLLMER 1992) und PAUL NEUMANN (1868–1961) (U. KLÖS 1996) nutzten sie als Zeichenvorlagen. Zu ihrem Verhalten bemerkt HECK (1912): »... sie benehmen sich recht vertraut, kommen unruhig schnüffelnd dicht an die Gitterstäbe heran, wenn man diesseits der Schran-

Abb. 102: Rund sechs Jahre bewohnte dieses kapitale Beutelwolfmännchen das Große Raubtierhaus im Berliner Zoo. Aus Zooführer Berlin, 1903.

ke unmittelbar vor dem Käfig steht. In ewiger Gier verlangen sie stets nach Fraß, wenn sie nicht schlafen, und ... glauben immer wieder einmal, die Eisengitter durchbeißen zu können. Aus dem Schlafe auf weichem Strohlager im dämmrigen Nachtkäfig lassen sie sich schwer erwecken, werden aber auch nicht ungemütlich, wenn man dies versucht.«

Eine Fotografie, veröffentlicht in mehreren Zooführern (z. B. 1903, 1905 und 1906) sowie in Hilzheimers »Handbuch der Biologie der Wirbeltiere« (1913), zeigt das stämmige Männchen (Abb. 102).

Als zweiter deutscher Zoo besaß der Kölner Garten Beutelwölfe; Dr. Ludwig Wunderlich, seinerzeit amtierender Direktor, erwarb im Frühjahr 1903 zwei männliche Exemplare. Nach Angaben in den Zooführern von 1908 und 1910 waren sie im »Kleinen Bärenzwinger« neben Luchsen, Kleinbären und Mardern untergebracht. Bölsche (1923), der außer den Berliner Beutelwölfen auch die Kölner »eingehend studieren« konnte, hält seine Eindrücke wie folgt fest: »... im ersten Moment ist etwas vom Schakal in dem Tier, aber rasch fühlt man das absolut Fremde. Kein Mensch mit Blick für Säugetierphysiognomik würde diesen Wolf der Saurierzeit mit einem rechten Raubtier verwechseln können ...« (Der Schriftsteller glaubte an ein hohes stammesgeschichtliches Alter der Art, Kap. 3). Eines der Tiere lebte im Kölner Zoo bis 1909, das zweite bis 1910 (Nogge 1992), ein bemerkenswerter Haltungserfolg, denn die durchschnittliche Verweildauer für Männchen lag bei nur drei Jahren 11 Monaten. Es war der letzte in Deutschland lebend gezeigte Beutelwolf. Wahrscheinlich gelangten beide Exemplare in das Naturkundemuseum der Stadt Köln, das sog. Stapelhaus; dieses wurde in den Jahren 1943/44 durch Kriegseinwirkung zerstört (Engländer 1985).

Beutelwölfe in Menschenhand 147

Abb. 103: Tiermaler PAUL NEUMANN, 1902, nutzte die in Zoologischen Gärten lebenden Beutelwölfe als Vorbilder. In Leipziger Illustrierte, nach SCHLAWE (1969).

In einem Bericht über den Tierbestand des Zoologischen Gartens Leipzig im »Leipziger Tageblatt und Anzeiger« ist zu lesen, daß »... hier als ein langweiliger mürrischer Gesell der Beutelwolf ... von Tasmania in 2 Exemplaren untergebracht ...« war (ANONYMUS 1888). Diese Angabe beruht jedoch auf einer Namensverwechslung mit dem Beutelteufel *Sarcophilus*; im Leipziger Zoo lebten zu keiner Zeit Beutelwölfe. Auch eine Notiz über die Fortpflanzung eines Beutelwolfs im Wiener Tiergarten (1869) erwies sich als Irrtum (Kap. 5.3).

Die altehrwürdige M e n a g e r i e des »Jardin des Plantes« in P a r i s (eröffnet 1793), später gemeinsam mit mehreren Naturhistorischen Museen und den Botanischen Gärten zum »Muséum National d'Histoire Naturelle« zusammengefaßt, erhielt am 17. April 1886 ein Beutelwolfpärchen. In den Bestandslisten (Inventaire des Animeaux existant à la Ménagerie) von 1887 (S. 60) sowie vom 30. Januar 1890 (S. 68) werden sie lediglich aufgeführt, ebenso im »Rapport au Ministre ...« des damaligen Direktors ALPHONSE MILNE-EDWARDS (1891), als »Thylacine de Tasmanie« mit drei weiteren australischen Beuteltierarten. Wie der Verfasser den Eingangslisten im Anatomischen Institut bzw. den Etiketten an einem im Zoologischen Institut (Laboratoire de Zoologie/Anatomie) aufbewahrten Fell entnehmen konnte, kamen die großen Raubbeutler auf dem Tauschwege vom Zoologischen Garten Melbourne. Die verfügbaren Unterlagen lassen den Schluß zu, daß es sich um die für vier Wochen in London eingestellten Tiere Nr. 8 und Nr. 9 (Tab. 9) handelt, die am 15. April 1886 den Zoo verließen (EDWARDS 1996b). ERNST FRIEDEL, der 1890 den Pariser Garten besuchte, erwähnt auch den Beutelwolf als »... das seltsamste und ungewöhnlichste Tier der ganzen Menagerie ...« gemeinsam mit Honigdachs, Krabbenfresser-Waschbär und verschiedenen Fuchsarten, so daß dieser wohl in den Käfigen für kleinere Raubtiere unweit der alten »Raubtier-Gallerie« Unterkunft fand. Das Tier, schreibt FRIEDEL weiter, »... trieb sich übrigens die beiden Male, wo ich es beobachtete, ganz munter im Sonnenschein herum.« Er gewann den Eindruck vom Beutelwolf als sei er »... aus verschiedenen Arten gewissermaßen zusammengestellt«. FRIEDEL sah nur ein Exemplar, wahrscheinlich war das zweite »hinter den Kulissen« untergebracht. Beide fielen wohl dem äußerst strengen Winter 1890/91 zum Opfer: Das Weibchen starb im Februar und sein Partner im darauffolgenden Monat (Abb. 103).

Wenig ergiebig waren die Recherchen im letzten der fünf europäischen Zoos, die den großen Raubbeutler gehalten hatten. Der Königlich-Belgische Zoologische Garten Antwerpen beherbergte nur ein Exemplar. Dr. MICHEL L'HOEST, zweiter der »Direktoren-Dynastie«, erwarb 1912 ein Männchen, das lediglich in den Bestandslisten erscheint (GIJZEN 1960). Auch von diesem Beutelwolf sind weder Fotografien noch sonstige Abbildungen erhalten; möglicherweise gingen sie (sofern überhaupt vorhanden) wie viele andere Dokumente im Zweiten Weltkrieg verloren. Nach seinem Tode — fast auf den Tag genau zwei Jahre später — wurde das Tier dem Brüsseler »Musée d'Histoire Naturelle« übereignet; dort stellte der Verfasser an Skelett und Gebiß (Kap. 4.3.3) fest, daß es offenbar juvenil in Gefangenschaft geraten war, denn im Alter von knapp drei Jahren war es noch nicht ausgewachsen. Laut PADDLE (1993) sollen vom Melbourne Zoo (1903) und vom »Beaumaris« (1913) je ein Beutelwolf nach Antwerpen gelangt sein; diesbezügliches Nachsuchen war erfolglos.

In den Vereinigten Staaten von Amerika konnten zwei Zoologische Gärten ihren Besuchern Beutelwölfe zeigen: 1902 erreichte je ein Exemplar den New Yorker Bronx-Zoo und den National Zoological Park Washington D.C.. WILLIAM MANN, seinerzeit Direktor des letztgenannten Gartens, erhielt am 3. September — als Geschenk von Dr. F. W. GODING, US-Konsul in Newcastle, Neusüdwales — ein Weibchen mit drei Beuteljungen. Diese, »... about the size of a common rat« (REED 1980), waren bereits soweit herangewachsen, daß sie zeitweilig den Beutel verließen (Kap. 4.7). Wohl aufgrund der langen Überfahrt nach San Franzisko auf der »Sonoma« (ROBISON 1902) und der Bahnreise zur Ostküste, die seinerzeit fünf Tage dauerte, befand sich das Weibchen in schlechter Verfassung, und nach neun Tagen starb eines der Jungtiere. Die »Washington Post« vom 23. 11. 1902 schreibt in einem Artikel über die Tasmanischen »Wölfe« begeistert: »... die Babies im Zoo, die zur Zeit im Mittelpunkt des Interesses stehen, sind die Nachkommen der Beutelwolfmutter im Hauptgebäude (Großes Raubtierhaus, Lion House). Diese eigentümlich gezeichneten kleinen Dinger wurden, solange sie fellbedeckte Winzlinge waren, von der Mutter in einem Beutel getragen, nicht unähnlich dem der Känguruhs. Sie können zerkleinerte Nahrung aufnehmen und gehören zu den merkwürdigsten Tieren. ... die Tasmanische Wolfsfamilie kann selbst von Bewunderern, die ihr sehr zugetan sind, nicht gerade schön genannt werden, doch ist sie auf alle Fälle kurios ...« (HAMLET 1985). Der Verfasser des Zeitungsartikels schreibt mehrmals von den »Eltern« der Jungtiere; es wurde jedoch nur das beutelträchtige Weibchen importiert. Im illustrierten Zooführer von EVANS (1902) findet die Familie

Beutelwölfe in Menschenhand 149

Abb. 104: Das »Lion-House« im National Zoological Park Washington D.C. beherbergte zwischen 1902 und 1909 fünf Beutelwölfe. Foto: National Zoological Park, Washington D.C.

eine knappe Erwähnung: »Der Zebrawolf ... ist das seltenste Tier im Zoo und wird nur auf der Insel Tasmanien gefunden. ... (er) ist ein echtes Beuteltier und trägt seine Jungen in einem Beutel wie das Känguruh. Diese Eigentümlichkeit kann bei den Tieren im Zoo — einer Mutter mit Jungen — beobachtet werden.« Mehrere Jahre bewohnten die Mutter und das verbliebene Geschwisterpaar im Großen Raubtierhaus einige Innenräume, die mit einem drei mal sechs Meter messenden Außenkäfig verbunden waren (COLLINS 1973) (Abb. 104).

In der Hoffnung auf erneuten Nachwuchs mit einem fremden Männchen wurde im Juli 1904 ein männlicher Beutelwolf erworben — wiederum durch Vermittlung von Konsul GODING —, doch starb das zuchterfahrene Alttier wenige Monate später an einer Darmentzündung (Kap. 7). Auch mit der Tochter, dem letzten überlebenden Weibchen, zeugte das Männchen keine Nachkommen; offenbar harmonierte das Paar nicht, — bei einer Beißerei verlor das weibliche Tier ein Ohr. Die beiden letzten Beutelwölfe im National Zoological Park starben 1909. Es ist erstaunlich, daß diese seltene und interessante Gruppe nicht mehrmals abgelichtet wurde; neben dem Aquarell von der Mutter mit ihren drei Kindern (Kap. 5.3) des amerikanischen Malers CHARLES K. GLEESON (1878–19??, VOLLMER 1992) gibt nur eine Fotografie Zeugnis von dieser hoffnungsvollen Haltung. Das Foto (s. Abb. 117) zeigt zwei erwachsene Tiere in ihrem Außenkäfig (publiziert in mehreren Zooführern und in WALKERS »Mammals of the World«, 1968).

Der New Yorker Bronx-Zoo (s. Abb. 92) erhielt den ersten Beutelwolf am 17. Dezember 1902 von der Firma CARL HAGENBECK, Hamburg. Von ihm werden zwei Fotos im Archiv verwahrt, eines ist — stark retouchiert — in mehreren Zoo-

Abb. 105: In New York lebte der erste Beutelwolf gemeinsam mit verschiedenen Wildhunden in den »Fox dens«. Foto: Zoological Society, New York.

führern, z. B. 1907, sowie in anderen Schriften, z. B. RAVEN (1929), SHARLAND (1941) und DROLLETTE (1996), veröffentlicht (Abb. 105).

Kurz vor dem Tode dieses Tieres standen der New Yorker Zoodirektor WILLIAM T. HORNADAY und Direktor W. H. DUDLEY LESOEUF aus Melbourne (später Kurator des Taronga-Zoo/Sydney) vor dem Beutelwolfgehege. Von der Existenz seines Bewohners überrascht, meinte der Gast: »Ich empfehle Ihnen, für dieses Exemplar besondere Sorge zu tragen, denn, wenn es dahingegangen ist, werden Sie nie mehr ein anderes erhalten. Die Art wird bald erloschen sein.« (HORNADAY 1913). Sein Pessimismus war unbegründet, denn anschließend lebten noch drei weitere Tiere im Bronx-Zoo (Tab. 9); das erste Exemplar hielt jedoch mit knapp sechs Jahren den »longevity record«. Untergebracht waren die Beutelwölfe in unmittelbarer Nachbarschaft mit verschiedenen hundeartigen Raubtieren in den »Fox dens«, den Fuchskäfigen — seinerzeit unweit des »Elephant House« —, wo das letzte Tier 1919 starb. In mehreren Zooführern (z. B. 1909) ist HORNADAYs Bemerkung abgedruckt, wonach andere Zoos in Europa und Amerika ihre Beutelwölfe in beheizbaren Gebäuden unterbringen würden, »... doch, wie die Erfahrung zeigte, gedeihen sie am besten, wenn man sie das ganze Jahr über im Freien hält...«.

Zwischen 1850 und 1931 wurden 34 Beutelwölfe außerhalb Australiens gehalten, davon allein 20 in London. Wie der Abbildung 106 zu entnehmen ist, lebten 1905 neun Tiere in fünf Zoos — die größte Zahl überhaupt; 1912 waren es noch fünf Exemplare in drei Tiergärten (Lo19 = NY2), und zwischen 1917 und 1931 gab es nur noch je einen Beutelwolf in den Zoologischen Gärten New York und London.

Die australischen Zoos Adelaide, Melbourne, Sydney sowie Hobart bieten in Bezug auf ihre Beutelwolfhaltung ein höchst heterogenes Bild (Abb. 107): Im »A d e l a i d e

Beutelwölfe in Menschenhand　　　　　　　　　　　　　　　　　　　　　　　151

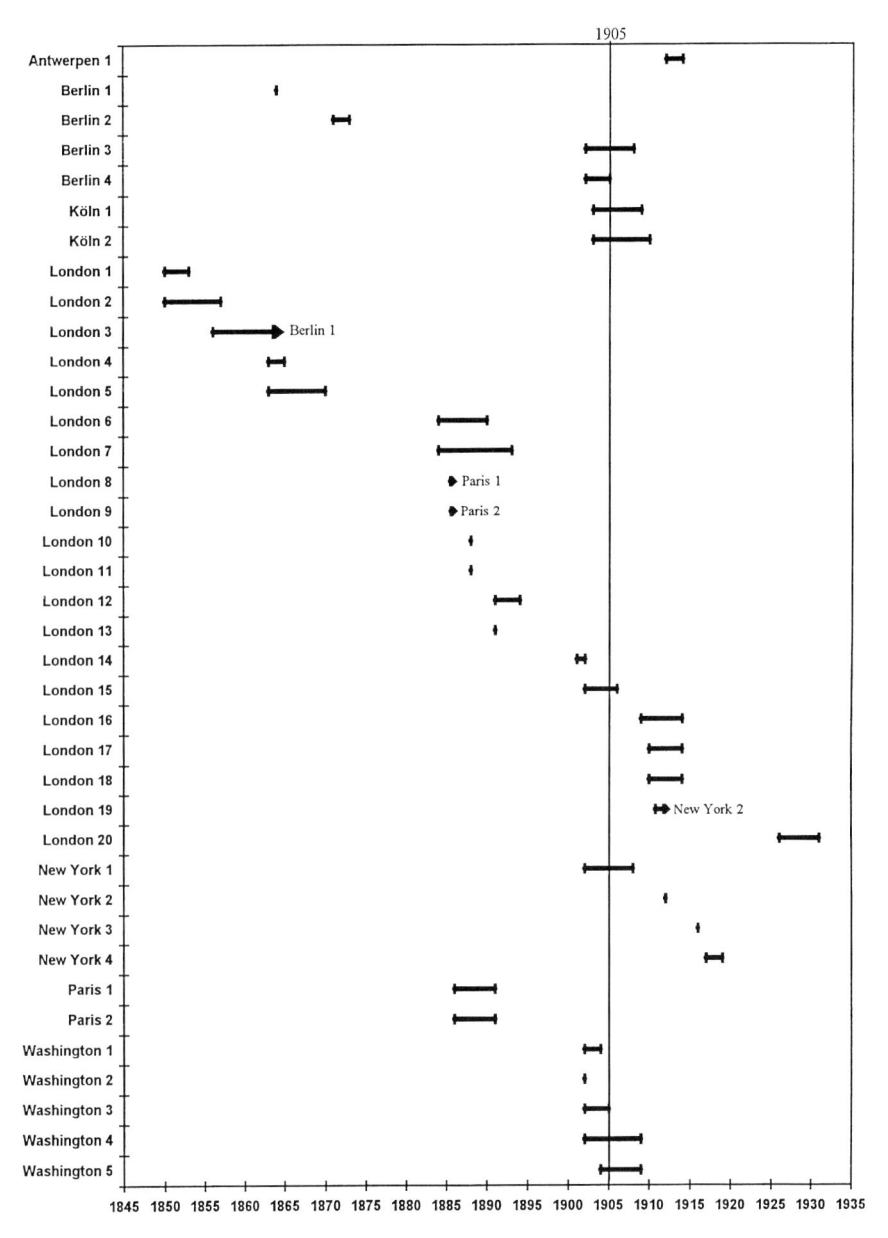

Abb. 106: Verweildauer aller Beutelwölfe in Zoologischen Gärten Europas und Nordamerikas. Zusammengestellt nach SMITH (1981), GUILER (1985), EDWARDS (1996b) und eigenen Daten.

Zoo« lebten zwischen 1886 und 1903, wie RIX (1979) feststellt, etwa acht Tiere (nach GUILER 1985 sogar zehn); in seinem Buch »Royal Zoological Society of South Australia 1878–1978« schreibt er, daß man die ersten beiden Exemplare nicht gerade »... mit einem Trompetentusch begrüßte ..., wahrscheinlich wurde ihre Ankunft — wegen der großen Tiersendung aus Indien und Siam — übersehen ...«. Die Beutelwölfe finden während der 18 Jahre ihrer »Regentschaft« lediglich Eingang in die Tierlisten; auch sind keine Fotografien bekannt, und der Zooplan von 1898 kennzeichnet nicht einmal ihre Gehege (MUELLER 1980). Nach 1903 wurde die Art nicht mehr gehalten; GUILER (1985) meint, »... weil die Tiere nicht von großem öffentlichem Interesse waren«.

Im ältesten Zoo Australiens, den »Royal Melbourne Zoological Gardens« (Eröffnung 1862), lebten zwischen 1864 und 1931 etwa 15 Beutelwölfe (SEEKAMP 1980, PADDLE 1996), darunter eine Mutter mit vier Jungen (GODFREY 1899); sechs — von denen ein Paar auf der Überfahrt starb — wurden nach London verkauft bzw. gegen andere Tiere getauscht, davon gelangte auch ein Paar nach Paris. Von

Abb. 107: Wenigstens 44 Beutelwölfe lebten in den vier australischen Zoos und zwei Menagerien; der letzte starb 1936 in Hobart. Foto: FLEAY (1933, Beaumaris Zoo, Hobart), Tasmanian Museum and Art Gallery, in PARK (1986).

den meisten Tieren fehlen genauere Daten (Abb. 108). Diese geringe Wertschätzung ist wohl auch aus der leichten Verfügbarkeit von australischen Beuteltieren zu erklären. Wenigstens fünf Exemplare wurden nach ihrem Tode im Juli und August 1901, April und Mai 1902 sowie Januar 1905 dem National Museum in Melbourne übereignet (Verfasser). Vorgänger des Taronga Park Zoo, Sydney, war der 1881 gegründete Zoo im Moore Park. In einem Artikel stellt PADDLE (1993) die lückenhaften Berichte über Beutelwölfe in Sydney zusammen. Nach seinen Recherchen kam das erste Exemplar am 15. 10. 1885 in den Moore Park; dieses Ereignis wurde von der Presse übersehen ... Das Tier starb im Februar oder März 1887. Ein Verkaufsangebot aus dem gleichen Jahr wurde von der Zoological Society of New South Wales abgelehnt, da der Preis von 20 Pfund »... unrealistisch hoch war, besonders für ein australisches Säugetier ...«. Das Ankunftsdatum des zweiten Beutelwolfs ist unbekannt, doch fand man eine Tagebuchnotiz des russischen Naturwissenschaftlers R. YASHENKO, der 1903 den Moore Park besuchte: »... zoo's marsupial wolf a real rarity ...«. Wahrscheinlich lebte dieses Exemplar bis 1905. Sein Schädel wurde dem Australian Museum übereignet. Das dritte Tier kam im Oktober 1918 vom Beaumaris Zoo/Hobart in den zwei Jahre zuvor übersiedelten Zoo (Taronga Park), wieder ohne jegliche Pressereaktionen. Diesem Beutelwolf wurde von einem im Nachbarkäfig untergebrachten Puma der Schwanz abgebissen; ein Absperrzaun mit zu weiten Maschen machte dies möglich. Das Etikett an einem Beutelwolfschädel (Katalog Nr. S. 1646) im Australian Museum, Sydney besagt, daß ein Exemplar am

Beutelwölfe in Menschenhand 153

Abb. 108 (oben): Einer der seltenen Belege für die Existenz von Beutelwölfen im Melbourne Zoo. Foto: J. B. LANE, in LUKAS & LE SOUEF (1909).

Abb. 109: Wahrscheinlich wurde dieses Tier in Sydney (1918) fotografiert. Foto: BURRELL, Australian Museum, Sydney.

14. 01. 1924 im dortigen Zoo starb und dem Museum geschenkt wurde. Vier Fotografien des Zoologen HARRY BURRELL zeigen einen Beutelwolf im naturnah gestalteten Freigehege (Abb. 109) — zwei davon beim Fressen eines Huhns (s. Abb. 60). Da die Bilder in Sydney (Australian Museum) aufbewahrt werden, stammen sie wahrscheinlich auch von dem Tier im Taronga Park Zoo. Ein Bild von G. P. WHITLEY (nach PADDLE 1993) ist verschollen.

Die nachweislich ersten Beutelwölfe in einer Tierhaltung überhaupt wurden im Gouverneursgarten in Hobart — dem heutigen Franklin Square — ausgestellt. Sir JOHN EARDLEY EARDLEY-WILMOT, der damalige Gouverneur von Vandiemensland, hielt 1843 in dem »Privatzoo« — nach GUILER (1985) lediglich »a private collection« — drei Exemplare. Mrs. CH. MEREDITH schreibt in ihrem Buch »My Home in Tasmania« (1852), daß sie dem kleinen Zoo einen Beutelwolf überstellte. Über den Verbleib der Tiersammlung nach Abberufung des glücklosen Gouverneurs 1846 war — GUILER zufolge — nichts in Erfahrung zu bringen. Für die Haltung von Beutelwölfen erwies sich neben London der Beaumaris-Zoo in Hobart/Tasmanien von größter Bedeutung. Dieser von 1895 bis 1921 in der Sandy Bay Road gelegene Privatzoo wurde später, bald nach Ableben seiner Besitzerin, Mrs. MARY G. ROBERTS, von der Stadt übernommen und nach Hobart Domain umgesiedelt. Trotz seines bemerkenswerten Tierbestandes (KEELING 1991) schloß man ihn 1937 wegen zu hoher Kosten. Unter den insgesamt 16 Exemplaren von *Thylacinus* — schließlich lebte die Art »direkt vor der Haustür« — befanden sich auch Mütter mit ihren halberwachsenen Jungen (Kap. 9.2.1). Hier starb am 7. September 1936 der letzte Repräsentant seiner Art im Alter von rund 13 Jahren. »Obwohl der Tiger zahm war und gestreichelt werden konnte …«, berichtet Tierpfleger FRANK DARBY, der den letzten Beutelwolf gepflegt hatte, »… war er häufig mürrisch und bewies keine Zuneigung« (BERESFORD & BAILEY 1981).

Die geschäftstüchtige Zoobesitzerin profitierte von den guten Beziehungen zu »Tiger«-Fängern (Abb. 110) und der stetig wachsenden Nachfrage aus aller Welt nach ihren ausgefallenen »Haustieren«; »… doch anstatt zu versuchen, sie zu erhalten und vielleicht zur Fortpflanzung zu bringen«, rügt SHARLAND (1950) die Verantwortlichen, »… sah man in ihnen eher wertvolle Tauschobjekte« (nach HORNADAY, 1913, versuchte ROBERTS durchaus, »… sie in ihrem Privatzoo zu züchten«). »Zoologische Gärten aus Übersee waren erfreut, solche altertümlichen Typen zu erhalten, und so gab man ein Paar (zusammen mit 20 Wallabies, KEELING 1991) im Tausch für einen Elefanten außer Landes, ein weiteres Pärchen erbrachte — zur Erbauung der Bürger Tasmaniens — einen Löwen, und drei Beutelwölfe wurden für einen Eisbären eingetauscht« (Abb. 111).

GUILER (1985) entnahm den Tagebüchern von Mrs. ROBERTS und den Aufzeichnungen der Stadtverwaltung in Hobart, daß von den 16 Beutelwölfen, die zwischen

Abb. 110: Beutelwolffalle für den »Lebendfang«. Zeichnung: SCOTT, um 1830, in BERESFORD & BAILEY (1981).

Abb. 111: Beutelwölfe nahmen gelegentlich ein Sonnenbad. Foto: ANONYMUS (Beaumaris Zoo, Hobart), Tasmanian Museum and Art Gallery, in ANDREWS (1985).

1910 und 1936 im »Beaumaris« lebten, acht in australische Zoos oder nach Übersee gelangten — vier direkt nach London; nach eigenen Angaben (ROBERTS 1915) hielt die Zoobesitzerin vor 1910 weder Beutelteufel noch Beutelwölfe in ihrer Sammlung. Auch gestorbene Tiere wurden bevorzugt an auswärtige Museen verkauft (Kap. 9.1). Nicht zuletzt wegen des schlechten Zustands, in dem Beutelwölfe ihren Bestimmungsort erreichten, viele hatten durch Schlagfallen Verletzungen erlitten (s. Abb. 116), andere, wegen der Nahrungsumstellung und vom langen Schiffstransport geschwächt, zeigten bald »... ein mürrisches Wesen, fraßen nicht mehr, wurden rasch krank und starben« (SHARLAND 1941). In Tabelle 4.2 seines Buches führt GUILER (1985) unter den vom Beaumaris-Zoo erworbenen Beutelwölfen folgende Kommentare auf: 18. 6. 1910, ein Tier »... tot bei Ankunft«; 2. 5. 1912, zwei Tiere »... beide starben am 13. 5. 1912« (nach 11 Tagen); 30. 6. 1917, ein Tier »... zurückgegeben, da es einen entzündeten Fuß hatte«. Einige Exemplare waren bereits kurz nach dem Fang an Schockeinwirkungen gestorben. Auch SMITH (1981) zitiert zwei Tagebucheinträge von Mrs. ROBERTS: »... war sehr bekümmert über die Art, wie die Beutelwölfe umhersprangen.« Am folgenden Tag notiert sie: »... kam früh herunter und war unglücklich, einen jungen Tiger tot oder nahezu tot vorzufinden — tat alles mögliche, ihn am Leben zu erhalten, indem ich Brandy etc. verabreichte. Dieses Tier starb kurz darauf und im Laufe des Nachmittags auch das andere ...«. Möglicherweise waren es Symptome einer staupeartigen Erkrankung, die um 1920 auf Tasmanien grassierte (Kap. 7). Mitte der dreißiger Jahre »... wußte der Stadtrat von Hobart den Wert der Beutelwölfe wohl zu schätzen und versuchte sicherzustellen, daß alle (die zwei letzten) Tiere bei guter Gesundheit waren. Die Sorgfalt erstreckte sich über tierärztliche Erwägungen hinaus: Am 13. Mai 1936 sandte der Stadtschreiber folgendes Memorandum an den »Superintendent of Reserves« ... »Anbetracht der nächtlichen Lebensweise des Tieres meine ich, daß die Ausstel-

Abb. 112: Beutelwölfe im Hobart-Zoo um 1910. Foto: ANONYMUS (Beaumaris Zoo, Hobart), Tasmanian Museum and Art Gallery, in ANDREWS (1985).

lungszeit von 10 bis 17 Uhr zu lang ist. Es müßte ausreichen, wenn man dies von 11 bis 16 Uhr ... arrangiert, besonders zu den Zeiten, wenn so wenige Besucher im Zoo sind.« Diese Sorge war wohl ein wenig verspätet, da das Tier (der letzte Beutelwolf) bald darauf starb. Es ist jedoch der erste Beleg für das Bewußtsein über die Beziehung zwischen der natürlichen Lebensweise des Tieres und den Erfordernissen für sein Überleben während der Ausstellung in Gefangenschaft (GUILER 1986). Die Gehege im Beaumaris-Zoo waren einfach aber zweckmäßig, man hatte Kanthölzer mit Maschendraht umspannt; auch die Ausstattung der geräumigen Freigehege war spartanisch: Wie aus mehreren Fotos ableitbar, fehlten z. B. schattenspendende Bäume (Abb. 112). Vom Pfleger begehbare Holzhütten (im Film ist auch eine Ziegelmauer zu sehen) oder mit senkrechten Eisenstäben versehene Boxen (s. Abb. 101) schützten die Tiere vor Witterungsunbilden. Hier lebten die Beutelwölfe einzeln, paarweise oder in Familien.

Im »Stadtgarten« (City Park) von Launceston/Tasmanien, der von 1869 bis 1900 bestand, gab es wohl drei Beutelwölfe (GUILER 1985). Über den Tierbestand berichtet C. H. KEELING in seinem Buch »Where the Elephant walked« (1991). Weiterhin befand sich eine unbekannte Anzahl in Privathand zu unterschiedlichen Zeiten, so zeigte z. B. ELIAS CHURCHILL eine 1925 im Florentine Valley gefangene Mutter mit ihren drei Jungen an mehreren Orten, jedoch hatte keine dieser Tierschauen auch nur entfernt Ähnlichkeit mit einem Zoologischen Garten.

Insgesamt gelangten 34 Beutelwölfe lebend nach Europa und in die USA, lediglich vom zweiten Berliner Exemplar fehlen die genauen Lebensdaten. Vier Tiere tasmanisch-australischer Zoos einbezogen, liegen von 37 Beutelwölfen Eingangs- und Abgangsdaten vor (Tab. 9).

Um die Mittelwerte durch moribunde Tiere — die innerhalb der ersten zehn Tage gestorben waren — nicht zu verfälschen, wurden die Beutelwölfe London Nr. 11, New York Nr. 3 sowie Washington Nr. 2 nicht berücksichtigt. Zur Berechnung der

Abb. 113: Diagramm über die Verweildauer in Zoologischen Gärten. Zusammengestellt nach Daten von SMITH (1981), GUILER (1985), EDWARDS (1996b) und vom Verfasser.

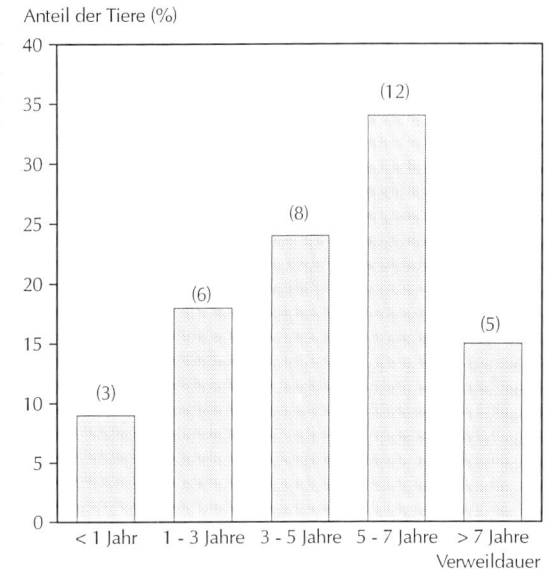

Abb. 114: Wahrscheinlich zeigt die Filmaufnahme »Benjamin«, den letzten der Mullins cubs, in MOELLER (1981b).

Haltungsdauer verbleiben somit 34 Individuen. Die mittlere Verweildauer in Zoologischen Gärten betrug vier Jahre, acht Monate (= 1 706 Tage). In einem Diagramm wurden die Daten der 34 Tiere fünf Altersgruppen zugeordnet (Abb. 113); den größten Anteil bilden die »5–7jährigen« mit 12 Individuen (34 %), gefolgt von den »3–5jährigen«, und fünf Beutelwölfe — das sind 15 % — lebten länger als sieben Jahre in menschlicher Obhut.

Von fünf Tieren (Hobart Nr. 14, Melbourne Nr. 1, New York Nr. 1 und Nr. 3 sowie Sydney Nr. 3) war die Geschlechtszugehörigkeit nicht zu ermitteln; damit stehen zur weiteren Berechnung noch 30 Beutelwölfe zur Verfügung (Tab. 10a/b):

Im Durchschnitt lag die Haltungsdauer der 18 männlichen Tiere mit knapp vier Jahren (= 1 441 Tagen) deutlich niedriger als die der 12 Weibchen mit fünf Jahren

Tab. 9: Eingangs- und Abgangsdaten von 37 Beutelwölfen in Zoologischen Gärten. Von Berlin 2 (♂) sind nur die Jahreszahlen 1871–73 bekannt. Herkunft: Re = Tierhändler REICHE/Alfeld; Mu = Tierfänger MULLINS/Tasmanien; Gu = R. GUNN/Tasmanien; Ma = Mr. MARTIN; Cro = W. L. CROWTHER/Tasmanien; Cr = Tierhändler CROSS; Ha = Tierhandlung C. HAGENBECK/Hamburg; Ja = Tierhändler W. JAMRACH/GB; Ro = Mrs. M. ROBERTS/Hobart-Zoo/Tasmanien; Ch = Mr. CHAPMAN; Jo = E. S. JOSEPH/Sydney; Go = Konsul E. K. GODING/Newcastle NSW.

Zoo/Tier Nr.	Kennziffer	Sex	Eingang	Abgang	Herkunft	Verbleib	Tage/Zoo	Jahre	Tage
Antwerpen 1	1	♂	06. 02. 1912	03. 02. 1914	?	gest.	729	1	364
Berlin 1*	2	♂	10. 06. 1864	14. 11. 1864	Lo. Zoo	gest.	158	0	158
Berlin 3	3	♂	25. 02. 1902	16. 01. 1908	Re	gest.	2 152	5	326
Berlin 4	4	♀	25. 02. 1902	23. 12. 1905	Re	gest.	1 398	3	302
Hobart 14	5	?	19. 02. 1924	14. 04. 1930	Mu	gest.	2 247	6	55
Hobart 16	6	♀	19. 02. 1924	07. 09. 1936	Mu	gest.	4 585	12	202
Koeln 1	7	♂	26. 03. 1903	27. 09. 1909	?	gest.	2 378	6	186
Koeln 2	8	♂	13. 05. 1903	13. 05. 1910	?	gest.	2 558	7	1
London 1	9	♂	16. 05. 1850	25. 09. 1853	Gu	gest.	1 229	3	133
London 2	10	♀	16. 05. 1850	13. 05. 1857	Gu	gest.	2 555	6	363
London 3*	(2)	♂	09. 04. 1856	07. 06. 1864	Ma	Be. Zoo	2 982	8	60
London 4	11	♂	02. 05. 1863	17. 05. 1865	Gu	gest.	747	2	16
London 5	12	♀	02. 05. 1863	23. 01. 1870	Gu	gest.	2 459	6	267
London 6	13	♂	14. 11. 1884	05. 02. 1890	Cro	gest.	1 910	5	84
London 7	14	♀	14. 11. 1884	02. 04. 1893	Cro	gest.	3 062	8	140
London 8*	(30)	♂	19. 03. 1886	15. 04. 1886	Mb. Zoo	Pa. Zoo	28	0	28
London 9*	(31)	♀	19. 03. 1886	15. 04. 1886	Mb. Zoo	Pa. Zoo	28	0	28
London 10	15	♂	30. 06. 1888	31. 08. 1888	Cr	Cr	63	0	63
London 11	16	♀	30. 06. 1888	07. 07. 1888	Cr.	gest.	8	0	8
London 12	17	♂	28. 04. 1891	05. 07. 1894	Mb. Zoo	gest.	1 165	3	298
London 13	18	♂	28. 04. 1891	27. 09. 1891	Mb. Zoo	gest.	153	0	153
London 14	19	♀	19. 03. 1901	01. 02. 1902	Ha	gest.	320	0	320
London 15	20	♂	26. 03. 1902	17. 01. 1906	Ja	gest.	1 394	3	298

Beutelwölfe in Menschenhand 159

London 16	21	♀	12. 03. 1909	05. 12. 1914	Ro	gest.	2 094	5	268
London 17	22	♂	18. 04. 1910	20. 11. 1914	Ro	gest.	1 678	4	217
London 18	23	♂	21. 11. 1910	25. 12. 1914	Ro	gest.	1 496	4	35
London 19*	(27)	♂	21. 11. 1911	10. 01. 1912	?	N.Y. Zoo	51	0	51
London 20	24	♀	26. 01. 1926	09. 08. 1931	Ch	gest.	2 022	5	196
Melbourne 1	25	?	04. 11. 1864	12. 01. 1869	?	gest.	1 531	4	70
New York 1	26	?	17. 12. 1902	15. 08. 1908	Ha	gest.	2 069	5	243
New York 2*	27	♂	26. 01. 1912	20. 11. 1912	Lo.Zoo	gest.	300	0	300
New York 3	28	?	07. 11. 1916	13. 11. 1916	Jo.	gest.	7	0	7
New York 4	29	♀	14. 07. 1917	13. 09. 1919	Jo.	gest.	792	2	62
Paris 1*	30	♂	17. 04. 1886	31. 03. 1891	Lo. Zoo	gest.	1 810	4	349
Paris 2*	31	♀	17. 04. 1886	06. 02. 1891	Lo.Zoo	gest.	1 757	4	296
Sydney 3	32	?	12. 10. 1918	14. 01. 1924	Ro	gest.	1 921	5	95
Washington 1	33	♀	03. 09. 1902	04. 11. 1904	Go	gest.	794	2	63
Washington 2	34	♀	03. 09. 1902	12. 09. 1902	Go	gest.	10	0	10
Washington 3	35	♂	03. 09. 1902	10. 01. 1905	Go	gest.	861	2	130
Washington 4	36	♀	03. 09. 1902	13. 10. 1909	Go	gest.	2 598	7	41
Washington 5	37	♂	05. 07. 1904	04. 10. 1909	Go	gest.	1 918	5	91

*Doppelhaltungen inklusive Überfahrt:

Lo3 = Be1	2	♂	09. 04. 1856	14. 11. 1864		ges: 3 142 T	8 J 220 T
Lo8 = Pa 1	30	♂	19. 03. 1886	31. 03. 1891		ges: 1 839 T	5 J 14 T
Lo9 = Pa2	31	♀	19. 03. 1886	06. 02. 1891		ges: 1 786 T	4 J 325 T
Lc19 = Ny2	27	♂	21. 11. 1911	20. 11. 1912		ges: 366 T	1 J 1 T

Tab. 10a: Eingangs- und Abgangsdaten geschlechtsbestimmter Beutelwölfe in Zoologischen Gärten. Beutelwolf-Männchen (n = 18).

Zoo/Tier Nr.	Kennziffer	Sex	Eingang	Abgang	Herkunft	Verbleib	Tage/Zoo	Jahre	Tage
Antwerpen 1	1	♂	06.02.1912	03.02.1914	?	gest.	729	1	364
Berlin 1*	2	♂	09.04.1856	14.11.1864	Lo.Zoo	gest	3 142	8	220
Berlin 3	3	♂	25.02.1902	16.01.1908	Re	gest.	2 152	5	326
Koeln 1	7	♂	26.03.1903	27.09.1909	?	gest.	2 378	6	186
Koeln 2	8	♂	13.05.1903	13.05.1910	?	gest.	2 558	7	1
London 1	9	♂	16.05.1850	25.09.1853	Gu	gest.	1 229	3	133
London 4	11	♂	02.05.1863	17.05.1865	Gu	gest.	747	2	16
London 6	13	♂	14.11.1884	05.02.1890	Cro	gest.	1 910	5	84
London 10	15	♂	30.06.1888	31.08.1888	Cr	Cr	63	0	63
London 12	17	♂	28.04.1891	05.07.1894	Mb. Zoo	gest.	1 165	3	298
London 14	19	♂	19.03.1901	01.02.1902	Ha	gest.	320	0	320
London 15	20	♂	26.03.1902	17.01.1906	Ja	gest.	1 394	3	298
London 17	22	♂	18.04.1910	20.11.1914	Ro	gest.	1 678	4	217
London 18	23	♂	21.11.1910	25.12.1914	Ro	gest.	1 496	4	35
New York 2*	27	♂	21.11.1911	20.11.1912	Lo. Zoo	gest.	366	1	1
Paris 1*	30	♂	19.03.1886	31.03.1891	Mb. Zoo	gest.	1 839	5	14
Washington 3	35	♂	03.09.1902	10.01.1905	Go	gest.	861	2	130
Washington 5	37	♂	05.07.1904	04.10.1909	Go	gest.	1 918	5	91

*Doppelhaltungen inklusive Überfahrt:

Lo3=Be1	2	♂	09.04.1856	14.11.1864			ges: 3 142 T	8 J	220T
Lo8= Pa 1	30	♂	19.03.1886	31.03.1891			ges: 1 839 T	5 J	14T
Lo19=Ny2	27	♂	21.11.1911	20.11.1912			ges: 366 T	1 J	1T

Beutelwölfe in Menschenhand 161

Tab. 10b: Eingangs- und Abgangsdaten geschlechtsbestimmter Beutelwölfe in Zoologischen Gärten. Beutelwolf–Weibchen (n = 12)

Zoo/Tier Nr.	Kennziffer	Sex	Eingang	Abgang	Herkunft	Verbleib	Tage/Zoo	Jahre	Tage
Berlin 4	4	♀	25. 02. 1902	23. 12. 1905	Re	gest.	1 398	3	302
Hobart 16	6	♀	19. 02. 1924	07. 09. 1936	Mu	gest.	4 585	12	202
London 2	10	♀	16. 05. 1850	13. 05. 1857	Gu	gest.	2 555	6	363
London 5	12	♀	02. 05. 1863	23. 01. 1870	Gu	gest.	2 459	6	267
London 7	14	♀	14. 11. 1884	02. 04. 1893	Cro	gest.	3 062	8	140
London 13	18	♀	28. 04. 1891	27. 09. 1891	Mb. Zoo	gest.	153	0	153
London 16	21	♀	12. 03. 1909	05. 12. 1914	Ro	gest.	2 094	5	268
London 20	24	♀	26. 01. 1926	09. 08. 1931	Ch	gest.	2 022	5	196
New York 4	29	♀	14. 07. 1917	13. 09. 1919	Jo.	gest.	792	2	62
Paris 2*	31	♀	19. 03. 1886	06. 02. 1891	Lo.Zoo	gest.	1 786	4	325
Washington 1	33	♀	03. 09. 1902	04. 11. 1904	Go	gest.	794	2	63
Washington 4	36	♀	03. 09. 1902	13. 10. 1909	Go	gest.	2 598	7	41
							ges. 1 786	4 J	325 T

* Doppelhaltungen inklusive Überfahrt:

| Lo9 = Pa2 | 31 | ♀ | 19. 03. 1886 | 06. 02. 1891 | | | | | |

sechs Monaten (= 2 025 Tagen). Das älteste männliche Tier (Lo 3 = Be 1) lebte vom April 1856 bis November 1864 in den Zoologischen Gärten London und Berlin; addiert man etwa viereinhalb Monate Überfahrt und nimmt an, daß er wenigstens halbwüchsig in Gefangenschaft geriet, so muß man ein Mindestalter von etwa neuneinhalb Jahren veranschlagen. Die Lebenserwartung der als Jungtiere in Zoos gelangten Beutelwölfe lag kaum höher: Z. B. erreichte das junge Männchen (London Nr. 4) nur zwei Jahre 16 Tage; von den beiden in Washington aufgewachsenen Tieren lebte das Männchen (Nr. 3) außerhalb des Beutels zwei Jahre vier Monate, seine Schwester (Nr. 4) dagegen über sieben Jahre. Die »Mullins cubs« waren laut GUILER (1985) über eine Zeitspanne von sechs Jahren zwei Monaten (Nr. 14), ca. 11 Jahren (Nr. 15) und 12 Jahren knapp sieben Monaten (Nr. 16) im Hobart-Zoo ausgestellt (Abb. 114).

9.2.1 Schauwert

Aus mehreren Zoos überlieferte Äußerungen über die geringe Beliebtheit des Beutelwolfs veranlaßten den Verfasser, anhand einiger Kriterien den Schauwert dieser Art — post mortem — zu analysieren (MOELLER 1994). Zootiere mit hohem Schauwert sind bunt, bzw. ansprechend gezeichnet, groß oder wenigstens gefährlich, sie sind tagaktiv, bewegungsfreudig und kontaktbereit gegenüber dem Zoobesucher. Darüberhinaus gibt es Tiere in menschlicher Obhut, die vom Publikum nur vorübergehend als attraktiv empfunden werden, z. B. während der Fütterung, bei heftigen Lautäußerungen, während des Fortpflanzungsgeschehens oder beim Vorhandensein von Jungtieren (HEDIGER 1965). Die Seltenheit einer Spezies, ihre ökologische, wirtschaftliche oder stammesgeschichtliche Bedeutung sind dagegen meist von untergeordnetem Interesse und Hinweise darauf kaum geeignet, den Schauwert zu heben (s. Kap. 9.3).

Zeichnungsmuster

Auffällige Fellzeichnungen, wie sie z. B. Zebra, Jaguar und Schabrackentapir oder — mit weiteren positiven Merkmalen gekoppelt — der Große Panda aufweisen, wirken attraktiv. Ebenso erhöhen Mähnenbildung, deutlich hervortretende Eckzähne oder ausladende Gehörne und Geweihe den Schauwert einer Art.

Der gelegentlich für den Beutelwolf verwendete Name »Zebra-Hund« oder »Zebra-Wolf« (Kap. 2) nimmt Bezug auf die dunkle Querbänderung auf Rücken und Schwanzwurzel; ein auffälliges Zeichnungselement, welches in Verbindung mit der vertrauten Hundegestalt besonders fremdartig und wohl auch anziehend wirkte (Abb. 115). BÖLSCHE (1923) dagegen äußert sich auch hier abwertend: »... eine Zebrazeichnung, die ... wie versehentlich zu weit abgerutscht erscheint ... (und) dem Tier etwas Unfertiges, Verschobenes gibt.«

Größe

Die Körpergröße ist bei der Diskussion über den Schauwert ein wesentlicher Faktor, was in früheren Zeiten dazu führte, daß selbst Giraffen und Elefanten noch auf erhöhten Plattformen ausgestellt wurden. Auch ein Vergleich der Verweildauer von

Zoobesuchern vor Flußpferden und ihrem nächsten nur schweinegroßen Verwandten belegt dies.

Da Beuteltiere, gemessen an der Gesamtheit der Plazentatiere, als »klein bis mittelgroß« eingestuft werden, empfindet man selbst Riesenkänguruhs, Wombats und den Beutelwolf eher als unauffällig.

Gefährlichkeit

Gefährliche — d. h. auch den Menschen bedrohende — Tiere besitzen eine außerordentliche Anziehungskraft. Raubtiere wie einige Bären und Großkatzen, auch Reptilien wie Krokodile, Riesen- und Giftschlangen, schließlich größere Haie und Piranhas sowie Vogelspinnen und Skorpione sind wegen der vermeintlichen oder tatsächlichen Gefährdung von Menschen ausgesprochen publikumswirksam; daher gibt es kaum einen Zoodirektor, der auf Vertreter dieser Gruppe verzichtet.

Trotz des kräftigen Raubtiergebisses gibt es — zwei dubiose Berichte aus freier Wildbahn ausgenommen — nur DAVID FLEAYS Angabe über seine Bißverletzung im Hobart-Zoo (Kap. 5.1).

Aktivität

Laufaktive Tiere erfreuen sich einer größeren Beliebtheit als Arten, die während der Öffnungszeiten eines Zoos längere Ruhepausen einlegen.

Beutelwölfe waren auch tagsüber aktiv, jedoch sehr ruhig (BREHM 1877, BÖLSCHE 1923, CRANDALL 1964); nur GOULD (1863) beschrieb ein Exemplar als äußerst schreckhaft und ungestüm (Kap. 9.2).

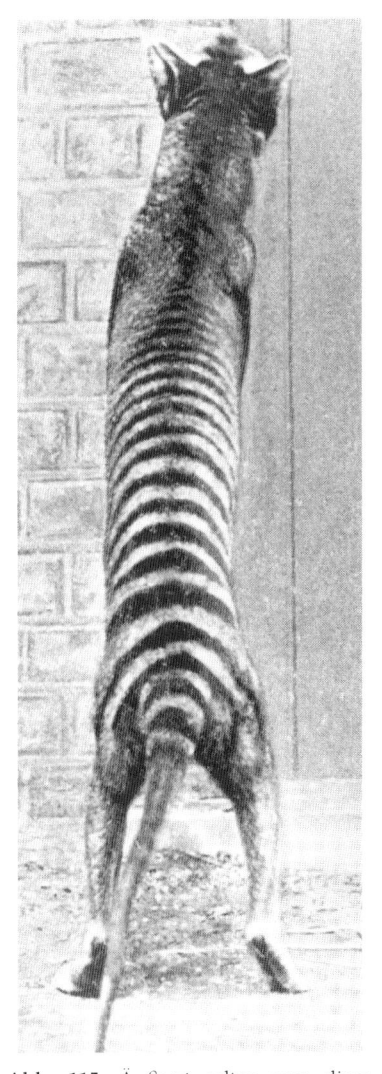

Abb. 115: Äußerst selten war diese Körperhaltung zu beobachten; sie zeigt die auffällige Rückenzeichnung des Beutelwolfs. Foto: DANDO, Zoological Society London, in HECK (1912).

Kontaktfreudigkeit

Soziale Kontakte auch gegenüber Pflegern oder Besuchern tragen ganz wesentlich zur Beliebtheit eines Zootieres bei.

In menschlicher Obhut erwiesen sich jedoch die großen Raubbeutler als wenig sozial, im Falle eines Washingtoner Männchens sogar als unleidlich gegenüber

Artgenossen (Kap. 9.2). Die spärlichen Beobachtungen in freier Wildbahn deuten auf eine — außerhalb der Fortpflanzungszeit — vorwiegend solitäre Lebensweise, so daß der Mangel an Kontaktbereitschaft darin seine Erklärung finden mag. Bezüglich des Verhaltens der zwei letzten Berliner Exemplare führt HECK (1912) aus, daß sie dicht an die Gitterstäbe herankommen, wenn man unmittelbar vor dem Käfig steht. BREHM (1877), der das zweite Berliner Männchen beobachtete, schränkt dagegen ein: »... doch befreunden sich Beutelwölfe niemals wirklich mit ihrem Wärter, lernen denselben nur mangelhaft kennen und kaum von anderen Leuten (zu) unterscheiden, verhalten sich ihm gegenüber auch vollkommen gleichgültig ...«.

Auffälliges Verhalten

Ungewöhnliche oder selten gezeigte Verhaltens- und Bewegungsweisen erhöhen den Schauwert. Wohl jedem aufmerksamen Zoobesucher ist das bei vielen Primaten besonders eindrucksvolle »Wutgähnen« aufgefallen: Während der extremen Öffnung der Kiefer, die einem Gähnen gleicht, entblößen die Tiere ihre Eckzähne (Abb. 116). Es handelt sich jedoch um eine Drohgebärde, die von mehreren Säugetierarten (so auch bei *Thylacinus*) gegen Artgenossen und Feinde wie auch (fotografierende) Menschen gezeigt wird (Kap. 5.1).

Mehrere Autoren beschreiben für den Beutelwolf eine hüpfende Bewegungsweise, diese wurde jedoch in menschlicher Obhut nie beobachtet (Kap. 5.4).

Abb. 116: Vielfach wurde das Wutgähnen nicht als Drohgebärde verstanden, man beachte die schlecht verheilte Verletzung am rechten Vorderlauf. Foto: BOND, 1914, Zoological Society London, in EDWARDS (1996a).

Akustische Äußerungen

Lautäußerungen mit hohen Dezibelwerten — gemeint sind hier das Löwengebrüll, der Wechselgesang eines Siamangpaares oder das Kreischen von Schimpansen und Papageien — erregen schlagartig die Aufmerksamkeit der Besucher und führen häufig zu Andrang vor den entsprechenden Gehegen.

Wie die meisten Marsupialia war auch der Beutelwolf wenig stimmbegabt; nur selten hörte man seine rauhen Laute (Kap. 5.1).

Jungtiere

Wie kaum ein anderes Kriterium erhöht das Vorhandensein von Jungtieren den Schauwert ausgestellter Tiere in erheblichem Maße.

Beutelwölfe haben sich in Zoologischen Gärten zwar nicht fortgepflanzt, doch gelangten Weibchen mit Beuteljungen wenigstens dreimal in menschliche Obhut: 1863 wurde ein Exemplar mit drei Jungen im Beutel von Launceston/Tasmanien nach London gesandt (GUNN 1863); zwei der Jungtiere starben während der Überfahrt. Im Jahresbericht von 1899 teilt GODFREY mit, daß »... es im Königlichen Zoologischen Garten Melbourne mehrere Individuen dieses merkwürdigen Tieres gibt, einschließlich eines Beutelwolfweibchens mit vier Jungen, die sich bis vor kurzem im Beutel befunden haben« (SEEKAMP 1980). Schließlich gelangte 1902 eine Mutter mit drei Beuteljungen nach Washington D.C. (Kap. 9.2).

Drei halberwachsene, noch von der Mutter geführte Jungtiere wurden erstmals 1864 in Launceston/Tasmanien in der Gastwirtschaft »London Tavern« ausgestellt (GUILER 1985). Nach BERESFORD & BAILEY (1981) erreichte um 1910 eine Mutter mit drei Jungen den Beaumaris-Zoo, Hobart/Tasmanien (s. Abb. 53, 65 und 112). Am 19. 02. 1924 wurden die sog. »Mullins cubs« mit ihrer Mutter vom Hobart-Zoo erworben (GUILER 1985). Die Drillinge lebten dort bis 1930, 1935 und 1936 (Tab. 9). Weder von Melbourne noch aus den tasmanischen Tierhaltungen sind Reaktionen des Publikums bekannt (Washington D.C. s. Kap. 9.2).

Gehege

Ohne Zweifel verstärkt oder mindert ein Gehege oder Tierhaus je nach Ausgestaltung die Attraktivität einer Tierart und hat damit wesentlichen Anteil am Schauwert (HEDIGER 1965, STOLBA & MÜLLERS 1990).

Während man für »Dickhäuter«, Affen, Robben und Delphine deutlich hervorgehobene Gehege bzw. eigene Tierhäuser baut, wurden Beutelwölfe entweder in Raubtierhäusern oder Anlagen für kleinere Raubtiere gehalten, die 20 Londoner Exemplare waren in sechs verschiedenen Gehegen untergebracht (s. Kap. 9.2). In Washington bewohnten sie im Großen Raubtierhaus Käfige, die für Großkatzen konzipiert waren (Abb. 117).

Mächtige Steinquader und eine — gemessen an der Größe ihrer Bewohner — riesige Verbindungstür zwischen Innen- und Außengehege lassen die Tiere auf dem einzigen bekannten Foto geradezu unbedeutend wirken, was ihren Schauwert wahrscheinlich ungünstig beeinflußte. Der Beaumaris-Zoo/Hobart besaß für eine

Abb. 117: Zwei Beutelwölfe im Großen Raubtierhaus/National Zoo, Washington D.C.; eine der qualitativ besten Aufnahmen von *Thylacinus*. Foto: National Zoological Park Washington D.C., aus EVANS (1902).

wechselnde Anzahl gleichzeitig gehaltener Beutelwölfe mehrere großräumige Gehege, jedoch ohne jegliche Innenausstattung (Kap. 9.2). Dagegen zeigen drei Fotos den großen Raubbeutler — wahrscheinlich im Taronga Park Zoo/Sydney — in einer naturnah gestalteten Freianlage (s. Abb. 60 und 109); Publikumsreaktionen sind jedoch auch hier unbekannt.

Nachbarn

Neben Größe und Ausstattung der Gehege spielt auch eine Rolle, welche Arten in unmittelbarer Nachbarschaft untergebracht sind und wie attraktiv diese für den Zoobesucher sind.

Den in London, Berlin und Washington ausgestellten Beutelwölfen erwuchs in den spektakulären Großkatzen sicherlich eine stärkere Konkurrenz in der Gunst des Publikums als den Tieren in Paris, Köln und New York, wo Waschbären und Marder, Füchse und Kojoten ihre Nachbarn waren (Kap. 9.2). Es mag ein möglicherweise schauwertförderndes Überraschungsmoment gewesen sein, im Londoner Zoo in einer für Greifvögel bestimmten Voliere einen Beutelwolf anzutreffen (Zooführer London 1857).

Direkte und indirekte Informationen

Erfahrungsgemäß werden Informationen, die durch das Individuum selbst vermittelt werden, wie Gestalt und Verhalten oder von der unmittelbaren Umgebung intendierte Besonderheiten seines Lebensraumes (Gehege-Ausgestaltung) vom Zoobesucher eher angenommen als solche ü b e r die Art, wie Verbreitungstafeln oder z. B. Texthinweise auf ihre Seltenheit.

Als im Mai 1930 der letzte Beutelwolf in freier Wildbahn erlegt wurde, was die Tagespresse entsprechend würdigte (Kap. 7.2), lebten in London ein und in Hobart noch zwei Exemplare. Die Namensgebung von »Benjamin«, dem letzten Tier im Beaumaris-Zoo, kann als Ausdruck einer gewissen Popularität gelten.

Verwandtschaft

Hinweise in Text oder Abbildung auf die verwandtschaftliche Zugehörigkeit einer Art sind in den meisten Fällen wohl »schauwertneutral«; hier gilt das unter dem vorigen Punkt gesagte.

Der Beutelwolf wird zwar als das augenfälligste Beispiel für konvergente Ähnlichkeiten zwischen Marsupialia und Placentalia angesehen, für das breite Zoopublikum jedoch war es ohne ausführliche Erläuterungen nicht einzusehen, weshalb ein augenscheinlicher Beutel*hund* eher mit Känguruhs, Wombats oder Opossums verwandt sein sollte als mit einem Wolf oder Kojoten. Andererseits führte die hundeartige — und daher vertraute — Gestalt des größten Raubbeutlers zu einem permanenten Vergleich mit Caniden, wie die Äußerung von SHARLAND (1963) beispielhaft zeigt: »... ein richtiger Wolf neben ihm scheint in jeder Hinsicht ebenmäßiger und lebhafter zu sein.« Auch BÖLSCHE bemerkt dazu: »Echte Wölfe und Schakale sind hochgestellte, elegante Tiere gegen ihn. Im Auge ist, was BREHM den »Beuteltierblick« im Gegensatz zu dem weit überlegenen, vergeistigten Raubtierblick genannt hat ... das dreieckige Auge (ist) so absolut eingekniffen und im Blick gar nicht recht zu fassen, daß das doch auch kneifende Schakalauge dagegen geradezu offen, rund und hell erscheint ...«.

Texte, Fotos

Schließlich kann der Schauwert einer Tierart anhand bestimmter Indizien auch indirekt abgeschätzt werden, zu denen Aktualität und Ausführlichkeit der Texte in Zooführern über die betreffende Spezies ebenso gehören wie die Anzahl der Zeichnungen oder Fotografien (wenigstens in den Zooarchiven). Während im ca. 60 Seiten starken Führer der Londoner »Zoological Gardens« von 1853 — die ersten Exemplare gelangten drei Jahre zuvor in den Zoo — dem Beutelwolf nahezu eine Textseite gewidmet wird mit einer guten Zeichnung, sind es vier Jahre später gerade noch fünfeinhalb Zeilen, und 1930 — der Umfang des Führers ist auf 121 Seiten angewachsen — nur noch drei Zeilen, wenn auch illustriert mit einer halbseitigen sehr guten Fotografie. In einem Faltblatt aus dem Beaumaris-Zoo/Hobart um 1910 wird mit 14 Zeilen über den Beutelteufel, über den Beutelwolf jedoch nur mit knappen zwei Zeilen berichtet. Die mangelnde Aktualität betreffend sei ein Führer des Bronx-Zoo/New York von 1923 genannt, in dem — obwohl der letzte Beutelwolf dort bereits 1919 gestorben war — der seit mehreren Jahren weitgehend unveränderte Text verwendet wurde, dazu ein retouchiertes Foto des ersten Exemplars von 1903. Auch Londons Zooführer von 1933 führt *Thylacinus* noch zwei Jahre nach dem Tode des letzten Tieres auf. Aus dem traditionsreichen Berliner Zoo

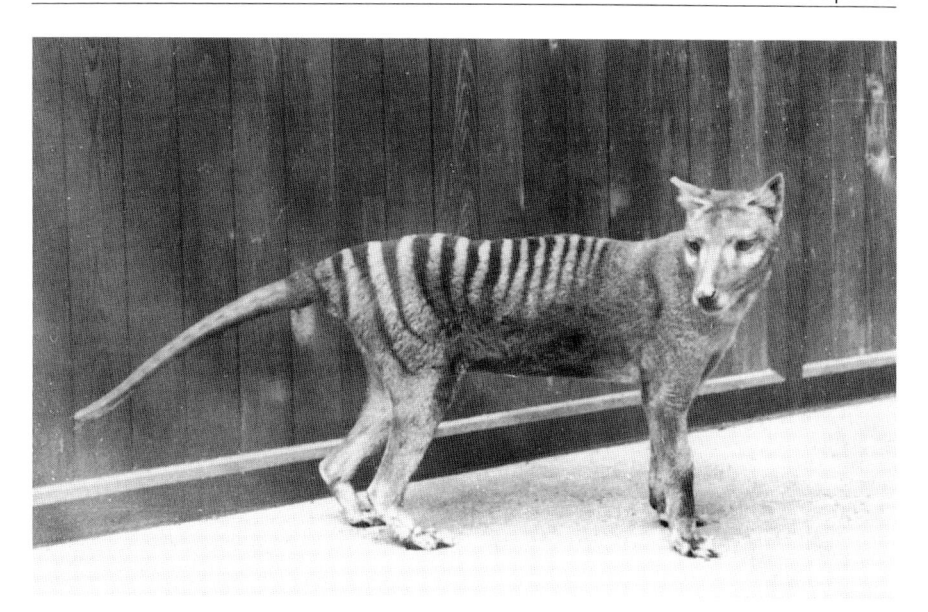

Abb. 118: Der Londoner Regent's Park besitzt mehrere gute Aufnahmen vom Beutelwolf. Foto: BOND, 1913, Zoological Society London, in EDWARDS (1996a).

ist ein Foto, von Köln, Antwerpen und Paris, Adelaide und Launceston keines bekannt; in Washington ist nur ein Foto vorhanden, New York hat vom gleichen Tier 2 Bilder, Sydney besitzt 3 und Melbourne 2 (oder mehr?), z. B. in der Tierpflegerzeitschrift »thylacinus« von 1987. Als große Ausnahme muß der Londoner Zoo gelten, wobei zu berücksichtigen ist, daß Beutelwölfe dort bis 1931 lebten (Abb. 118). Von den letzten Tieren sind wenigstens acht z. T. ausgezeichnete Aufnahmen erhalten, z. B. in dem Zooführer von 1930 sowie in mehreren Publikationen (z. B. MOELLER 1968a, 1969, JONG 1974, EDWARDS 1996a, 1996b). Die meisten Fotos entstanden im Beaumaris-Zoo. Von einem der letzten Exemplare stammt neben mehreren Lichtbildern auch der Filmstreifen (MOELLER 1981b).

Zusammenfassend stellt sich der Schauwert des Beutelwolfs wie folgt dar: Ungeachtet seiner auffälligen Rückenzeichnung, der Tagaktivität und einer gewissen Lauffreudigkeit, war er, nach Ansicht mehrerer Autoren, kaum attraktiv (HARRIS 1808, LEUTEMANN 1867, KNOTTNERUS-MEYER 1905, HECK 1912, SHARLAND 1963, GUILER 1985, MOELLER 1993, 1994) und damit als Zootier wenig geeignet. Im Gegensatz zu einem »Publikumsliebling«, der sich durch gefälliges, möglichst exotisches Äußeres, Kontaktfreude auch gegenüber Besuchern, Bettelverhalten und stete Bereitschaft, sich füttern zu lassen, auszeichnet, der regelmäßig Nachwuchs hat, dessen Beliebtheit sich in Populärnamen widerspiegelt, und der in den Medien häufige Würdigung erfährt, führten die wenig spektakulären Beutelwölfe in Zoologischen Gärten ein Schattendasein (MOELLER 1980). Lediglich in Washington D.C. nahm sich die Presse des Weibchens mit seinen Beuteljungen an, und auch »Benjamin«, dem letzten Exemplar im Hobart-Zoo, wurde eine gewisse Sympathie zuteil, die in der Namengebung Ausdruck fand.

Nach Meinung des Verfassers verlor der Beutelwolf aufgrund der Ähnlichkeit mit einigen Hundeverwandten seine Identität: Einerseits erschien er als Beutelh u n d gegenüber vielen anderen Zootieren als »zu wenig exotisch« — d. h., er entsprach in seinem Äußeren zu sehr einem wohlbekannten Tier —, zum anderen verglich nahezu jeder Betrachter Verhaltensmuster oder morphologische Merkmale des wenig spezialisierten Beutlers mit Eigenschaften von Caniden. Da Hunde ein weit höheres Evolutionsniveau erreicht haben (Kap. 4.5), was sich auch in der Vielfalt sozialer Verhaltensweisen ausdrückt, fiel nahezu jeder Vergleich zu Ungunsten des Beutelwolfs aus.

P.S.: Ein im Gartenbereich des »Muséum d'Histoire Naturelle« in Paris aufgestelltes Kinderkarussell (Sommer 1996), dessen Kassenbude mit dem beziehungsreichen Namen »Dodo Manège« versehen ist, enthält neben den üblichen Plastik-Reittieren Elefant, Zebra und Löwe einige gut nachempfundene Rekonstruktionen ausgestorbener Tiere: Außer einer Dronte (Dodo) — die seit 1680 ausgerottet ist — und mehreren altertümlichen Giraffenverwandten (*Sivatherien*) wurde auch ein großer Beutelwolf plaziert, jedoch denkbar ungünstig zwischen den Lieblingstieren Gorilla und Panda; spontan entschieden sich die vom Verfasser beobachteten drei- bis achtjährigen Nutzer für alle anderen Reittiere, eine rezente Bestätigung des im voranstehenden Kapitel gesagten.

> »So ein Thier ... muss todt sein und gehört ins Museum.«
>
> Anonymus (1864) nach Leutemann 1897

9.3 Beutelwölfe in Museen

Im Gegensatz zum seinerzeit geringen Schauwert lebender Beutelwölfe in Zoologischen Gärten schenkt man den ausgestellten Präparaten in Naturkundemuseen größere Aufmerksamkeit — zumindest seit die Art vom »Hauch des Unwiederbringlichen« umgeben ist. 24 von 31 Museen und Anatomischen Sammlungen, in denen der Verfasser Material vom Beutelwolf untersuchte, haben Präparate in ihrem Besitz (Tab. 11), jedoch verbietet sich in mehreren Fällen die Exposition in einer Schausammlung wegen des schlechten Erhaltungszustands und/oder der wenig lebensnahen Ausführung (s. Abb. 38).

Bei guter Qualität präparierter Exemplare ist deren Schauwert unbestritten hoch, wie Beobachtungen und gelegentliches Befragen von Museumsbesuchern belegen. In den meisten Fällen findet man sie — lediglich systematisch zugeordnet — neben anderen (Raub-)Beutlern in den Vitrinen (z. B. Brüssel oder Frankfurt/M.), doch weist man in mehreren Museen durch Texte und weitere Exponate auf die konvergenten Ähnlichkeiten mit Hundeartigen hin: Goldschakal *Canis aureus* (Münster/Westfalen) (Gries 1988), Rotwolf *Canis lupus niger* (New York) und Dingo *Canis lupus* forma familiaris (Bremen) (Kap. 1). Die 1994 neugestaltete »Grande Galerie du Muséum« in Paris zeigt im »Saal der bedrohten und ausgestorbenen Arten« eine

Tab. 11: Beutelwolfpräparate in Museen. Nach Verfasser und weiteren Autoren (z. B. KRUSKA, Kiel, und SMANTEK, Berlin).

Land	Ort	Museum
A	Adelaide	South Australian Museum
D	Alfeld	Naturkundemuseum
D	Berlin	Zoologisches Museum der Humboldt-Universität
D	Bremen	Übersee-Museum
B	Brüssel	Institut Royal des Sciences Naturelles de Belgique
GB	Cambridge	University Museum of Zoology
GB	Cardiff	Zoological Museum
D	Darmstadt	Hessisches Landesmuseum
I	Florenz	Museo Zoologico »La Specola«
D	Frankfurt/M.	Naturmuseum und Forschungsinstitut Senckenberg
CH	Genf	Musée d'Histoire Naturelle
I	Genua	Museo Civico di Storia Naturale
D	Halle	Zoologisches Museum der Universität
D	Heidelberg	Zoologisches Museum der Universität
A	Hobart	Tasmanian Museum and Art Gallery
DK	Kopenhagen	Universitetets Zoologiske Museum
A	Launceston	Queen Victoria Museum and Art Gallery
N	Leiden	Rijksmuseum van Natuurlijke Historie
GB	London	British Museum of Natural History
D	Mainz	Naturhistorisches Museum
A	Melbourne	Museum of Victoria
D	München	Zoologische Staatssammlung
D	Münster/Westfalen	Landesmuseum für Naturkunde
D	Münster/Westfalen	Zoologisches Institut der Universität
F	Nancy	Musée de Zoologie, Université de Nancy I
CH	Neuenburg	Musée d'Histoire Naturelle
US	New York	Museum of Natural History
F	Paris	Muséum National d'Histoire Naturelle
R	Petersburg	Zoologisches Museum der Akademie der Wissenschaften
D	Stuttgart	Staatliches Museum für Naturkunde
A	Sydney	Australian Museum
D	Tübingen	Zoologisches Institut der Universität
US	Washington D.C.	Smithsonian Institution — National Museum
AU	Wien	Naturhistorisches Museum
CH	Zürich	Zoologisches Museum der Universität

Fülle wertvoller Präparate: Neben dem Blaubock, einem Verwandten der Pferdeantilope, dem Quagga, einer Zebraform, und einem Kaplöwen — um nur die bekanntesten Säugetiere zu nennen — steht, hervorgehoben in einer besonderen Vitrine, auch ein kapitaler Beutelwolf. Das Hessische Landesmuseum in Darmstadt, das Bremer Überseemuseum sowie das South Australia Museum in Adelaide sind dem Verfasser bekannte Institutionen, in denen Beutelwolfpräparate in ein Diorama, d. h. eine künstliche Landschaft, eingefügt wurden. Das Darmstädter Exemplar eines halbwüchsigen Beutelwolfs, »vom Aussehen einer kleinen Hyäne«, steht in einem 1904 von G. VON KOCH geschaffenen Großdiorama zwischen weiteren Säugetier- sowie Vogel- und Reptilienpräparaten der australischen und neuseeländischen Faunenregion (FEUSTEL 1970). In Bremen wurde das gute Beutelwolfpräparat in eine von E. BÖTTCHER naturnah gestaltete Landschaft eingegliedert. Die Restaurierung des jungen Beutelwolfs im Zoologischen Museum der Universität Heidelberg erwies sich 1977 als unumgänglich; fehlende Krallen wurden ersetzt — eine ausgemusterte Schleichkatze lieferte die nötigen »Ersatzteile« — und die verlorengegangene Schwanzspitze ließ sich ergänzen. RICHTERs bekannte Kopfdarstellung, eine Farblithographie aus JOHN GOULDs Werk (1863), belebt den Hintergrund (s. Farbtafel unten). Wie auch bei anderen Vitrinen der Schausammlung steht nicht das Objekt, sondern ein übergeordnetes Thema im Vordergrund. So symbolisiert der Beutelwolf neben einer Dokumentation über seine Vernichtung auch das Phänomen »Konvergenz« durch Gegenüberstellung der Ähnlichkeiten zwischen Beutelwolf- und Wolfschädel. Fotos und Grafiken sowie Texte zur Biologie, Anatomie und früheren Verbreitung runden das informative Angebot ab (MOELLER & SPARING 1985). Das Zürcher Präparat eines Beutelwolfmännchens wurde wahrscheinlich nach RICHTERs Darstellung eines Paares (s. Abb. 97) (GOULD 1863) angefertigt. CLAUDE (1996) schreibt, es »... besaß im ursprünglichen Zustand ein Merkmal, das weder auf den Bildern von Richter noch auf anderen Darstellungen des Beutelwolfs zu finden ist. Die oberen Eckzähne waren so im Kopf montiert, daß sie außerhalb der Unterlippen nach unten ragten und bei geschlossenem Maul von außen sichtbar waren.« Offensichtlich ein Fehler des Präparators, der sich wohl von PATERSONs Beschreibung (Kap. 2) hatte verleiten lassen: »The lips do not appear to conceal the tusks«. Dieser Fehler wurde bei der Renovation und Neuaufstellung 1991 korrigiert. Hervorzuheben ist die hohe Qualität des Beutelwolfpräparates im Staatlichen Museum für Naturkunde in Stuttgart: Kopfform, Körper- und Schwanzhaltung sowie Fellbeschaffenheit sind ausgezeichnet; Friedrich Kerz, einem der bekanntesten Präparatoren seiner Zeit, ist diese Arbeit besonders gut gelungen (Titelbild). Das Tier wurde 1889 von Baron VON MÜLLER erworben (DIETERLEN 1978). Sehr lebensnah gestaltet ist auch die im Magazin des New Yorker »Museum of Natural History« befindliche Dermoplastik eines schreitenden Beutelwolf-Weibchens.

Besondere Würdigung verdient die im Mai 1996 eröffnete Beutelwolf-Ausstellung im Zoologischen Museum der Universität Zürich anläßlich des 60. Todesjahres des letzten Exemplars. Neben dem Zürcher war dort noch ein weiteres in der Schweiz befindliches Präparat zu sehen, eine Leihgabe des Museé d'Histoire Naturelle in Neuchâtel (Neuenburg). Eine große Anzahl von Abbildungen und ein abrufbarer Videofilm ergänzten die geschickt gewählten und informativen Texte über »Leben und Sterben einer Tierart« — so der Titel der von C. CLAUDE gestalteten Ausstellung. Zum 150jährigen Bestehen des Berliner Zoologischen Gartens eröffnete das »Museum für Naturkunde der Humboldt-Universität zu Berlin« 1994 eine bemerkenswerte Exposition von Tieren aus dem Zoo (OPPERMANN 1994). Das erste 1864

Abb. 119: Im Naturhistorischen Museum Wien steht dieses Präparat. Foto: MOELLER.

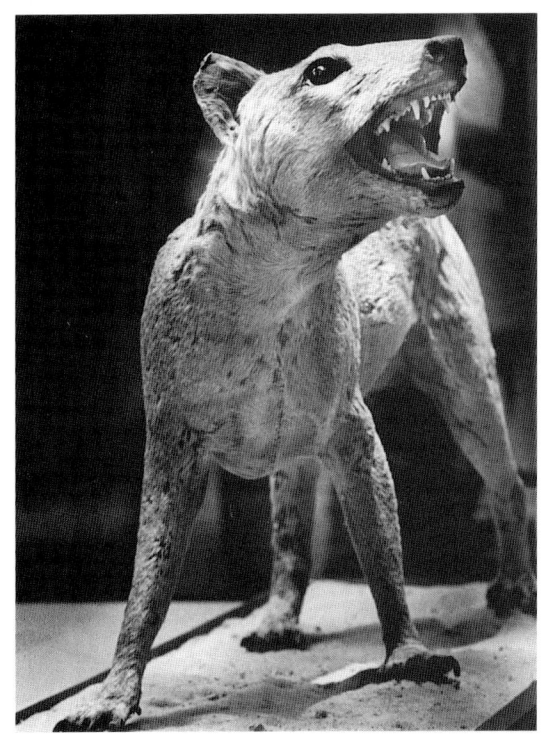

Abb. 120: Diese eindrucksvolle Dermoplastik bringt die (vermeintliche) Gefährlichkeit des »Tasmanischen Tigers« gut zum Ausdruck. Foto: HOFER (Original: Neuchâtel, CH).

Abb. 121: Körperhaltung und Schwanzstellung des Schaustücks (oben) demonstrieren des Präparators Abhängigkeit von guten Vorlagen. Foto: MOELLER (Original: Bremen). Vorbild war eine Fotografie (unten) aus dem Londoner Zoo. Foto: BERRIDGE, 1909, Zoological Society, London, in EDWARDS (1996a).

im Berliner Zoo gezeigte Exemplar des großen Raubbeutlers wurde durch eine besondere Vitrine mit historischen Abbildungen und reichhaltigen Informationen hervorgehoben. Auch hier erweiterte ein Videofilm über den letzten Beutelwolf die Präsentation.

Mehrheitlich bevorzugten Tierpräparatoren oder Museumsleiter eine stehende Haltung der Beutelwolfpräparate, seltener wurden sie — wie z. B. in den Museen Wien, Paris, London und Adelaide — liegend dargestellt (Abb. 119).

Das im Naturkundemuseum Neuenburg/Schweiz ausgestellte Stück wird dem einst so schlechten Ruf der Tierart bei Schafzüchtern und Pelztierjägern Tasmaniens voll gerecht: Mit leicht erhobenem Kopf und geöffnetem Maul — dessen wehrhaftes Gebiß noch im Tode den Betrachter zu bedrohen scheint —, die kräftigen, krallenbewehrten Läufe breitbeinig in den Boden gestemmt, symbolisiert es eine Wildheit, die Beutelwölfe gegenüber Menschen extrem selten (Kap. 9.2) zum Ausdruck gebracht hatten (CRANDALL 1964) (Abb. 120).

Legt man das dem Verfasser vorliegende Film- und Bildmaterial zugrunde, so entsprechen recht wenige Präparate dem lebenden Vorbild, denn nur selten hatte ein Museumspräparator das Glück, lebende Tiere als Vorlage nutzen zu können. Stand nur *ein* Foto zur Verfügung, unterliefen gelegentlich — bedingt durch die Zufälligkeit der Körper-, Kopf- und Schwanzhaltung auf der Fotografie — auch erfahrenen Taxidermisten Fehler, wie es anläßlich einer Neupräparation des Bremer Exemplars in den sechziger Jahren geschah (Abb. 121 oben). Offensichtlich war hier das Lichtbild von W. S. BERRIDGE, veröffentlicht auch in der vierten Auflage von Brehms Tierleben (HECK 1912), einzige Grundlage für diese Arbeit. Zufälligerweise hielt der im Londoner Zoo fotografierte Beutelwolf seinen Schwanz, ähnlich wie ein angestrengt kotender Hund, schräg nach oben gerichtet (Abb. 121 unten). Die Haltung konnte weder auf weiteren Fotos noch im Film beobachtet werden, so daß wohl eine Ausnahmesituation vorliegt, die extreme Erregung signalisiert (Kap. 5.1). Nach neuerlicher Umpräparation durch E. BÖTTCHER wurde inzwischen die Schwanzhaltung korrigiert.

Abb. 122: Plastik-Beutelwolf in einem tasmanischen Museum, ausgerechnet in der Heimat des Beutelwolfs ..., nach einer käuflichen Postkarte.

In einem insgesamt beklagenswerten Zustand befinden sich die Museumsexemplare in Sydney und Hobart/Tasmanien. Zwar besitzt Sydney den — nach Kenntnis des Verfassers — größten Beutelwolf mit einer Gesamtlänge von 204 cm, jedoch sind Körperhaltung, Gliedmaßenstellung und Fellbeschaffenheit wenig befriedigend (s. Abb. 38). Im Queen Victoria-Museum in Launceston/Tasmanien scheut man sich nicht, wegen der minderen Qualität der Präparate dem Publikum eine in wohltuendes Halbdunkel gehüllte Replike aus Kunstfaser anzubieten (MOELLER 1993) (Abb. 122).

Stellt man abschließend nochmals die Frage nach Bedeutung und Informationswert des Beutelwolfs, nun als Präparat in einem Schaumuseum, so ist die Antwort positiv, denn im Vergleich zum lebenden Tier steht hier die systematisch-stammesgeschichtliche Information gleichwertig neben der biologisch-tiergeographischen. Texte, Abbildungen und abrufbare Filmclips sowie die räumliche Zuordnung weiterer Präparate ermöglichen eine größere Vielfalt und Dichte an Informationen als es dem Zoo möglich ist. Sind sie didaktisch gut gewählt und geschickt zusammengestellt, vor allem zurückhaltend genug, um das eigentliche Objekt nicht in den Hintergrund zu drängen, dann gehören gute Beutelwolfpräparate zu den Anziehungspunkten einer jeden zoologischen Schausammlung.

10 Vermarktung einer Legende

Mehrere Beispiele für eine w i r t s c h a f t l i c h e N u t z u n g des Beutelwolfs sind in voranstehenden Kapiteln bereits genannt worden; erinnert sei an Prämienjäger und Tierhändler (Kap. 7.2, 9.1). Um ganz andere finanzielle Dimensionen geht es im Mediengeschäft: Reportagen über (angebliche) Sichtungen des legendären Beutelwolfs sind, vergleichbar politisch bedeutenden Ereignissen oder Katastrophen, geeignet, die Auflagenzahl einer Zeitung merklich zu heben, — insbesondere wenn die Berichte in reißerischer Aufmachung erscheinen. Als jüngstes Beispiel sei die renommierte Zeitschrift GEO genannt: In ihrer Mai-Ausgabe 1997 führt sie unter der — in plakativem Rot gehaltenen — Überschrift »Auf der Spur mysteriöser Arten« im Titelbild neben Riesenkraken und Affenmonster auch »Tigerwölfe« auf; die Wortschöpfung unterstreicht die in Kapitel 2 gegebene Nameninterpretation für »Tiger« des inzwischen von der Kryptozoologie entdeckten Beutelwolfs. So spielt der Beutelwolf — zum Spaltenfüller in der »Saure-Gurken-Zeit« herabgewürdigt — die gleiche Rolle wie der sagenumwobene Schneemensch »Yeti« oder wie »Nessie«, der vermeintliche Plesiosaurier von Loch Ness. Während der Niederschrift dieser Zeilen wurde der Verfasser von einem Reporter eines großen deutschen Magazins zu den »jüngsten« Sichtungen auf dem Festland und auf Tasmanien befragt ... (Der Spiegel Nr. 5, 1997, p. 168, »Pfoten im Lehm«). Auch die Nutzung des Beutelwolfs oder seines symbolischen Wertes — der sich, seit er ausgerottet wurde, deutlich verbessert hat — zu Werbezwecken ist nicht neu. Um 1910 konnten die Besitzer eines Hotels am Walkopf (heute der kleine Seehafen Temma/Nordwestküste Tasmaniens) ihre Gäste zur Einkehr bewegen, indem sie »in search of fun« nicht nur »Kangaroo Hunting, Fishing etc.« sondern auch »Tiger Shooting«, also eine Beutelwolf-Jagd, versprachen (BERESFORD & BAILEY 1981). Neueren Datums ist die Verwendung des Beutel-

Abb. 123: Beutelwölfe als Werbeträger einer Brauerei in Tasmanien. Käufliches Souvenir (Aufkleber).

Vermarktung einer Legende 177

Abb. 124: Heraldische Beutelwölfe im Staatswappen Tasmaniens (1917 von König Georg V gestiftet). Aus PARK (1986).

wolfs als Wappentier der australischen Brauerei »Cascade« in Hobart (Abb. 123). Zwei Beutelwölfe sollen offenbar die Exklusivität des »Premium Lager«/Hobart symbolisieren; der Verfasser bemängelt an der insgesamt lebensnahen Darstellung, daß die Schwänze mit einer Ringelzeichnung verziert wurden (Kap. 4.2.2).

Diese Nutzung ist von der gleichen Art, wie sie von der australischen Luftfahrtgesellschaft QUANTAS mit dem Logo Känguruh oder von der Firma ESSO mit dem Tiger — als Symbol für Kraft und Schnelligkeit — betrieben wird. Betrachtet man die beiden heraldischen Beutelwölfe im Wappen des Bundesstaats Tasmanien: Kühn aufgerichtet, eine ihrer mächtigen Tatzen auf den Schild gestützt (keine Spur von der feigen Hyäne oder dem blutrünstigen Schafkiller von einst), so kann man nur erstaunt feststellen, daß der tapfere »Wurrawana Corinna« der tasmanischen Ureinwohner (Kap. 2) offenbar wiederauferstanden ist (Abb. 124).

Neben den genannten Beispielen für die wirtschaftliche Nutzung des Beutelwolfs oder seiner Teile sei der indirekte Nutzen durch Balance des Ökosystems genannt. Es ist davon auszugehen, daß der rasche Rückgang — und schließlich das Verschwinden — des größten Beutegreifers und damit wohl auch einzigen (natürlichen) Regulators der Känguruhbestände Auswirkungen auf deren Populationsentwicklung hatte bzw. hat (Kap. 5.2).

Wahrscheinlich würde heute durch Souvenirsammler ein Handel mit Fellen, Schädeln oder Knochen des Beutelwolfs erfolgen, wenn die Art nicht auf Anhang 1 des Washingtoner Artenschutzübereinkommens stünde, das ist im Rahmen dieses internationalen Abkommens der höchste Schutzstatus, der für eine Art vergeben

Abb. 125: Straßenschild, ... once upon a time! Nach einem käuflichen Souvenir.

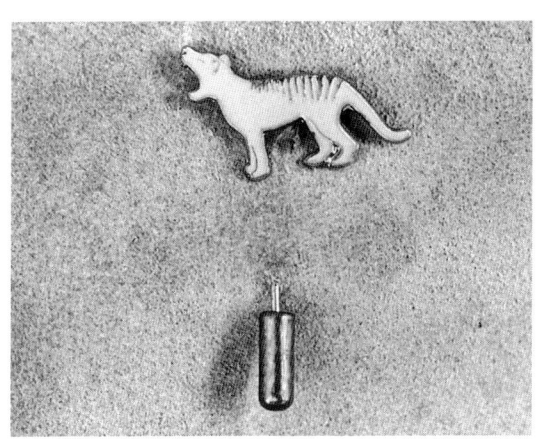

Abb. 126: Anstecknadel aus Emaille. Foto: ADAM (käufliches Souvenir).

wird (Kap. 7.2). Jeglicher private Erwerb oder Handel der geschützten Art oder ihrer Teile ist bei Strafandrohung verboten. Eine etwas ungewöhnliche Nutzung von Beutelwolfteilen — und wohl schon mehr in den Souvenirbereich gehörend — ist die Verwendung des umgedrehten Unterkiefers als Rahmen für ein Nadelkissen, das sich im Besitz von Dr. ERIC GUILER/Hobart befindet.

Dem sammelnden Liebhaber bleiben somit neben T-Shirts, Postkarten, Briefmarken (von 1961 und 1981), Aufklebern u. ä. nur die Erzeugnisse der Souvenirindustrie. Drei Beispiele seien geschildert, zunächst ein 1985 in Australien gefertigtes (Plastik-)Straßenschild (25 × 25 cm), es weist — feinsinnig — darauf hin, daß »Übertreter« (trespasser) Gefahr laufen, vom »Tasmanischen Tiger« verspeist zu werden (Abb. 125). (Hier moniert der Verfasser, daß der insgesamt natürlichen Beutelwolfzeichnung die prominenten Eckzähne fehlen.)

Vermarktung einer Legende

Abb. 127: Beutelwolf im Käfig, ein Produkt der Souvenirindustrie. Foto: ADAM (käufliches Souvenir).

Eine hübsche Emaille-Arbeit als Anstecknadel stellt einen der letzten Beutelwölfe aus dem Hobart-Zoo dar und ist nach Vorlage der bekannten Fotografie DAVID FLEAYs gearbeitet, die das Tier mit weit geöffnetem Rachen zeigt (s. Abb. 50). Die Figur mißt 23 mm in der Länge, und die Haltenadel ist mit einem Schraubverschluß gesichert (Abb. 126).

Wie ein Spielzeug erscheint ein kleiner aus Kunststoff gefertigter Beutelwolf von knapp 8 cm Länge in einem Holzkäfig mit Gitterstäben aus Metall (Abb. 127). Das aufgeklebte Etikett besagt: »Here's the Tasmanian Tiger I caught for you in Tasmania«.

11 Summary

Preface: The evolutive level of marsupials

Despite several primitive characteristics in anatomy and physiology marsupials are by no means inferior to placental mammals. The short »intrauterine« gestation period combined with the »pouch period« (= »extrauterine gestation period«) are comparable to the gestation periods of placental mammals (Eutheria).

Chapter 1: Introduction: Causes of popularity

Alleged sightings, size within carnivorous marsupials and analogies to a dog are pointed out in particular.

Chapter 2: Discovery, naming, legend

The most important names are listed, a legend of Tasmanian aborigines is presented.

Chapter 3: Systematic, descent and fossils

Colonization of Australia by marsupials doubtlessly took place across Antarctica, but the thylacine is a descendant from the Australian branch of marsupicarnivores. The discovery of Nimbacinus in oligocene deposits reveals the great age of the familiy.

Chapter 4: Shape and anatomy

(4.1) General appearance, weight and measurements. (4.1.1) Different body positions, shape of the paws and footprints. (4.2) Fur coat. (4.2.1) Skin and bristles. Colour, fur in summer and winter. (4.2.2) Fur pattern. The evolution of striped patterns is discussed, convergencies are pointed out. (4.2.3) Pouch and »scrotal pouch«. (4.3) Skeleton system. (4.3.1) Skeleton and epipubic bones. (4.3.2) Shape of the skull and convergencies. Sexual dimorphism, comparison with dasyurids and placental carnivores. (4.3.3) Teeth and age determination. Grinding pattern of lower front teeth lead to age determination. (4.3.4) Body proportions. Proportions of thylacine skeletons are compared to those of dasyurids and several placental carnivores, there are great similarities between thylacine and the clouded leopard (*Neofelis*). (4.3.5) Age related changes in body proportions. Juvenile and half-grown specimens have significantly longer legs than full-grown ones. (4.4) Brain and evolutionary level. The thylacine's brain is highly evolved, the average volume is 53,4 ml. (4.5) Viscera. The heart is small (0,78 % of the body weight), the intestine is short, the stomach extraordinarily extensible. (4.6) Sexual organs. There is a great similaritiy to those of *Sarcophilus*. (4.7) Shape of the pouch young. The limbs are short in pouch young, their length increasing enormously during the nesting period.

Chapter 5: Biology and behaviour

(5.1) Modes of expression, vocalization, dangerousness. The thylacine shows unique behaviour: Frequently displayed threatening yawn (German: Wutgähnen), jaws are opened to a maximum angle of 75°. Shape and position of the tail are interpreted as indicating emotion, likewise the position of the hind paws. In the wild it probably never attacked man. In zoological gardens the thylacine did not take much interest in its keepers or in visitors. (5.2) Hunting and prey. Information is summarized and discussed, there is no valid information after 1936. (5.3) Propagation, maternal behaviour. Copulation and birth were never observed, estimated duration of gestation period: 3–4 weeks, »pouch period«: 4–5 months, »nesting period«: 2–3 months, female thylacine was followed by half-grown until the age of one year. (5.4) Activity pattern and locomotion. thylacines were not strictly nocturnal. Plantigrade walk (German: Sohlengang) is documented, analysis of a movie film shows two types of pace very unlike those of a wolf, bipedal hopping is not likely, thylacines were able to jump, climb and swim.

Chapter 6: Habitat and distribution

Information is summarized, thylacines (in Tasmania) favoured grass plains and savannah woodland.

Chapter 7: Enemies and diseases

Fights with dogs had different results; information on diseases and parasites is summarized. (7.1) Displacing by the dingo. Competition with the (introduced and domesticated) dingo *Canis lupus* forma *familiaris* is discussed, the dingo did probably not cause the thylacine's decline in continental Australia. (7.2) Extermination. Tasmanian aborigines might have eaten thylacines; white settlers had been in danger of losing their livelihood (sheep), the paying of bounties ended in fast destruction, the last specimen was killed in 1930, efforts to protect the species had been too late.

Chapter 8: Tracks, sightings and expeditions

Nobody believed the thylacine extinct until expeditions remained unsuccessful. Important information is summarized and discussed, there is a very slight chance of the thylacine's survival.

Chapter 9: Thylacines in man's hands

Within the span of 86 years 68 specimens of *Thylacinus* lived in 11 zoos and menageries in Europe, the USA and Australia, the fate of individuals living in zoological gardens and specimens displayed in natural history museums are described. (9.1) How much had to be spent on a thylacine? With the support of the »Deutsche Bank«, Frankfurt/Main, the current value of all prices available is given, the upmost price for a living specimen was 150 Pound Sterling in 1926 (today 16 500.– German Marks). (9.2) thylacines in zoological gardens. Despite its resemblance to a dog or a wolf the thylacine's attraction was insignificant; life history and data of most specimens in »man's care« in the zoological gardens and menageries available is comprised, the mean life span in zoos is four years eight months (1 706 days), males: nearly four years (1 441 days), females: five years seven months (2 025 days), longevity record: Twelve years seven months (4 885 days). Benjamin, the last individual of the species, died September 7, 1936, in Hobart Zoo. (9.2.1) Popularity. All available data concerning the thylacine's popularity results in the species' low attraction for zoo visitors, exceptions were found in the pouch young of the National Zoological Park Washington D.C. and in the last surviving specimen in Hobart Zoo, »Benjamin«. (9.3) thylacines in museums. Stuffed specimens of good quality are highly attractive to visitors but only very few convey a natural appearance, examples are listed.

Chapter 10: Marketing of a legend

In former times, bounties were paid for both living and dead thylacines. News of the thylacine — especially of sightings — reported in magazines and newspapers have sales promoting effects; the decline of the largest carnivorous marsupial is estimated to have caused ecological imbalances in the populations of herbivorous marsupials of Tasmania; souvenir industry products are presented.

12 Literaturverzeichnis

ANDREWS, P. (1985): Thylacine 2. — Informationsblatt »Museum and Art Gallery«, Hobart.

ANONYMUS (1859): Descriptive Catalogue of the Specimens of Natural History in Spirit Contained in the Museum of The Royal College of Surgeons of England. Vertebrata: Pisces, Reptilia, Aves, Mammalia. — Royal College of Surgeons of England, London, XXII.

ANONYMUS (1864): Bemerkungen über den ersten Berliner Beutelwolf. Durch LEUTEMANN in: SCHLAWE (1963), Unbekannter Zoologischer Garten bei Berlin – 1844 bis 1869. — AGT 1, Arbeitskreis für die Geschichte des Bezirks Tiergarten, Berlin: 27.

ANONYMUS (1873): Thylacine. Report of Royal Society of Tasmania for 1872. — Rep. Roy. Soc. Tasm.: 79–80.

ANONYMUS (1874): Thylacines. — The Mercury, Hobart, 16. Juli 1874: 2.

ANONYMUS (1875): Pickled devils. — The Mercury, Hobart, 16. Juli 1875: 2.

ANONYMUS (1888): Der Zoologische Garten zu Leipzig. — Leipziger Tageblatt und Anzeiger, 24. Februar 1888.

ANONYMUS (1960): Jagd nach dem Beutelwolf – auch »Tasmanischer Tiger« genannt – einem fast ausgestorbenen australischen Beuteltier. — Freunde des Kölner Zoo, Köln, 4: 121–123.

ANONYMUS (1986): The thylacine alive – on mainland Australia. — Oryx, Oxford, 10: 139.

ANONYMUS (1990): Computers help to hunt the Tasmanian tiger. — New Scientist, London, 10. März 1990: 24.

ANTONIUS, O. (1933): Einige Schönbrunner Neuerwerbungen der Jahre 1932/33. — Der Zool. Garten N.F., Leipzig, 6: 211–217.

ARCHER, M. (1976a): The dasyurid dentition and its relationship to that of didelphids, thylacinids, borhyaenids (Marsupicarnivora) and peramelids (Peramelina: Marsupialia). — Aust. J. Zool. Suppl., Melbourne, 39: 1–34.

ARCHER, M. (1976b): The basicranial region of marsupicarnivores (Marsupialia) inter-relationships of carnivorous marsupials, and affinities of the insectivorous marsupial peramelids. — Zool. J. Linn. Soc. Lond., 59 (3): 217–322.

ARCHER, M. (1979): The status of Australian dasyurids, thylacinids and myrmecobiids. In: TYLER, M. J. (Ed.), The Status of Endangered Australasian Wildlife. — Proc. Of the Centenary Symposium of the Roy. Zool. Soc. of South Australia, September 1978, Adelaide: 21–23.

ARCHER, M. (1981): A review of the origins and radiations of Australian mammals. In: KEAST, A. (Ed.), Ecological Biogeography of Australia. — Dr. W. Junk Publishers, The Hague u. a.

ARCHER, M. (1982): A review of Miocene thylacinids (Thylacinidae, Marsupialia), the phylogenetic position of the Thylacinidae and the problem of apriorisms in character analysis. In: ARCHER, M. (Ed.), Carnivorous Marsupials. Vol. 2. — Roy. Zool. Soc. of New South Wales, Sydney: 445–476.

ARCHER, M. (1986): Riversleigh, window into our ancient past. — Austr. Geograph., Canberra, 9: 40–57.

ARCHER, M. & G. CLAYTON (1984): Vertebrate Zoogeography and Evolution in Austalasia. — Hesperian Press, Perth.

BACKHOUSE, J. (1843): A Visit to the Australian Colonies. — Hamilton, London: 122–123, 144–145.

BAKER, F. (1914): The National Zoological Park and its inhabitants. The pouched animals. — Ann. Rep. Smithsonian Inst., Washington, 1914: 467–469.

BEAUFORT, F. de (1966): VI Monotremata. VII Marsupialia. — Catalogue des Types de Mammifères du Muséum National D'Histoire Naturelle, Paris: 523.

BEDDARD, E. E. (1891): On the pouch and brain of the male thylacine. — Proc. Zool. Soc. Lond. 1891: 138–145.

BENSLEY, B. A. (1903): On the evolution of the Australian Marsupialia; with remarks on the relatioinships of the marsupials in general. — Trans. Linn. Soc. Lond., 9: 83–218.

BERESFORD, Q. & G. BAILEY (1981): Search for the Tasmanian Tiger. — Blubber Head Press, Hobart.

BERTIN, L. (1950): La Vie des Animaux. — Libraire Larousse, Paris: 238.

BIBIKOW, D. J. (1990): Der Wolf Canis lupus. 2. Aufl. — Die Neue Brehm-Bücherei 587, Ziemsen, Wittenberg, Lutherstadt.

BIERLEIN, H. (1994): Untersuchungen zum Lokomotionsverhalten des Somali-Wildesels (Equus africanus somalicus, SCLATER 1885). — Diplomarbeit Zool. Inst., Univ. Heidelberg (unveröff.).

BOARDMAN, W. (1945): Some points on the external morphology of the pouch young of the Marsupial Thylacinus cynocephalus HARRIS. — Proc. Linn. Soc. N.S.W., Sydney, 70: 1–8.

BÖKER, H. (1935): Einführung in die Vergleichende Biologische Anatomie der Wirbeltiere. — Fischer, Jena.

BOITARD, M. (1845): Le Jardin des Plantes. Description et Moeurs des Mammiferes. — J. J. Dubochet et Cie., Paris: 290 ff.

BOLK, L. (1917): Die Beziehung zwischen Reptilien-, Beutler- und Placentaliergebiß. — Z. f. Morphol. u. Anthropol., Stuttgart, 20: 259 ff.

BÖLSCHE; W. (1923): Aus der Weltgeschichte der Tiere. — C. Reissner, Dresden.

BOPP, P. (1954): Schwanzfunktionen bei Wirbeltiere. — Rev. Suisse Zool., Genf, 61: 83–100.

BOURLIÈRE, F. (1955): Ordre des Marsupiaux, Systematique. In: P. P. GRASSÉ, Traité de Zoologie. — Masson, Paris, 17/1: 150.

BRANDL, E. J. (1972): Thylacine designs in Arnhem land rock paintings. — Archaeol. Phys. Anthropol. Oceania, Sydney, 7(1): 24–30.

BREHM, A. E. (1877): Brehms Tierleben. 2. Aufl., Säugetiere 2. — Bibliograph. Inst., Leipzig: 545–547.

BRETON, W. H. (1834): Excursions in N.S.W., W.A. and Van Diemen's Land during 1830–1833. — Bentley, London: 407–408, 410.

BRETON, W. H. (1846): Excursion to the Western Range, Tasmania. — Tasman. Journ., Hobart, 2: 121–141.

BRETON, W. H. (1847): Description of a large specimen of *Thylaçinus harrisii*. — Tasman. Journ., Hobart, 3.

BROWN, R. J. (1972): Interview with Mr. Harry Wainwright at his home in Smithton on 1st October, 1972. Interviewed by J. MALLEY and R. BROWN. — Briefl. Mitteilung.

BROWN, R. J. (1973): Has the thylacine really vanished? — Animals, London, 15 (9): 416–419.

BULMER, S. (1964): Radiocarbon dates from New Guinea. — J. Polynesian Soc., Wellington, 73 (3): 327–328.

CARROLL, R. L. (1993): Paläontologie und Evolution der Wirbeltiere. — Thieme, Stuttgart: 434–449.

CLAUDE, C. (1996): Der Beutelwolf *Thylacinus cynocephalus* HARRIS, 1808. Leben und Sterben einer Tierart. — Zool. Museum Univ. Zürich.

CLEGG, J. (1978): Pictures of striped animals: Which ones are thylacines? — Arch. Phys. Anthrop. in Oceania, Sydney, 13 (1): 19–29.

COLBERT, E. (1965): Die Evolution der Wirbeltiere, eine Geschichte der Wirbeltiere durch die Zeiten. — G. Fischer, Stuttgart.

COLLINS, L. R. (1973): Monotremes and Marsupials. A reference for Zoological Institutions. — Smithonian Inst. Press, Washington D.C.: 137–138.

COPE, E. D. (1892): On the Habitats and Affinities of the new Australian Mammals, *Notoryctes typhlops*. — Amer. Nat., Salem (Mass.), 26: 121–128.

CORBETT, L. K. & A. E. NEWSOME (1987): The feeding ecology of the Dingo III. Dietary relationships with widely fluctuating prey populations in arid Australia: An hypothesis of alternation of predation. — Oecologia, Berlin u. a., 74: 215–227.

CRANDALL, L. S. (1964): The Management of Wild Animals in Captivity. — Univ. Chicago Press, Chicago & London: 25.

CRISP, E. (1855): On some points relating to the anatomy of the Tasmanian Wolf (*Thylacinus*), and of the Cape Hunting Dog. — Proc. Zool. Soc., London, 23: 188–191.

CUNNINGHAM, D. J. C. (1882): Report on some points on the anatomy of the thylacine (*Thylacinus cynocephalus*), cuscus (*Phalangista maculata*) and phascogale (*Phascogale calura*), collected by H.M.S. Challenger during the years 1873–1876; with an account of the comparative anatomy of the intrinsic muscles and nerves of the mammalian pes. The Voyage of H.M.S. Challenger. — Zoology, Jena et al., 5 (2): 192 pp.

CURR, E. (1830): Letter Book. — Van Diemen's Land Company (fide BERESFORD & BAILEY 1981).

CUVIER, G. (1827): Dasyure cynocéphale. — Règne animal, Paris, 1: 175.

DAHL, F. (1923): Grundlagen einer ökologischen Tiergeographie, II. — G. Fischer, Jena.

DARGAVILLE, B. (1983): Ted Turner offers $ 100 000 for »tiger« sighting. — The Mercury, Hobart, 31. Dez. 1983.

DARIUS, J. (1984): Last gape of the Tasmanian tiger. — Nature, London, 307/2: 411.

DAWSON, L. (1982): Taxonomic status of fossil thylacines (*Thylacinus*, Thylacinidae, Marsupialia) from late Quaternian deposits in Eastern Australia. In: ARCHER, M. (Ed.), Carnivorous Marsupials. Vol. 2. — Roy. Zool. Soc. of New South Wales, Sydney: 527–536.

DAWSON, T. J. (1983): Monotremes and Marsupials: The other Mammals. — The Camelot Press, Southampton.

DE VIS, C. W. (1893): A Thylacine of the Earlier Nototherian Period in Queensland. — Proc. Linn. Soc. N.S.W., Sydney, 8: 443–447.

DIETERLEN, F. (1978): Eierlegende Säugetiere und Beuteltiere im Staatlichen Museum für Naturkunde in Stuttgart. — Stuttgarter Beiträge zur Naturkunde, Serie C, Heft 9.

DIXON, J. M. (1989): Thylacinidae. In: WALTON, D. W. & B. J. RICHARDSON (Eds.), Fauna of Australia. Mammalia. Vol. 1B. — Austr. Governm. Publish. Service, Canberra: 549–559.

DIXON, J. M. (1991): The Thylacine – Tasmania's Tiger. — Museum of Victoria, Melbourne.

DOMBROWSKI, E. von (1897): Schnabeltier und Beutelwolf. — Natur und Haus, Berlin, 5: 56–58.

DORST, J. (1966): Natur in Gefahr. — Orell Füssli, Zürich: 69–70.

DOUGLAS, A. M. (1986): Tigers in West Australia? — New Scientist, New York, 110(1505): 44–47.

DRÖS, R. (1994): Vergleichende Untersuchungen an symmetrischen Gangarten von Wildcaniden. — Dissertation Zool. Inst., Univ. Heidelberg.

DROLLETTE, D. (1996): On the tail of the tiger. — Scient. Americ., New York, 10: 20–22.

DUFF, R. (1957): Moas and Moa-Hunters. — Canterbury Museum, Bull. Department of Education, Wellington.

EDWARDS, J. (1996a): London Zoo from Old Photographs 1852–1914. — Eigenverlag, London.

EDWARDS, J. (1996b): Briefl. Mitteilungen betr. Beutelwölfe im Londoner Zoo.

ENGLÄNDER, H. (1985): Das Naturkundemuseum in Köln 1892–1944 und seine Vorgänger. In: SCHWARZBACH, M. (Ed.), Naturwissenschaften und Naturwissenschaftler in Köln zwischen der Alten und der Neuen Universität (1798–1919). — Böhlau Verlag, Köln & Wien.

EVANS, G. W. (1822): Description of Van Diemen's Land. — Sauter, London: 56–57.

EVANS, V. J. (1902): Illustrated Guide Book to the National Zoological Park. — H. E. Wilkins, Washington: 20.

EWER, R. F. (1969): Some observations on the killing and eating of prey by two dasyurid mammals: The Mulgara, *Dasycercus cristicauda*, and the Tasmanian Devil, *Sarcophilus harrisi*. — Z. Tierpsychol., Berlin u. Hamburg, 26: 23–38.

EWERS, H. A. (1997a): Briefl. Mitteilung betr. Literatur über Beutelwölfe.

EWERS, H. A. (1997b): Der Beutelwolf (*Thylacinus cynocephalus* HARRIS, 1808) – Biologie und Legenden unter besonderer Berücksichtigung der Aspekte Konvergenz, Systematik und Extinktion. — Staatsexamensarbeit Zool. Inst., Univ. Bonn (unveröff.).

FEUSTEL, H. (1970): Die tiergeographischen Gruppen im Hessischen Landesmuseum Darmstadt – Kontinentalaustralische Subregion. — Inst. f. Naturschutz, Darmstadt: 56–61.

FISCHER, J. B. (1829): *Thylacinus*. — Synopsis Mammalium, Stuttgart: 270.

FLANNERY, T. (1994): Das Reich der kaltblütigen Räuber. — Das Tier, Frankfurt, 1: 50–53.

FLEAY, D. (1946): On the trail of the marsupial wolf. — Vict. Nat., Melbourne, 63: 129–135, 154–159, 174–177.

FLEAY, D. (1963): In BERESFORD & BAILEY (1981), Search for the Tasmanian Tiger. — Blubber Head Press, Hobart.

FLEMING, A. L. (1939): Reports on two expeditions in search of the thylacine. — J. Soc. Preserv. Fauna of the Empire, London, 30: 20–25.

FLIEDNER, M. (1979): Vergleichende Untersuchungen zum Freßverhalten einiger Dasyuriden. — Diplomarbeit Zool. Inst., Univ. Heidelberg (unveröff.).

FLOWER, W. H. (1865): On the commissures of the cerebral hemispheres of the Marsupialia and Monotremata as compared with those of the Placental Mammals. — Phil. Trans. Roy. Soc., London, 55: 633–651 & Taf. 36, 38.

FLOWER, W. H. (1867): On the development and succession of the teeth in the Marsupialia. — Phil. Trans. Roy. Soc., London, 157: 631–641.

FOX, H. M. (1951): Zoogeography of land mammals. — Zoo Life, London, 6 (2): 35–39.

FRIEDEL, E. (1890): Zoo-Biologisches aus Paris. — Zoolog. Garten, Frankfurt/M., 31: 245–251.

GANSLOßER, U. (1979): Soziale Kommunikation, Gruppenleben, Spiel- und Jugendverhalten des Doria-Baumkänguruhs, *Dendrolagus dorianus* Ramsay 1883 (Marsupialia, Macropodidae). — Z. Säugetierkd., Hamburg & Berlin, 44: 137–153.

GANSLOßER, U. (1982): Sozialstruktur und soziale Kommunikation bei Marsupialia. — Zool. Anz., Jena, 209, 5/6: 294–310.

GEGENBAUR, C. (1901): Vergleichende Anatomie der Wirbeltiere I. — Engelmann, Leipzig: 699.

GEOFFROY-SAINT-HILAIRES, M. (1810): Description de deux espèces de Dasyures (*Dasyurus cynocephalus* et *Dasyurus ursinus*). — Ann. Muséum d'Hist. Nat., Paris, 15: 301–306.

GERVAIS, P. (1837): Mémoire sur les Formes cérébrales propres aux Marsupiaux. — Nouv. Arch. Mus. Paris: 229–251.

GEWALT, W. (1964): Kleine Beobachtungen an selteneren Beuteltieren im Berliner Zoo I. Tüpfelkuskus. — Zoolog. Garten N.F., 28: 215–225.

GIJZEN, A. (1960): Bulletins de la Société Royale de Zoologie d'Anvers, No. 16. — Anvers (Antwerpen).

GILL, E. D. (1953): Distribution of the Tasmanian devil, the Tasmanian wolf and the dingo in South East Australia in Quaterniary times. — Vict. Nat., Melbourne, 70 (5): 86–90.

GLOGER, C. W. L. (1841): Gemeinnütziges Hand- und Hilfsbuch der Naturgeschichte. Für gebildete Leser aller Stände, besonders für die reifere Jugend und ihre Lehrer. Bd. I. — A. Schulz & Co., Breslau: 1–160.

GODFREY, F. R. (1899): The History and Progress of the Zoological and Acclimatisation Society of Victoria. In: SEEKAMP (1980). — Schreiben an den National Parks and Wildlife Service/Tasmanien bezügl. Beutelwölfe im Melbourne Zoo.

GOULD, J. (1863): The Mammals of Australia. Vol. I. — Selbstverlag, London: 60–61.

GRANT, J. (1831): Notice of the Van Diemen's Land Tiger. — Glean. Sci., Calcutta, 3: 175–177.

GRANT, J. (1846): *Thylacinus harrisii*. — Tasman. Journ., Hobart, 2: 311.

GRAY, J. E. (1843): List of the Specimens of Mammalia in the Collection of the British Museum. — British Museum, London, XXVIII: 216.

GREEN, R. H. (1965): Impact of rabbit on predators and prey. — The Tasm. Naturalist, Hobart, 3 (2): 1–2.

GREEN, R. H. (1973): The mammals of Tasmania. — Foot & Playsted, Launceston.

GREEN, R. H. (1974): Mammals. In: WILLIAMS, W. D. (Ed.), Biogeography and Ecology in Tasmania. — Dr. W. Junk Publ., The Hague: 367–396.

GREENWELL, J. R. (1994): Who's seen the thylacine? — BBC Wildlife, London, July 1994: 48.

GRIES, B. (1988): Evolution der Organismen. Gleiche Funktion – gleiche Körperform oder Organausbildung. — Westf. Museum f. Naturkunde, Münster.

GRIFFITH, J. (1972): The search for the Tasmanian Tiger. — Natural History, New York, 81 (10): 70–77.

GRZIMEK, B. (1966): Vierfüßige Australier. — Kindler, München: 65–78, 111.

GUILER, E. R. (1958): The thylacine. — Aust. Mus. Mag., 12 (11): 352–354.

GUILER, E. R. (1961a): The former distribution and decline of the thylacine. — Aust. J. Sci., Sydney, 23: 207–210.

GUILER, E. R. (1961b): The breeding season of the thylacine. — J. Mammal., Baltimore, 42: 396–397.

GUILER, E. R. (1985): Thylacine: The Tragedy of the Tasmanian Tiger. — Oxford Univ. Press, Melbourne u. a.

GUILER, E. R. (1986): The Beaumaris Zoo in Hobart. —Tasmanian Hist. Research Assoc. Pap. and Proc., Hobart, 33(4): 121–171.

GUILER, E. R. (1991): The Tasmanian Tiger in pictures. – St. David's Publishing, Hobart.

GUILER, E. R. & G. K. MELDRUM (1958): Suspected sheep killing by the thylacine, *Thylacinus cynocephalus* (HARRIS). — Aust. J. Sci., Sydney, 20: 214–215.

GUNN, R. C. (1850): Letter to the Zoological Society (verlesen von D. W. MITCHELL). — Proc. Zool. Soc. London: 90–91.

GUNN, R. C. (1863): Extracts from a Letter to the Secretary of the Zoological Society (verlesen von E. W. H. HOLDSWORTH). — Proc. Zool. Soc. London: 103–104.

HAECKER, V. (1925): Pluripotenzerscheinungen. — Fischer, Jena.

HAGENBECK, CA. (1909): Von Tieren und Menschen. 3. Aufl. — Vita Dt. Verlagshaus, Berlin.

HAGENBECK, CL. (1995): Briefl. Mitt. betr. Beutelwolf für New Yorker Zoo.

HALTENORTH, TH. (1969): Das Tierreich VII/6, Säugetiere 2. — De Gruyter, Berlin: 138–146.

HAMLET, S. (1985): The National Zoological Park from its Beginnings to 1973. — Washington D.C. (unpublished, Library N.Z.P. Washington D.C.): 69.

HARMAN, I. (1949): Tasmania's wolf and devil. — Zoo Life, London, 4 (3): 87–89.

HARRIS, G. P. (1808): Description of two new species of *Didelphis* from Van Diemen's Land. — Trans. Linn. Soc. Lond., 9 (1): 174–178.

HARRIS, S. (1968): Hold that Tiger! — Walkabout, Melbourne, 34.

HECHT, M. K. (1975): The morphology and relationships of the largest known terrestrial lizard, *Megalania prisca* OWEN, from the Pleistocene of Australia. — Proc. Roy. Soc. Vict., Melbourne, 87: 239–250.

HECK, L. (1912): In Brehms Tierleben (4. Auflage), Band 10: 132–134. — Bibliograph. Inst., Leipzig & Wien.

HECKNER-BISPING, U. (1993): TETLOK: Computergestützte Analyse der Tetrapodenlokomotion. — Zool. Anz., Jena, 230: 257–272.

HECKNER-BISPING, U. (1995): Schrittmuster von Huftieren – Wandel im Laufe der Evolution. — Verh. Dt. Zool. Ges., Stuttgart et al., 88.1: 33

HECKNER-BISPING, U. (1996): Evolution und Lokomotion. — Z. Säugetierk., Jena u. a., Sonderheft z. Bd. 61: 19–20.

HECKNER-BISPING, U. (1997): Locomotion patterns of tropical forest-dwelling ungulates. — Proc. Int. Symp. Biodiv. Syst. Trop. Ecosyst. (Bonn 1994): im Druck.

HEDIGER, H. (1958): Das Verhalten der Beuteltiere (Marsupialia). — Handb. der Zoologie, de Gruyter, Berlin & New York, 8/18: 1–27.

HEDIGER, H. (1965): Mensch und Tier im Zoo. — Müller, Zürich.

HEDIGER, H. & K. HEDIGER-ZURBUCHEN (1964): Einige ungewöhnliche Lokomotionsweisen bei Säugetieren. — Rev. Suisse de Zool., Genf, 71: 300.

HEY-REIDT, P. (1996): Zur postnatalen Entwicklung von Lokomotionsmustern am Beispiel von *Kobus ellipsiprymnus defassa* (RÜPPEL, 1835) und *Damaliscus dorcas phillipsi* HARPER, 1939 – Huftiere mit unterschiedlicher Anti-Feind-Strategie. — Diss. Zool. Inst., Univ. Heidelberg.

HILDEBRAND, M. (1966): Analysis of the symmetrical gaits of tetrapods. — Folia Biotheoretica, Leiden, 6: 9–22.

HILZHEIMER, M. (1913): Handbuch der Biologie der Wirbeltiere. — Enke, Stuttgart: 603–604.

HONACKI, J. H., K. E. KINMAN & J. W. KOEPPL (1982): Mammal Species of the World. — Allen Press, Lawrence (Kansas): 33.

HORNADAY, W. (1913): Our Vanishing Wildlife, its Extermination and Preservation. — New York Zoological Society, New York.

HUBBARD, C. L. B. (1962): The Observers Book of Dogs. — F. Warne & Co., London u. New York.

HUGHES, R. (1987): Australien. Die Gründerzeit des Fünften Kontinents. — Econ, Düsseldorf u. a.

HUNGER, K. (1983): Beuteltiere: Alternativen in der Fortpflanzungsbiologie der Säugetiere. — Biologie in unserer Zeit, Weinheim, 13 (2): 53–59.

ISLINGER, E. (1981): Vergleichende Beobachtungen zum Sozialverhalten von *Macropus robustus cervinus* (= Western Euro), *Macropus robustus robustus* (= Wallaroo), *Macropus rufus* (= Rotes Riesenkänguruh) in Gefangenschaft. — Diplomarbeit Zool. Inst., Univ. Heidelberg (unveröff.).

JEFFREYS, C. H. (1820): Geographical and descriptive delineations of the island of Van Diemen's Land. — 108.

JEMRACK = JAMRACH, (1875): In: BERESFORD & BAILEY (1981), Search for the Tasmanian Tiger. — Blubber Head Press, Hobart.

JOINES, S. (1983): The mysterious tiger from Tasmania. — Zoonooz, San Diego, 56 (9): 4–11.

JONG, P. G. de (1974): De Buidelwolf 1 und 2. — Spiegel der natuur, Zutphen, 1, 2: 26–30, 51–54.

KÄSTNER, K. (1978): Beobachtungen an Beutelteufeln (*Sarcophilus harrisi*) im Zoo. — Examensarbeit f. d. Höhere Lehramt, Erlangen (unveröff.).

KEAST, A. (1982): The thylacine (Thylacinidae, Marsupialia): How good a pursuit carnivore? In: ARCHER, M. (Ed.), Carnivorous Marsupials. Vol. 2. — Roy. Zool. Soc. Of New South Wales, Sydney: 675–683.

KEELING, C. H. (1991): Where the Elephant walked. — Eigenverlag, London (fide EDWARDS 1996).

KERSCH, R. (1982): Untersuchungen zum visuellen Lernvermögen von Baumkänguruhs (*Dendrolagus* Müller). — Säugetierkundl. Mitt., 30: 3–12.

KLIMA, M. (1987): Early development of the shoulder girdle and sternum in marsupials (Mammalia: Metatheria). — Advances in Anatomy, Embryology and Cell Biology, 109: 1–91.

KLÖS, H.-G. (1995): Briefl. Mitt. betr. Beutelwölfe im Berliner Zoo.

KLÖS, H.-G. & U. KLÖS (1990): Der Berliner Zoo im Spiegel seiner Bauten 1841–1989. — Heenemann, Berlin.

KLÖS, U. (1996): Briefl. Mitteilung betr. Beutelwölfe im Berliner Zoo.

KNOPWOOD, R. (1805): Tagebucheintragung. In: BERESFORD, Q. & G. BAILEY (1981), Search for the Tasmanian Tiger. — Blubber Head Press, Hobart.

KNOTTNERUS-MEYER, T. (1905): Neues vom Zoologischen Garten zu Berlin. — Der Zoolog. Garten, Frankfurt a. M., 46: 72–80.

KOENIGSWALD, W. von (1994): Differenzierungen im Zahnschmelz der Marsupialia im Vergleich zu den Verhältnissen bei den Placentalia (Mammalia). — Berliner geowiss. Abh., E 13, Berlin: 45–81.

KOLAR, K. (1965): Kontinent voller Kuriositäten. — Wollzeilen Verlag, Wien: 118–120.

KREFFT, G. (1868): Description of a new species of thylacine (*Thylacinus breviceps*). — Ann. Mag. Nat. Hist., London, (4) 2: 296–297.

KRIEG, H. (1948): Zwischen Anden und Atlantik. — Hanser, München.

KUHN, H.-J. (1966): Der Zebraducker, *Cephalophus doria* (Ogilby, 1837). — Z. f. Säugetierk., Jena et al., 31: 282–293.

KUHN-SCHNYDER, E. (1953): Geschichte der Wirbeltiere. — Schwabe, Basel.

LE SOUEF, A. S. & H. BURRELL (1926): The Wild Animals of Australasia. — Harrap & Cy, London u. a.

LEUTEMANN, H. (1867): Kleine Mitteilung über den Beutelwolf. — Leipziger Illustrierte Zeitung. Fide SCHLAWE, L. (1963).

LÖRCHER, U. (1981): Beitrag zur Anatomie des Brutbeutels und der Leistenregion der Beuteltiere (Marsupialia). — Diss., Zentrum der Morphologie, Universität Frankfurt/M. (Unveröff.).

LOOS, U. (1987): Erkundungsverhalten, Neugier und Spiel bei Wombats (*Vombatus ursinus*, Shaw 1800, *Lasiorhinus latifrons*, Owen 1845). — Diplomarbeit Zool. Inst., Univ. Heidelberg (unveröff.).

LORD, C. E. (1927): Existing Tasmanian Marsupials. — Pap. Proc. Roy. Soc. Tasm.: 17–24.

LORD, C. E. (1928): The Vertebrate Fauna of Tasmania. In: Handbook to Tasmania. — Australian Assoc. for the Advancement of Science: 96.

LORD, C. E. & H. H. SCOTT (1924): A Synopsis of the Vertebrate Animals of Tasmania. — Oldham, Beddome & Meredith, Hobart: 264–267.

LOWENSTEIN, J. M., V. M. SARICH & B. J. RICHARDSON (1981): Albumin systematics of the extinct mammoth and Tasmanian wolf. — Nature, London u. Sydney, 291: 409–411.

LUCAS, A. H. S. & W. H. D. LE SOUEF (1909): The Animals of Australia. Mammals, Reptiles and Amphibians. — Whitcombe & Tombs, London: 132–133.

LYDEKKER, R. (1894): A Handbook to the Marsupialia and Monotremata. — W. H. Allen & Co., London. 155pp.

LYNE, A. G. & T. S. MCMAHON (1951): Observations on the surface structure of the hairs of Tasmanian Monotremes and Marsupials. — Pap. & Proc. Roy. Soc. Tasmania, Hobart: 71–84.

MANN, W. M. (1910): Wild Animals in and out of the Zoo. Kap. 18: The Pouch Bearers. — Smithsonian Scientific Series, Wash. D. C., Vol. 6: 217–219.

MARDON, D. K. (1981): An Illustrated Catalogue of the Rothschild Collection of Fleas (Siphonaptera) in the British Museum (Natural History). Vol. VI: Pygiopsyllidae. — Trustees of the British Mus. (Nat. Hist.), London.

MARLOW, B. J. (1962a): Marsupials of Australia. — Jacaranda Press, Brisbane.

MARLOW, B. J. (1962b): Dingoes. — Austr. Nat. Hist., Sydney, 14: 61–63.

MARNO, E. (1869): Fortpflanzung des Beutelwolfs/Miscellen. — Der Zool. Garten, Frankfurt/M., 10.

MATJUSCHKIN, E. N. (1978): Der Luchs *Lynx lynx*. — Die Neue Brehm-Bücherei 517, Ziemsen, Wittenberg, Lutherstadt.

MATTINGLEY, E. H. (1946): Thylacine and Thylacoleo. — Vict. Nat., Melbourne, 63/6: 143.

MATSCHIE, P. & K. LAMPERT (1897): Schnabeltier und Beutelwolf. — Natur und Haus, Berlin.

MAWSON, P. M. (1973): Amidostomatinae (Nematoda: Trichostrongyloidea) from Australian Marsupials and Monotremes. — Trans. Roy. Soc. of South Australia, Adelaide, 97 (4): 257–279.

MAYR, E. (1967): Artbegriff und Evolution. — Parey, Hamburg u. Berlin.

MCORIST, S. (1993): Skin lesions in two preserved Thylacines, *Thylacinus cynocephalus*. — Aust. Mammal., 16(1): 81–83.

MEREDITH, L. A. »Charles« (1852): My Home in Tasmania. Vol. 1. — Hobart: 264–268.

MEREDITH, L. A. »Charles« (1881): Tasmanian Friends and Foes. Second Edition. — M. Ward, London.

MICHAEL, P. (1987): Untersuchungen zum visuellen Lernvermögen beim Nacktnasenwombat (*Vombatus* Geoffroy 1803) und Breitstirnwombat (*Lasiorhinus* Gray 1863): Ermittlung der Lernkapazität, des Generalisationsvermögens und der Gedächtnisdauer mit Hilfe der simultanen Musterzweifachwahl. — Dissertation Zool. Inst., Univ. Heidelberg (unveröff.).

MILLIGAN, J. (1853): Remarks upon the habits of the Wombat, the Hyaena and certain species of reptiles. — Pap. Proc. Roy. Soc. Tasm., Hobart, 2 (2): 310.

MILNE-EDWARDS, A. (1891): La Ménagerie (Rapport au Ministre de l'Instruction Publique). — Libraire de l'Académie de Médicine, Paris: 35.

MOELLER, H. F. (1968a): Zur Frage der Parallelerscheinungen bei Metatheria und Eutheria. Vergleichende Untersuchungen an Beutelwolf und Wolf. — Z. wiss. Zool., Leipzig, 177 (3/4): 283–392.

MOELLER, H. F. (1968b): Einiges vom Beutelwolf. — Freunde des Kölner Zoo, Köln, 11 (4): 133–138.

MOELLER, H. F. (1970): Vergleichende Untersuchungen zum Evolutionsgrad der Gehirne großer Raubbeutler (*Thylacinus*, *Sarcophilus* und *Dasyurus*). — Z. f. zool. Syst. Evolutionsforsch., Hamburg, 8 (1): 69–80.

MOELLER, H. F. (1973a): *Sarcophilus harrisi* (Dasyuridae). Gebrauch der Vorderbeine bei Beuteerwerb und Fressen. — Publ. Wissenschaftl. Film., Sektion Biologie, Göttingen, 6 (2): 184–195.

MOELLER, H. F. (1973b): *Sarcophilus harrisi* (Dasyuridae). Beutefang und Fressen. — Publ. Wissenschaftl. Film., Sektion Biologie, Göttingen, 6 (2): 196–207.

MOELLER, H. F. (1973c): Zur Evolutionshöhe des Marsupialiagehirns. — Zool. Jb. Anat., Jena, 91: 434–448.

MOELLER, H. F. (1973d): Zur Kenntnis der Schädelgestalt großer Raubbeutler (Dasyuridae WATERHOUSE, 1838). Eine allometrische Formanalyse. — Zool. Jb. Anat., Jena, 91: 257–303.

MOELLER, H. F. (1974): Nagezähne bei Eutheria und Metatheria – ein Beitrag zur Kenntnis von Konvergenzerscheinungen bei Säugern. — Säugetierkundl. Mitt., München, 22 (2): 112–122.

MOELLER, H. F. (1975): Sind die Beutler den plazentalen Säugern unterlegen? — Säugetierkundl. Mitt., München, 23 (1): 19–29.

MOELLER, H. F. (1976): *Dasyurus quoll* (Dasyuridae). Beutefang und Fressen. — Publ. Wissenschaftl. Film., Sektion Biologie, Göttingen, 9 (2): 119–128.

MOELLER, H. F. (1978): Sind die Marsupialia spezialisiert oder höherentwickelt? — Sonderbd. naturwiss. Ver. Hamburg, Hamburg & Berlin, 3: 35–40.

MOELLER, H. F. (1980): Growth dependant changings in the skeleton proportions of *Thylacinus cynocephalus* (Harris, 1808). — Säugetierkundl. Mitt., München, 28 (1): 62–69.

MOELLER, H. F. (1981a): Australische Beuteltiere. — Publ. Wissenschaftl. Film., Sektion Biologie, Göttingen, 14 (17): 1–31.

MOELLER, H. F. (1981b): Australische Raubbeutler (Dasyuridae). Beutelmarder, Beutelteufel, Beutelwolf. — Publ. Wissenschaftl. Film., Sektion Biologie, Göttingen, 14 (19): 1–14; dazu Film C1294 (IWF Göttingen).

MOELLER, H. F. (1988a): Beuteltiere – Einleitung. In: Grzimeks Enzyklopädie. Bd. 1. — Kindler, München: 212–219.

MOELLER, H. F. (1988b): Raubbeutler. Beutelwölfe. Ameisenbeutler. Beutelmulle. In: Grzimeks Enzyklopädie. Bd. 1. — Kindler, München: 256–299.

MOELLER, H. F. (1993): Beutelwölfe (*Thylacinus cynocephalus*) in Zoologischen Gärten und Museen. — Z. Kölner Zoo, Köln, 36 (2): 67–71.

MOELLER, H. F. (1994): Über den Schauwert des Beutelwolfs, *Thylacinus cynocephalus* (HARRIS, 1808). — Zool. Garten N.F., Jena, 64 (2): 97–109.

MOELLER, H. F. & S. SPARING (1985): Zoologisches Museum der Universität Heidelberg. — Museum, 12, Magazinpresse, München.

MOONEY, N. J. (1984): Tasmanian tiger sighting casts marsupial in new light. — Austr. Nat. Hist., Sydney, 21: 177–180.

MOONEY, N. J. (ca. 1988): Tracks. — (Unpublished) Hobart.

MORGAN, G. (1992): The Tasmanian Tiger Comes out of the Shadows. — Leatherwood Spring, Hobart: 12–20.

MORRIS, D. (1965): The Mammals – A Guide to the Living Species. — Hodder & Stoughton, London: 54.

MUDIE, R. (1829): The Picture of Australia: Exhibiting New Holland, Van Diemen's Land and all the Settlements, from the First at Sydney to the Last at the Swan River. — Whittaker, Treacher, London.

MUELLER, C. C. (1980): Brief an P. Murrell, Tasmanian National Parks and Wildlife Service, betr. Beutelwölfe in Melbourne.

MÜLLER, A. H. (1970): Lehrbuch der Paläozoologie. Bd. III: Vertebraten. Teil 3: Mammalia. — G. Fischer, Jena.

MUIRHEAD, J. (1992): A specialised thylacinid, *Thylacinus macknessi*, (Marsupialia: Thylacinidae) from Miocene deposits of Riversleigh, northwestern Queensland. — Austr. Mammal., Adelaide, 15: 67–75.

MUIRHEAD, J. & M. ARCHER (1990): *Nimbacinus dicksoni*, a plesiomorphic thylacine (Marsupialia: Thylacinidae) from Tertiary deposits of Queensland and the Northern Territory. — Memoirs of the Queensland Museum, 28: 201–221.

MUSCHKETAT, L. (1985): Ethogramm des Beutelteufels (*Sarcophilus harrisi* BOITARD 1841) unter besonderer Berücksichtigung des Sozialverhaltens. — Diplomarbeit Zool. Inst., Univ. Heidelberg (unveröff.).

MUSCHKETAT, R. (1985): Analyse des Sozialverhaltens beim Beutelteufel (*Sarcophilus harrisii* BOITARD, 1841) unter Anwendung moderner statistischer Methoden. — Staatsexamensarbeit Zool. Inst., Univ. Heidelberg (unveröff.).

NELSON, J. E. (1973): The Tasmanian tiger. — Australia's Wildlife Heritage, P. Hamlyn Pty. Ltd., Dee Why West, 2 (20): 628–631.

NELSON, J. E. & H. STEPHAN (1982): Encephalization in Australian marsupials. In: ARCHER, M. (Ed.), Carnivorous Marsupials. — Vol. 2. Roy. Zool. Soc. of New South Wales, Sydney: 699–706.

NOGGE, G. (1992): Briefl. Mitt. betr. Beutelwölfe im Kölner Zoo.

OPPERMANN, J. (1994): Tod und Wiedergeburt. Über das Schicksal einiger Berliner Zootiere. — Bongo, Berlin, 24: 51–84.

OWEN, R. (1841): Marsupialia. — Todd's Cyclopedia of Anatomy, London, 3: 257–281.

OWEN, R. (1843): On the marsupial bones of *Thylacinus*. — P. Z. S., London: 148–149.

OWEN, R. (1845): Descriptive and Illustrated Catalogue of the Fossil Organic Remains of Mammalia and Aves Contained in the Museum of the Royal College of Surgeons of England. — Royal College of Surgeons of England, London.

OWEN, R. (1847): Minutes of the Tasmanian Society (betr. Materialwünsche vom Beutelwolf und anderen Raubbeutlern). — Hobart (?).

OWEN, R. (1868): On the Anatomy of Vertebrates. III. Mammals. — Longmans Green, London.

OWEN, R. (1877): Researches on the Fossil Remains of the Extinct Mammals of Australia. 2 Vols. — London.

PADDLE, R. N. (1993): Thylacines associated with the Royal Zoological Society of New South Wales. — Austr. Zoologist, 29 (1–2): 97–101.

PADDLE, R. N. (1996): Mueller's Magpies and Marsupial Wolves: A window into »what might have been«. — The Victorian Naturalist, Melbourne, 113 (4): 215–218.

PARK, A. (1986): Tasmanian tiger – Extinct or merely elusive? — Australian Geographic, Terry Hills, N.S.W., 1 (3): 66–83.

PARK, A. (1988): Is this toothy relic still on the prowl in Tasmania's wilds? — Smithsonian, Wash. D. C., 16 (5): 117–130.

PARKER, C. (1935): Tasmania, the Jewel of the Commonwealth. — 28.

PARTRIDGE, J. (1967): A 3 300 year old thylacine (Marsupialia, Thylacinidae) from the Nullabor Plain. — J. Roy. Soc. West Austr., Perth, 50 (2): 57–59.

PATERSON, W. (1805): Sydney Gazette and New South Wales Advertiser (Zeitung), 3 (112), 21. 04. 1805.

PEARSE, A. M. (1981): Aspects of the Biology of *Uropsylla Tasmanica*. — MSc thesis, University of Tasmania.

PEARSON, J. & J. M. de BAVAY (1953): The urogenital system of the Dasyurinae and Thylacininae (Marsupialia, Dasyuridae). — Pap. Proc. Roy. Soc. Tasm., Hobart, 87: 175–199.

PECHLANER, H. (1996): Brief bezügl. Beutelwölfe im Wiener Zoo.

PETZSCH, H. (1967): Urania Tierreich – Säugetiere. — Urania, Leipzig u. a.: 40–41.

PLANE, M. D. (1976): The occurrence of *Thylacinus* in Tertiary rocks from Papua, New Guinea. — Bull. Mine Resour. J. Aust. Geol. Geophys., 1: 78–79.

PLOMLEY, N. J. B. (1966): Friendly Mission: The Tasmanian Journals of G. A. Robinson. 20th November–23rd December, 1831.

POCOCK, R. I. (1926): The external characters of *Thylacinus*, *Sarcophilus* and some related marsupials. — Proc. Zool. Soc. Lond., 4: 1037–1084.

PORTMANN, A. (1959): Einführung in die vergleichende Morphologie der Wirbeltiere. — Schwabe, Basel & Stuttgart: 312–315.

RANSON, B. H. (1905): Tapeworm cysts (*Dithyridium cynocephali* n. sp.) in the muscles of a marsupial wolf (*Thylacinus cynocephalus*). — Trans. Amer. Micros. Soc., Decatur (Illinois), 27: 31–32.

RAVEN, H. C. (1929): Strange animals of the island continent. — Nat. Hist., New York, 29 (3–4): 200–207.

REED (1980): Angaben über letzten Beutelwolf im Hobart Zoo. In: BERESFORD & BAILEY (1981), Search for the Tasmanian Tiger. — Blubber Head Press, Hobart.

RENSCH, B. (1972): Neuere Probleme der Abstammungslehre. Die transspezifische Evolution. — F. Enke, Stuttgart.

RENSHAW, G. (1938): The thylacine. — J. Soc. Preserv. of the Fauna of the Empire, London, 35: 47–49.

RIDE, W. D. L. (1970): A Guide to the Native Mammals of Australia. — Oxford Univ. Press, Melbourne u. a.: 128–121, 226.

RIX, C. E. (1979): Royal Zoological Society of South Australia 1878–1978. — Fide MUELLER (1980).

ROBERTS, M. G. (1915): The Keeping and Breeding of Tasmanian Devils (*Sarcophilus harrisi*). — Proc. Zool. Soc. London, 22(3): 575–581.

ROBINSON, G. A. (1838): Report of Public Meeting Oct. 19, 1838, Cont. the Speech of G. A. Robinson, Comm. of Flinders Island and Chief Protector of Aborigines in the Colony. — Austr. Aborigines Protect. Soc., Sydney (?).

ROBISON, A. C. (1902): Brief bezügl. der Beutelwölfe für den Washingtoner Zoo. — Smithonian Arch. Record Unit 74, National. Zool. Park, 1887–1965, Box 94.

ROCH, H. (1954): Coorinna. Ein Tierroman aus dem Tasmanischen Hochland. (Deutsche Übersetzung von WILSON 1953). — Universitas, Berlin.

ROEDELBERGER, F. A. & V. I. GROSCHOFF (1965): Fauna ferner Inseln. — Safari, Berlin: 130–131.

ROSS, J. (1830): The Hobart Town Almanack. — Hobart.

ROTH, H. L. (1899): The Aborigines of Tasmania. — King & Sons, Halifax (England).

ROUNSEVELL, D. E. & N. MOONEY (1995): Family Thylacinidae. Thylacine. In: STRAHAN, R. (Ed.), The Mammals of Australia. — Reed Books, Chatswood N.S.W.: 163–165.

ROUNSEVELL, D. E. & S. J. SMITH (1982): Recent alleged sightings of the thylacine (Thylacinidae) in Tasmania. In: ARCHER, M. (Ed.), Carnivorous Marsupials. Vol. 1. — Roy. Zool. Soc. Of New South Wales, Sydney: 233–236.

SANDERSON, I. T. (1956): Knaurs Tierreich in Farben. Säugetiere. — Droemersche Verlagsanstalt, München & Zürich: 15–16.

SARICH, V., J. M. LOWENSTEIN & B. J. RICHARDSON (1982): Phylogenetic relationships of the thylacine *Thylacinus cynocephalus* (Marsupialia) as reflected in comparative serology. In: ARCHER, M. (Ed.), Carnivorous Marsupials. Vol. 2. — Roy. Zool. Soc. of New South Wales, Sydney: 707–709.

SAYLES, J. (1980): Stalking the Tasmanian Tiger. — Animal Kingdom, New York, 82 (6): 35–40.

SCHILLING, S. (1837): Ausführliche Naturgeschichte der Säugethiere in systematischer Ordnung. — Richter, Breslau: 65.

SCHINZ, H. R. (1827): Naturgeschichte und Abbildungen der Säugethiere. 2. Aufl. — Brodtmann, Zürich: 176.

SCHLAWE, L. (1963): Unbekannter Zoologischer Garten bei Berlin – 1844 bis 1869. — AGT 1, Arbeitskreis für die Geschichte des Bezirks Tiergarten, Berlin: 27.

SCHLAWE, L. (1966): Briefl. Mitt. über Beutelwölfe im Berliner Zoo.

SCHULTZ, W. (1969): Zur Kenntnis des Hallstromhundes (*Canis hallstromi* TROUGHTON, 1957). — Zool. Anz., Leipzig, 183: 47–72.

SCHÜRER, U. (1973): Verhaltensbeobachtungen am Bennettskänguruh (*Macropus rufogriseus fruticus* Ogilby, 1838) mit besonderer Berücksichtigung der Bewegungsweisen. — Diplomarbeit aus dem I. Zool. Inst. der F.U. Berlin (unveröff.).

SCOTT, T. (1830): Sketch of a tiger trap intended for Mount Morreston 1823. In: VON STIEGLITZ, K. R. (Ed.) (1966), Sketches in Early Van Diemen's Land.

SCOTT, W. T. (1872): Letter from Mr. W. T. Scott, March 5, 1872. — Proc. Zool. Soc. London: 355.

SEEKAMP, J. (1980): Schreiben an den National Parks and Wildlife Service/Tasmanien bezügl. Beutelwölfe im Melbourne Zoo.

SERVENTY, V. & R. RAYMOND (1973): The Tasmanian Tiger. — Australia's Wildlife Heritage, Dee Why West, N.S.W., 2 (20): 628–631.

SHARLAND, M. S. R. (1939): In search of the thylacine. — Proc. Roy. Zool. Soc. N.S.W., 1938–39 (1939): 20–36.

SHARLAND, M. S. R. (1941): Tasmania's rare »Tiger«. — Bull. N. Y. Zool. Soc., New York, 44/3: 84–88.

SHARLAND, M. S. R. (1950): Primitive mammals of Tasmania. — Country Life, London, 20. Oct. 1950: 1276–1277.

SHARLAND, M. S. R. (1963): Tasmanian Wildlife. (Reprint von 1962). — Cambridge University Press, London & New York: 1–13.

SHARP, A. (1968): The Voyages of Abel Janszoon Tasman. — Clarendon Press, Oxford: 110.

SHERIDAN (1871): Erster Bericht über »Beutelkatze« in TROUGHTON 1965.

SHUKER, K. (1993): The Lost Ark. New and Rediscovered Animals of the Twentieth Century. — Harper Collins, London.

SIMPSON, G. G. (1939): The development of marsupials in South America. — Physis., Florenz, 14: 373–398.

SIMPSON, G. G. (1941): The affinities of the Borhyaenidae. — Am. Mus. Novitates, New York, 1118: 1–6.

SINCLAIR, W. J. (1906): Mammalia of the Santa Cruz beds. Marsupialia. — Rept. Princeton Univ. Exped. Patagonia, 4: 333–460.

SKEMP, J. R. (1958): Tasmania Yesterday and Today. — Macmillan, Melbourne.

SMITH, G. (1909): A Naturalist in Tasmania. — Clarendon Press, Oxford: 95–97.

SMITH, M. (1982): Review of the Thylacine (Marsupialia, Thylacinidae). In: ARCHER, M. (Ed.), Carnivorous Marsupials. Vol. 1. — Roy. Zool. Soc. Of New South Wales, Sydney: 237–253.

SMITH, S. J. (1981): The Tasmanian Tiger. 1980. — Wildlife Div. Techn. Report 81/1, National Parks and Wildlife Service, Tasmania.

SPENCER, C. (1944): Tasmanian tiger reappears. — Vict. Nat., Melbourne, 61: 44.

SPRENT, J. F. A. (1971): A new genus and species of Ascaridoid nematode from the marsupial wolf (*Thylacinus cynocephalus*). — Parasitol., London, 63: 37–43.

SPRENT, J. F. A. (1972): *Cotylascaris thylacini*, a synonym of *Ascaridia columbae*. — Parasitol., London, 64: 331–332.

STANBURY, P. & G. PHIPPS (1989): Australia's Animals discovered. — Pergamon Press, Sydney u. a.

STARCK, D. (1965): Die Neencephalisation. Die Evolution zum Menschenhirn. Menschliche Abstammungslehre. (G. Heberer, Ed.). — G. Fischer, Stuttgart: 103–144

STARCK, D. (1979): Vergleichende Anatomie der Wirbeltiere II. — Springer, Berlin u. a.

STARCK, D. (1995): Lehrbuch der Speziellen Zoologie, Wirbeltiere 5/1. — Fischer, Jena: 310–367.

STEPHAN, H. (1967): Zur Entwicklungshöhe der Insectivoren nach Merkmalen des Gehirns und die Definition der »Basalen Insectivoren«. — Zool. Anz., Leipzig, 179 (3/4): 177–199.

STEPHENSON, N. G. (1963): Growth gradients among fossil monotremes and marsupials. — Paleontology, London, 6 (4): 615–624.

STEWART, H. W. (ca. 1919): The Bulletin »Aboriginalities«.

STIRLING, E. C. (1891): Description of a new genus and species of Marsupialia Notoryctes typhlops. — Trans. Roy. Soc. South Australia, Adelaide, 14: 154–187.

STOLBA, A. & B. MÜLLERS (1990): Die Bedeutung von Tierart, Gehege und Verhalten für den Schauwert im Zoo. — Zool. Garten (N.F.), Jena, 60: 349–368.

STONEHOUSE, B. & D. GILMORE (1977): The Biology of Marsupials. — MacMillan Press, London & Basingstoke.

STORR, G. M. (1958): Are marsupials »second-class« Mammals? — The West. Austral. Naturalist, 6/7: 179–183.

STRAHAN, R. (1995): The Mammals of Australia. — Reed Books, Chatswood, Australia.

TATE, G. H. H. (1947): Results of the Archbold Expeditions No. 56. On the anatomy and classification of the Dasyuridae (Marsupialia). — Bull. Amer. Mus. Nat. Hist., New York, 88: 101–155.

TEMMINCK, C. J. (1824): Monographies de Mammalogie. — Dufour, Paris: 21–72.

THENIUS, E. (1969): Stammesgeschichte der Säugetiere. Handb. Zool. 8/2. — De Gruyter, Berlin.

THENIUS, E. (1972): Grundzüge der Verbreitungsgeschichte der Säugetiere. — G. Fischer, Stuttgart.

THENIUS, E. (1988): Stammesgeschichte (der Beuteltiere). In: Grzimeks Enzyklopädie. Bd. 1. — Kindler, München: 219–231.

thylacinus (1986). Australasian Soc. of Zoo Keepers (Abbildung). — Vital Instant Print, Melbourne, 11 (3).

TROUGHTON, E. (1965): Furred Animals of Australia. 8. Aufl. — Angus & Robertson, Sydney: 50–52.

TYNDALE-BISCOE, H. (1973): Life of Marsupials. — E. Arnold, Canberra.

VALENTE, A. (1995): Antechinomys. In: STRAHAN, R. (1995), The Mammals of Australia. — Reed Books, Chatswood, Australia.

VAN DEUSEN, H. M. (1963): First New Guinea record of Thylacinus. — J. Mamm., Baltimore (reprint New York), 44 (2): 279–280.

VOLLMER, H. (1992): Allgemeines Lexikon der bildenden Künstler von der Antike bis zur Gegenwart. (Reprint). — E. A. Seemann Verlag, Leipzig.

WAGLER, J. (1830): Natürliches System der Amphibien, mit vorangehender Classification der Säugethiere und Vögel. Ein Beitrag zur vergleichenden Zoologie. — J. J. Cotta'sche Buchhandlung, München.

WAGNER, H. O. (1940/41): Verschiebungen innerhalb der Landesfauna Australiens. — Der Zoolog. Garten N.F., Leipzig, 12: 135–136.

WALKER, E. P. (1968): Mammals of the World. Vol. 1. — J. Hopkins Press, Baltimore.

WARLOW, W. (1833): Systematically arranged Catalogue of the Mammalia and birds belonging to the Museum of the Asiatic Society, Calcutta. — J. Asiat. Soc. Beng., Calcutta, 2: 97–100.

WASTERLAIN (1994): Jeannette Pointu. Le Tigre de Tasmanie. — Editions Dupuis, Belgique.

WATERHOUSE, G. R. (1841): Mammalia 11. — The Naturalists Library, London: 123–128.

WATTS, D. et al. (1987): Tasmanian Mammals – A Field Guide. — Focal Printing, Hobart: 48–49.

WEBER, M. (1904): Die Säugetiere. — Fischer, Jena.

WENDT, H. (1956): Auf Noahs Spuren. Die Entdeckung der Tiere. — Grote, Hamm (Westf.): 298.

WERDELIN, J. (1986): Comparison of skull shape in marsupial and placental carnivores. — Aust. J. Zool., Melbourne, 34 (2): 109–118.

WEST, J. (1852): History of Tasmania. Vol. 1. — Hobart: 322–323.

Weston, P. (1984): Obsession fuels the $ 250 000 hunt for the tiger. — The Mercury, Hobart, 26. Juli 1984: 3.

WHITEHEAD , P. & C. KEATES (1981): The British Museum (Natural History). — P. Wilson, London.

WHITLEY, G. P. (1973): I remember the thylacine. — Koolewong (Proc. Roy. Zool. Soc. N. S. W.), Sydney, 2 (4): 10–11.

WIDOWSON, H. (1829): Present State of Van Diemen's Land. — 179–180.

WILFORD, J. N. (1980): Automatic cameras stalk Tasmania's rare tiger. — New York Times, 27. Mai 1980.

WILSON, E. (1953): Coorinna. — Deutsch, London.

WINGE, H. (1941): The Interrelationship of the Mammalian Genera I — Reitzel, Kopenhagen.

WOODBURNE, M. O. (1967): The Alcoota fauna, central Australia. An integrated palaeontological and geological study. — Bull. Bureau of Mineral Res. for Geol. Geophys., Australia, 87: 1–187.

WOODBURNE, M. O. & W. J. ZINSMEISTER (1984): The first land mammal from Antarctica and its biogeographic implications. — J. Paleont., Tulsa, 58: 913–948.

WRIGHT, B. J. (1972): Rock engravings of striped mammals: the Pilbara Region, Western Australia. — Archaeol. Phys. Anthrop. Oceania, Sydney, 7 (1): 15–23.

WÜNSCHMANN, A. (1966): Einige Gefangenschaftsbeobachtungen an Breitstirnwombats (*Lasiorhinus latifrons* OWEN 1845). — Z. Tierpsychol., Berlin & Hamburg, 23: 56–71.

WÜNSCHMANN, A. (1970): Die Plumpbeutler (Vombatidae). — Die Neue Brehm-Bücherei 421, A. Ziemsen Verlag, Wittenberg Lutherstadt.

YENDALL, D. (1982): Search for the thylacine. — Wildlife, London, May 1982: 182–183.

ZIMEN, E. (1987): Wolf. In: Grzimeks Enzyklopädie – Säugetiere. Bd. 4. — Kindler, München: 68–78.

ZISWILER, V. (1965): Bedrohte und ausgerottete Tiere. Verständliche Wissenschaft Bd. 86. — Springer, Berlin u. a.

ZISWILER, V. (1976): Die Wirbeltiere 2. — dtv Wissenschaftl. Reihe. Thieme, Stuttgart: 564–568.

Zooführer Berlin (1864, 1903, 1905, 1906).

Zooführer London (1853, 1857, 1863, 1930, 1933).

Zooführer New York (1909, 1923).

13 Register

Die mit * gekennzeichneten Seitenzahlen verweisen auf Abbildungen.

Abrasionsgrad ⟶ Gebiß
Abschußprämien ⟶ Ausrottung
Abstammung 19f
Aggressionsverhalten ⟶ Gefährlichkeit 149
Aktivitätsmuster 81, 95, 110, 144, 146, 148, 163
Akustische Äußerungen ⟶ Lautäußerungen
Allometrisches Verhalten ⟶ Schädelgestalt
Altersbestimmung 52ff
Ameisenbeutler 19, 33*, 34
Anatomie 5, 38ff
Artbeschreibung 11, 13f
Artenschutz 10, 122
Augenausdruck 75
Ausdrucksverhalten 74ff, 146
Ausrottung 10, 114ff
Äußere Erscheinung ⟶ Gestalt 21ff
Ausstellungen ⟶ Museen 171

Bänderung ⟶ Zeichnungsmuster
Bauchorgane 66ff
Beliebtheit ⟶ Schauwert
Belohnungssystem ⟶ Ausrottung
Benjamin 79, 85*, 107*, 123*, 124, 168
Bestandsgröße 115, 120*
Bettelverhalten 92*
Beuteerwerb ⟶ Jagdweise
Beutetiere ⟶ Beutespektrum
Beutel 5, 35, 36*, 92, 93*
Beuteljunge — Gestalt 49*, 69ff, 91*
Beuteljunge — Verhalten 92f*
Beutelkatze 129*
Beutelknochen 39*
Beutellöwe 107*

Beutelmarder 10, 13, 18, 33, 44, 55ff, 64, 66, 84, 87, 89f, 107ff, 115, 138*
Beutelmuskulatur 67*
Beutelteufel 11, 18, 33, 44, 55ff, 64, 66, 69, 84, 87, 88*, 89f, 107ff, 115, 117, 133, 138*, 167
Beuteltierstumpfsinn 6
Beuteltiger 102
Beutelwolffalle 154*
Beutelzeit ⟶ Fortpflanzung
Beutespektrum 81*, 81ff, 86*, 112
Bewegungsweisen 95ff, 98*, 141
Biogenetische Grundregel 61f
Biotop ⟶ Lebensraum
Blutrausch 90
Borhyaeniden 19, 114
Brustlastigkeit 22
Brustorgane 67
Brutbeutel ⟶ Beutel
Bruttasche ⟶ Beutel
Bulldog-tiger ⟶ Beutelwolf 14, 22, 43

Choanenöffnung 42
Computersimulation 128
Coorinna ⟶ Corinna 15f

Darmlänge 68
Deltatherium 17*
Didelphia ⟶ Beuteltiere
Dingo 109ff, 110*
Domestikation, mögliche 80
Drohverhalten 74, 75*, 164*

Entdeckungsgeschichte ⟶ Entdeckung 11f
Erkundungsverhalten 26
Ermüdungstaktik ⟶ Jagdweise 81, 83
Erstbeschreibung ⟶ Artbeschreibung

Evolutionsniveau 5f, 65
Evolutionsplateau ⟶ Evolutionsniveau
Evolutionsverlauf 102
Expeditionen 9, 124ff
Exponat ⟶ Museen

Fallensteller 107, 115, 116*
Fälschungen 127, 130
Feinde, natürliche 107
Fell 28, 120
Felsbilder ⟶ Felszeichnungen 15
Felszeichnungen 12*, 92*
Fettdepot 23
Fluchtdistanz 74, 95
Formenreichtum der Beuteltiere 10, 17f, 138*
Fortpflanzung 5, 63*, 90f
Fortpflanzungsorgane 5, 37*, 68, 69*
Fortpflanzungszeit ⟶ Fortpflanzung 63
Fossilformen ⟶ Fossilien
Fossilien 14, 20
Frühgeburten, obligatorische 5
Fußspuren 12, 27*, 28, 101f, 124f, 129

Gangarten ⟶ Bewegungsweisen
Gaumenfenster 41*, 42
Gebiß 49ff, 50*
Gefährlichkeit 74, 77ff, 78*, 163
Gehege ⟶ Zoologische Gärten 156
Gehirn 5, 63f, 66*, 132, 135, 142
Geruchsinn 5, 26, 65, 81, 145
Geschlechtsorgane ⟶ Fortpflanzungsorgane
Gesichtssinn 80, 82
Gestalt 10, 21f

Gliedmaßenlänge → Körperproportionen
Greyhound-tiger → Beutelwolf 14, 43
gyrencephal → Gehirn

Haarstruktur 30*, 31
Hallstromhund → Neuguinea-Dingo
Haltungsbedingungen → Zoologische Gärten 55f
Haltungsrekord 123*, 162
Hand- und Fußwurzelregion 57, 58*
Handelsspanne → Preisangaben
Heraldik 177*
Herzmasse 67, 102
Hirnvolumen → Gehirn 144*
Höhlenablagerungen → Fossilien
Hunde 11f, 83, 107f, 113*
Hyäne → Beutelwolf

Jagdbeute → Beutespektrum
Jagdgründe → Streifgebiete
Jagdweise 80*, 80ff
Jäger → Fallensteller
Jungenzahl → Wurfgröße
Jungtiere 91ff*, 140, 148f
– Maßangaben 70, 72f

Känguruhhaltung → Bewegungsweisen 101*
Känguruhhüpfen 101*, 102
Känguruhschwanz 23f
Kartesisches Koordinatensystem → Bewegungsweisen 100*
Kletterversuche 102
Konfliktsituation 23*
Konkurrenz 20, 109ff
Kontinentaldrift 18*, 19
Konvergenz 10, 34*, 35, 45ff, 54, 60*, 61, 167
Kopfgeld → Ausrottung 135
Körperdecke → Fell
Körpergröße → Maßangaben 162f
Körperhaltungen 24ff, 101*, 135*, 145*, 155*, 163*

Körperproportionen (s. auch Proportionswandel) 54ff, 70, 72, 102
Krankheiten 108f, 149, 155
Kulissenstellung → Gebiß 54

Landschaftstypen → Lebensraum
Laufanpassung 56ff, 102
Lautäußerungen 77, 125, 165
Lebensdauer → Verweildauer
Lebensformtypen 18, 102
Lebensraum 104*, 104ff
Legende 15f
Lichtscheu 75
Lokomotionsmuster → Bewegungsweisen
longevity record → Haltungsrekord

Macrosmatiker → Geruchsinn
Magengröße 68
Marsupialia → Beuteltiere
Marsupium → Beutel
Maßangaben 10, 24, 112, 133
Masse- (= Gewichts-)angaben 24, 112, 133
Menagerie Hobart-Wilmot 141, 153f
Menagerie Launceston 156
Museen 9, 132ff, 169ff
Muskulatur 67*, 102
Mutter-Kind-Verhalten 91, 92f*
Mythologie → Legende

Nahrungsaufnahme 84, 87, 89*
Nahrungsopportunist 84, 100, 111
Nahrungspräferenz 88
Namen 11, 13ff
Nasenregion 22*, 70
Native tiger, tiger → Beutelwolf
Nebelparder 60*, 61
Neocortex → Gehirn
Nestbau 94
Neuguinea-Dingo 112f
Neuhirnrinde → Gehirn
Nickhautbewegung 75
Nimbacinus 20
Nutzung 176ff

Ohrform 22*
Ossa epipubica → Beutelknochen
Ozenkadnook Tiger 130

Parasiten 109
Pfotenbau 26*, 26ff, 102
Physiognomik → Ausdrucksverhalten
Popularität → Schauwert 9f
Prämien → Ausrottung
Präparate → Museen 93*
Preisangaben 135ff
Proportionswandel 42ff, 62*, 63, 72f
Prothylacinus 19*

Querbänderung → Zeichnungsmuster

Renovation → Museen 171
Replike → Museen 174*, 175
Reproduktionsrate → Fortpflanzung

Schädelgestalt 14, 40ff*
Schafhaltung 85, 87, 116ff
Schaftötungen → Schafhaltung 118*, 119
Schausammlungen → Museen
Schauwert 9, 144f, 162ff
Schrittanalysen → Bewegungsweisen
Schutzmaßnahmen 122, 124
Schwanzhaltung 21*, 23, 76*, 77
Schwimmvermögen 87, 103
Sexualdimorphismus 21*, 40, 43, 85f, 102
Sichtungen 9, 125ff, 127*, 176
Skelett 38*, 38ff, 54ff
Skrotumbewegungen 37
Skrotumtasche 36, 37*, 142
Sohlengang 27, 96f*
Sohlenstand 26f, 101*
Sommerfell 28
Souvenir 177, 178*
Spuren → Fußspuren
Sprungvermögen 82, 102
Stellung der Hinterfüße 77
Streifenmuster → Zeichnungsmuster

Streifgebiete 87
Suchexpedition → Expedition
Symbolwert 13, 176, 177*
Systematik 17f

Tasmanier (Eingeborene) 15, 114, 115*
Tasthaare 30*, 31
Tauschhandel 136f, 154
Texte (Zooführer) → Zoologische Gärten 167
Trab → Bewegungsweisen 96f
Tragzeiten → Fortpflanzung 5, 90f
Trittsiegel → Fußspuren 27*, 28
Typus(exemplar) 11*, 132

Unterlegenheit, biologische 5, 114

Van Diemen's Land Company 116f

Vandiemensland → Tasmanien
Verbreitung 104ff, 106*
Verdrängungstheorie → Konkurrenz
Vergiften 87, 115f
Verletzungen 155, 164*
Vermarktung 120, 176ff
Verwandtschaft 18ff
Verweildauer 151*, 157*, 157ff

Washingtoner Artenschutzübereinkommen 10, 177
Winterfell 28
Wurfgröße 35, 90, 109, 165
Wutgähnen → Drohverhalten

Zähmung 80, 154
Zahnformel → Gebiß 5
Zeichnungsmuster 10, 13, 16, 28ff, 29*, 32*
Zitzenzahl 36

Zoologische Gärten (s. auch Menagerien) 131ff, 138ff
Zoologischer Garten Adelaide 150ff
Zoologischer Garten Antwerpen 148
Zoologischer Garten Berlin 138*, 143ff
Zoologischer Garten Hobart-Beaumaris 154ff, 167
Zoologischer Garten Köln 146
Zoologischer Garten London 138ff, 167
Zoologischer Garten Melbourne 152
Zoologischer Garten New York 149, 150
Zoologischer Garten Paris 147f
Zoologischer Garten Sydney 152f
Zoologischer Garten Washington 148f

Zoologisches Museum der Universität Heidelberg

Im Jahre 1819 erwarb die Universität eine Kollektion europäischer Vögel und Säugetiere vom damaligen Schwetzinger Gartendirektor Zeiher. Damit war Heidelberg erstmals im Besitz eines »Zoologischen Cabinets«, das in den folgenden Jahrzehnten zu einem akademischen Museum heranwuchs. Nach völliger Neugestaltung konnte die traditionsreiche Einrichtung im Januar 1979 als öffentliches Museum auch der Heidelberger Bevölkerung zugänglich gemacht werden. Integriert in das Gebäude des Zoologischen Instituts bietet es dem Besucher auf engstem Raum Einblicke in Tiergeographie, Systematik und vergleichende Anatomie. Weitere Themen sind Stammes- und Entwicklungsgeschichte des Menschen, Domestikation und Artenschutz. Präparate ausgestorbener bzw. bedrohter Tierarten wie Wandertaube, Beutelwolf und Javanashorn seien hervorgehoben. Vortragsreihen, die als Sonntagsmatineen seit Neueröffnung in den Wintersemestern angeboten werden, ziehen, bei gleichzeitiger Öffnung des Museums, jährlich zahlreiche Besucher an. Die Vorträge haben wesentlich zur Bekanntheit der Einrichtung beigetragen. Der »Verein der Freunde und Förderer des Zoologischen Museums der Universität Heidelberg e.V.« stellt für den Neukauf von Vitrinen und Präparaten, aber auch für die Förderung kleinerer Forschungs- und Naturschutzvorhaben Mittel bereit.

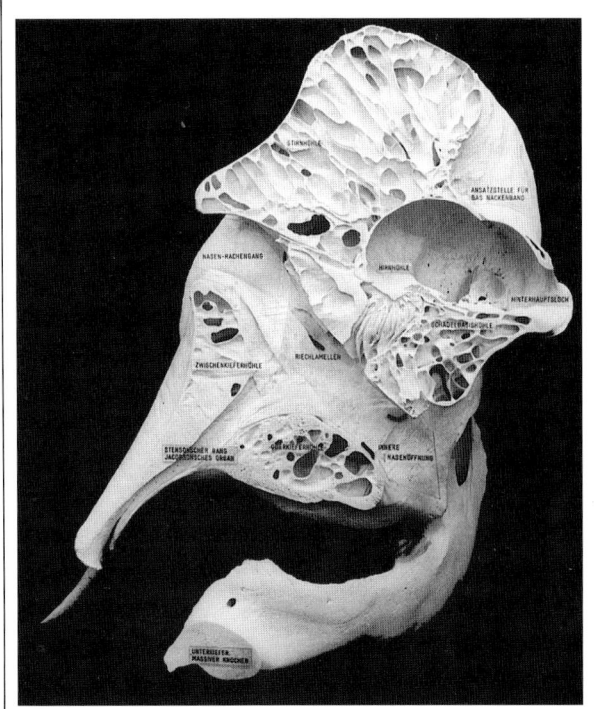

Öffnungszeiten: Werktags von 8–16 Uhr, sonntags (nur Mitte Oktober–Mitte Februar) von 10–12 Uhr

Eintritt frei, Führungen nach Vereinbarung

Telefon:
Pforte: 06221/545651
Präparator: 06221/545532
Fax: 06221/544913

Foto: Innenstrukturen eines Elefantenschädels